一个爱国老归侨的传奇人生

黄绍勋传

武立金 著

中国华侨出版社
·北京·

图书在版编目（CIP）数据

黄绍勋传 / 武立金著. — 北京：中国华侨出版社，2019. 10

ISBN 978-7-5113-7964-1

Ⅰ. ①黄… Ⅱ. ①武… Ⅲ. ①黄绍勋—传记 Ⅳ. ①K828.8

中国版本图书馆CIP数据核字（2019）第189519号

●黄绍勋传

著　　者 / 武立金
责任编辑 / 高文喆　桑梦娟
版式制作 / 大燃图艺
经　　销 / 新华书店
开　　本 / 710 毫米 × 1000 毫米　1/16　印张：16.5　字数：245 千字
印　　刷 / 河北鸿祥信彩印刷有限公司
版　　次 / 2019 年 11 月第 1 版　2019 年 11 月第 1 次印刷
书　　号 / ISBN 978-7-5113-7964-1
定　　价 / 55.00元

中国华侨出版社　北京市朝阳区西坝河东里77号楼1层底商5号　邮编：100028
法律顾问：陈鹰律师事务所
编 辑 部：（010）64443056　64443979
发 行 部：（010）64443051　传　真：（010）64439708
网　址：www.oveaschin.com　E-mail：oveaschin@sina.com

黄绍勋艺术简介

黄绍勋先生近照

黄绍勋，祖籍广东省南海县（即今佛山市南海区）。1935年7月出生于越南西贡市堤岸区，1957年回到祖国的怀抱，翌年考入天津大学化工系，1963年毕业后到北京化纤工学院（现北京服装学院）任教，直至1995年退休。现为中国书法家协会会员，任中国致公画院副院长、北京致公书画院副院长、北京行宫书画院顾问、北京龙泉书画院顾问、北洋书画社社长、中华炎黄文化研究会顾问等职。

黄绍勋自幼酷爱书法，初临唐楷，研习柳欧诸体，后专攻汉隶，临摹乙瑛、曹全、礼器诸碑，兼学当代名家手迹，集诸家于一身，逐渐形成现在这种端庄而不失秀丽、飘逸又不失稳重的风格。

黄绍勋的部分书法作品曾发表于《北京日报》《北京晚报》《光明日报》《文艺报》《神州画报》及《是与非》等多种报刊，部分作品还分别被天安门城楼、人民大会堂、毛主席纪念堂收藏，首都绿色文化碑林及河南省翰园碑林均刻有其墨迹。

近十年来，黄绍勋的书法作品经常被作为国礼馈赠侨领及外宾。诸多政要、名人均收藏有黄绍勋的书法作品。

1993 年及 1998 年，黄绍勋先后出版了《黄绍勋隶书》及《隶书入门与创作》两部作品。

1999 年 5 月，黄绍勋应邀赴韩国参加“99 济州国际美术交流大展”。

2000 年 7 月，黄绍勋应邀赴马来西亚举办书法展。

2001 年至 2005 年，黄绍勋先后参加了五届北京国际艺术博览会，并连获五年金奖。

2010 年 6 月，黄绍勋在北京全国政协礼堂举办了个人书法展，展出了包括《四书》《孙子兵法》《道德经》《金刚经》等共 195 本线装手抄本和包括《千字文》《道德经》等十余种长卷和其他书法作品。

2010 年 6 月，配合个人书法展，黄绍勋出版了《黄绍勋隶书作品选》。

2012 年，黄绍勋重新修订再版《隶书入门与创作》一书，同时出版《黄绍勋隶书千字文》《黄绍勋隶书赤壁赋》系列作品集。

2015 年 9 月，中国华侨历史博物馆收藏了黄绍勋的巨幅书法《千字文》，作品宽 12 米，高 1.8 米。

2016 年 9 月，黄绍勋在北京大兴区澄怀美术馆举办纪念孙中山诞辰 150 周年书法精品展，并出版《黄绍勋书法作品选》一书。

2017 年，黄绍勋出版《实用隶书书法教程》一书。

序　一

黄绍勋是一位爱国归侨、模范的致公党员、著名的中国书法家。

黄先生出生于越南南方，青少年时代是在国外度过的。当毛泽东主席在天安门城楼上宣布中华人民共和国成立时，他正在越南的堤岸区上中学。从那时起，他就为“中国人民站起来了”而欢呼跳跃，他向往着伟大的祖国，为祖国的日益强大而自豪，而骄傲，而扬眉吐气。

22岁时，黄先生暗下决心，准备归国深造，要用自己的才能去建设社会主义。当时的形势，他只能采取偷渡的方式回国。于是，他辗转柬埔寨、泰国及中国香港等国家和地区，冲破重重封锁，闯过道道险关，历尽千辛万苦，终于回到了日思夜想的祖国，回到了“母亲”的怀抱。

黄先生受父兄影响，从小就如痴如醉地热恋白纸黑字，而且一恋就是七八十年。内心热爱与外界需求的契合，产生了一种强大动力，推动着他在这条道路上不懈地探究，愉快地享受着书法艺术世界中朵朵奇葩散发的墨香。

睽诸中国艺术史，名家的炼成，都缘于衡久的坚持。反观黄先生的书法，他所获得的艺术成就，与此道暗合。不过，黄先生的成功，并不是阳关大道上的顺风走马，他的人生和艺术之路，充满着苦难和荆棘。然而，他以惊人的毅力克服了种种障碍，终于达到一个自由辽阔的境界。

黄先生的隶书，在飘逸古朴笔意中藏有方劲高古的形态，在洒脱自由中又多了些奇纵恣肆之姿。粗疏中显示严谨，厚重中展现灵动，表现出一种自然率直的浑厚美。

笔墨虽出之于手，实根之于心，有什么样的心态，就会写出什么样的字来。黄先生是一个爱国归侨，为人忠厚，处事低调，其作品内容充满着正能量，多为求学上进之格言，为人处世之哲理，修身养性之警句。他在国内外多次举办书展，获得过金奖、银奖等多种奖项，受到贾庆林、王兆国、王光英、刘延东、韩启德等党和国家领导人的接见和赞赏。

黄先生是中华炎黄文化研究会理事、北京致公党文化工作委员会委员、北京致公书画院副院长、中国致公画院副院长。他用自己的特长，为祖国的统战事业做了大量的卓有成效的工作。为增进中国人民与世界各国人民的了解和友谊，他曾去韩国、马来西亚、欧洲等地进行学术交流和宣传祖国改革开放的大好形势。此外，他还进校园、进军营、进社区，传授书法知识，向贫困学生、向灾区人民捐款或赠送书法作品和图书。

黄先生已进耄耋之年，却像个朝气蓬勃的年轻人，仍笔耕砚田，只争朝夕。他对书法钟爱之深、浸淫之深，令人惊叹。学海无涯，艺无止境，愿黄老先生与时俱进，超越自我，再铸辉煌！

《黄绍勋传》即将付梓出版，引起了我的极大兴趣。这不光因为黄先生是一位著名书法家，而他更是一位爱国归侨。

李昭玲

2019 年 4 月 8 日

序　二

黄绍勋先生在北京服装学院（前身系北京化纤工学院、北京化工学院）工作了30多个春秋。纵观黄先生的一生，我认为，与其说他是一个成功的书法家，毋宁说是一个成功的教育家。

《黄绍勋传》以生动流畅的散文笔法讲述了黄先生颇具传奇色彩的人生经历，大多鲜为人知。他出生于越南南方，高中毕业后曾在芹苴华侨中学任教。年轻时历经艰险回国深造，大学毕业后，被分配到北京化纤工学院，一直从事教学工作，直至退休。

黄先生从事的职业是科学教育工作，做了一辈子老师。他不仅乐教爱生、治学严谨，而且在人才培养方面也做出了卓越贡献。在他退休之后，仍不辞辛劳，常年办学，培养了一大批颇有成就的书法人才。

自幼喜爱汉字传统艺术的黄先生，书写的又多为励志、警句、哲言等方面的内容。其实，这也是一种施教方式，影响更为广泛。黄先生一生都在教书育人、传承国粹、弘扬正气。有鉴于此，说他是一个成功的教育家并不为过。

黄先生天生喜爱书法，尤其是到了晚年，他可以整天沉浸在书法的艺海而自得其乐。他性格内敛，心静如水，不太为外界的浮躁、喧闹所干扰，这正是书法艺术所必需的个人内质。黄先生认为，艺术是老老实实的学问，需要有踏踏实实的敬业品格、坚忍不拔的顽强毅力、百折不挠的拼搏精神。只有付出多数人难以付出的艰苦努力，才会有机会看到少数人能见到的风景。

黄先生注重传承，又不断探索，追求独创性，这正是一个成熟的艺术家所具有的胸怀和品格。他创作的隶书融汉隶众碑之所长，大巧若拙，既有《张迁碑》的方正、《礼器碑》的秀雅，也有《曹全碑》的严谨和变化，在隶书艺术上独树一帜。他书写的《赤壁赋》已被天安门收藏并悬挂于城楼的会客室，受到我院师生的高度赞扬。他的作品不但受到国内书法名家及广大书法爱好者的喜爱，还经常被作为国礼馈赠外宾。

在书法创作之余，黄先生还将个人的心源之得归纳整理，编辑成册，以师后人。他编写的《实用隶书书法教程》，是从最基本的书法技巧入手，结合书法作品的直观视觉，深入浅出，通俗易懂，是一部学习隶书不可多得的教学经典，亦可谓是在为书法的教学之路添土铺石。

老有所为，老有所乐。黄先生热心社会公益，乐于帮助他人，看到有的地区受灾了，便主动捐款或义卖，支援灾区人民。看到有的人喜欢他的书法而无力购买，他就慷慨馈赠。由于他乐善好施、真情奉献，2018 年荣登了“北京社会好人榜”。

黄先生是一个品德高尚的老人，一个优秀的教师，一个著名的书法家。他是我们北京服装学院的骄傲，北京服装学院为有这样一个德艺双馨的长者而感动，而欣慰，而自豪。

是为序。

北京服装学院

张大省

目录

Contents

第一章　寒门游子

这几年，我一直想着高中毕业后回国学习，所以平时在家的时候总想多和母亲接近，把我知道中华人民共和国成立后的一些好消息告诉她，说这前后的不同，让她放心。因为母亲总是说她小时候在国内多么贫穷，生活多么艰难，不愿意让我回国。

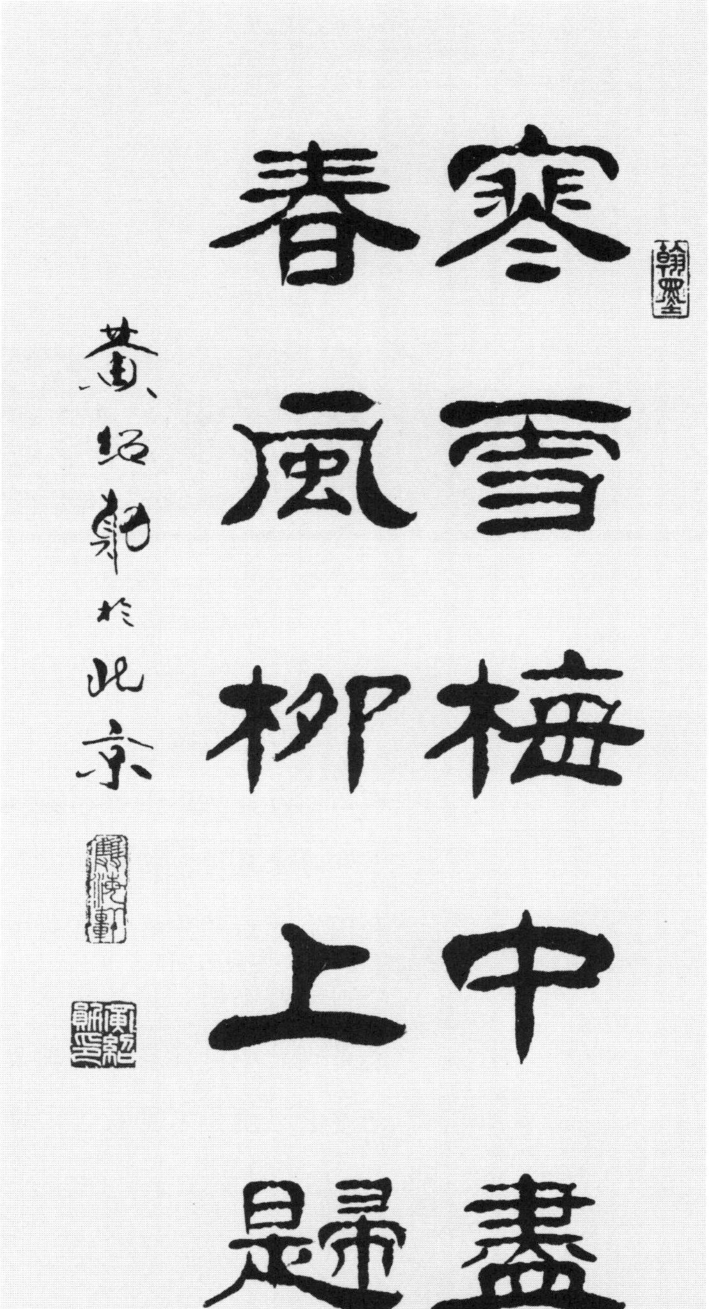
寒雪梅中盡
春風柳上歸

第一节　天下父母疼小儿

越南，位于东南亚中南半岛东部，北与中国接壤，西与老挝、柬埔寨交界，东面和南面濒临南海，国土形状狭长，面积约 33 万平方公里，海岸线长 3260 多公里。这个以京族为主体的多民族国家，有着壮丽的山川、丰富的矿藏、黄金般的森林、白银似的海洋。

“越中情谊深，同志加兄弟。”这是越南国父胡志明的诗句。胡志明还说过：“我们越中两个民族，数千年来，血统相通，文化共同，在历史上素称兄弟之邦。”

长期以来，中越两国人民在频繁的经济、文化交流中互相学习，取长补短，两国人民的历史关系和友好往来不断发展。

鸦片战争以后，时值法国殖民者为加紧掠夺越南资源，采取免税优待等多种手段吸引中国劳工，形成中国人迁徙越南的高潮。到 1921 年，越南的华侨人数已达 29 万之多。

由于中越两国相邻，语言相通，民俗相近，加之历史渊源，第二次世界大战之前，在越南居留身份明确的华侨约 130 万人，仅在越南主要民族京族之后，居全越各民族中第二位。

越南的所有姓氏都和中国一样，农历和有关节日也完全相同。越南的文字主要是汉字，13 世纪后，他们借鉴汉字和仿效汉字结构原理和方法，依据京语的读音，创造了喃字，为早期的汉越文。19 世纪法国殖民者开始推广法文和拉丁化的越文，现在的越文就是由拉丁化的越文发展而来，但越南的历史典籍基本上仍使用汉字。

位于西贡（今胡志明市）西南部约五公里的堤岸，是越南的第一富庶之地。

堤岸是世界上最大的华人社区之一，也是越南最大的唐人街，有“小香港”之称。早在明朝就有华人陆续移居到这里，到20世纪50年代越南已有华侨135万，占全越华侨总数的90%。

在堤岸第五、六郡街道上，可以看到中国式的楼房和写着汉字招牌的店铺，还有很多由华人所建的中文学校、医院及庙宇，规模较大的有天后庙、关帝庙和同庆大道的霞彰会馆、明乡会馆以及孔子大道的二府庙等。

堤岸的另两条主要长街是水兵街（今同庆大道）和梅山街。当年堤岸这两条最繁华的长街都超过两公里，更有数条小街贯通连接，使整个商业街和住宅区连成一片，著名的璇宫戏院、丽都戏院、大光明戏院就在这两条街上。

当年到堤岸演出的中国演员也很多，尤其是粤剧演员。20世纪50年代，著名粤剧演员薛觉先、白玉堂、红线女、马师曾等都先后到堤岸演出过。

在堤岸东郊，有一个普普通通的华侨之家，主人叫黄以登。他的祖籍是中国广东省南海县（今佛山市）三水区芦包镇长歧村。黄以登共兄弟四人，他排行最小，其中老大叫黄以森，后移居到新加坡，生有一子，叫黄绍桐；老二叫黄以鹏，也曾一度移居到越南堤岸区，因患眼疾，视力不佳，难以为生，后又回到老家长歧村，享受五保户待遇；老三出生不久即夭折。他们的父亲叫黄国辉，是一个地地道道的农村人。由于家庭贫困，黄以登和他的哥哥黄以鹏于20世纪初移民到越南南方谋生，立足后又把眷属接到越南，从此他们再也没回过祖国。

中国过去有个说法：“京城居，大不易。”其实，海外生活也不容易，海外华侨华人的生活相当艰苦，挣钱十分艰难。当然也有些事业有成、生意兴隆、收入丰厚的，但大多数人并不是富翁。看到回国探亲的华侨华人穿得比较光鲜，气色比较滋润，就以为国外是天堂，其实不然。黄以登和大多数华侨一样，过的只能说是刚刚解决温饱的生活。

黄以登是一个平凡得不能再平凡的华侨了，跟所有的华侨一样或甚于他们。他身材瘦长，皮肤黝黑，头发花白，腰略有些弯。他平常总穿的是一身黑色衣服，每年春节由妻子亲自做一套新的，从来不到商店购置衣服。由于堤岸天气炎热，他不喜欢穿袜子，成年穿的是一双黑色的布鞋。因为家贫，他没读过几年书，只简单认得几个字。闲时喜欢看看报纸，了解一下时事。他在越南一个华人工厂当职员，做的是过磅和记账工作，收入并不高。

黄以登虽然没读过几年书，但很聪明，手脚很灵巧。家中有些简单的家具，如桌子、椅子、板凳等，大多能自己制作，可以省些费用。他有一套做铁活的工具，如锯子、凿子、锉刀、锤子，等等，闲着时经常做些小刀，很精致、漂亮、实用。到八月十五日中秋节，还用竹子给孩子们做灯笼。

黄以登的妻子骆有也是老家人，出生于广东省花县莲塘乡门口坑村。她没上过学，大字不识几个。旧社会给她留下的最深刻、最难忘的记忆是，祖国是那么贫穷，那么落后，食不果腹，衣不蔽体。她身材虽然瘦弱，却能上山砍柴，下地种田，没有不能干的活。每天天未亮，她就得起来挑着水桶，到数里外的自来水站挑水，因家中没有自来水。她还得到市场买菜、洗衣、做饭，家中还养着几头猪，还得做猪食。加上全家几口人的缝缝补补，每天从日出到日落，她一刻也没有闲着的时候。艰苦的生活锻造了她刚毅、善良、勤劳、无畏的性格。她用柔软的双肩挑起了儿女成长的重担，用挚爱为儿女撑起一片蓝天。

1935 年 7 月 12 日，对黄家来说是个大喜的日子。黄以登又添一子，取名黄绍勋。之前，黄以登和他的妻子已有四个孩子，按顺序是：长子黄绍权，长女黄冠馨，次女黄冠香，次子黄绍燊。黄绍勋的出生，无疑给黄家带来了不少欢乐，但也给黄以登夫妇带来了困惑，因为他们的生活本来就不太富裕，现在又多了一口人吃饭，使原本困难的生活更雪上加霜了。

俗话说，皇帝爱长子，百姓疼幺儿。黄绍勋是母亲最小的一个儿子，来得晚，成人晚，得到的母爱晚，因此亲子情感就格外浓烈。幺儿不离亲娘，在任何时候、任何情况下都离不开亲娘。为了幺儿的幸福，母亲可以忘我劳动，可以节衣缩食，可以牺牲自己。黄绍勋作为父母最小的儿子，更是受宠有加。

小时候的黄绍勋也确实惹人喜爱，脸圆圆的、红红的，像个熟透了的大苹果；直挺的鼻梁，黑亮的眼睛，两簇眉毛像柳叶般细细的，有棱有角的小嘴巴一张一合的，好像在呐喊他来到这个世界的喜悦。两腿动个不停，脚一会儿往前踢，一会儿往后蹬，手一伸一缩的，好像在做广播体操，又好像在练习踢足球。

小绍勋高兴时，眉毛一上一下、一抖一抖的，真是眉飞色舞，再加上小嘴的动作，常常逗得全家人开怀大笑。他那亮晶晶的眼睛，加上他那调皮的神情，伴着眼睛一眨一眨的，让他的父母看个没够，真是爸妈的一颗开心果啊！

小绍勋在一天天地长大，会走路了，会说话了。一天，他吃饭时饭粒掉在地上，别人提醒他，他竟然学会了狡辩，说是特意留给小鸡吃的。小绍勋虽然调皮，但父母并不介意，因为这样的孩子往往有创造力，也不乏聪明。

一天，黄以登的烟瘾上来了，烟袋却不翼而飞。他翻箱倒柜找了半天，仍然找不到平时不离身的烟袋。他觉得有点蹊跷，烟袋没带出屋，一直放在家里，不可能丢了。他一边翻找，一边嘀咕着。

“爸爸，你在找什么？”小绍勋奶声奶气地问。

“去玩你的，不关你的事！”黄以登一边挥手，一边嘀咕道，“真是出奇了，烟袋明明放在这儿，可就是找不到！”

“爸爸，你找烟袋呀！”小绍勋笑着说，“我能给你找到，不过你得答应我一件事。”

“什么事？”黄以登漫不经心地说。

“你不能敲打我的脑袋。”

"好，只要能找到烟袋，我保证不敲打你的脑袋。"

原来前两天小绍勋在外面犯了错误，爸爸说原谅他这一次，如以后再犯错误就用烟袋杆敲打他的脑袋。为了不受敲打之苦，他把父亲的烟袋杆悄悄藏在一个秘密的地方。

黄家有一台织布机，是给两个女儿准备的，全家人的衣服都是靠这台织布机织的布做成的。一天，黄母为丈夫做了一件新衣，让他试一下。黄以登穿上后说大了一点，这时小绍勋就学着大人的口气说："不大不大，明年穿就合适了！"逗得在场的人捧腹大笑。

随着年龄的不断增长，父母发现小绍勋聪明之余，心智也成熟了不少。他的待人接物，他的言谈举止，有时候真像那么一回事，尤其是关心妈妈，体贴妈妈，那模样就像一个小大人一样。

有一天晚上，黄母生病了，皱着眉头躺在床上。小绍勋来到床前拉着妈妈的手说："妈妈，您哪儿不舒服？"

"妈妈没事，过两天就好了！"黄母抚摸着小绍勋的头说。

"妈妈，您要是不病多好啊，咱们一起出去看月亮。"小绍勋天真地说，"今晚的月亮特别好看，亮晶晶的！"

"今天是农历月初，到了十五，月亮又大又圆，那才好看呢！"

"不，今晚的月亮好看，像一个橘子瓣，黄黄的！"

"是吗？那可是一个大橘子瓣呀！"

"我要能长上翅膀就好了！"

"你想干什么？"

"飞到天上去呀！"

"飞到天上去？"

"对，飞到天上把那个水灵灵的橘子瓣取回来给妈妈吃！"

"哦……"黄母开心地笑了，"好孝顺的孩子，妈妈谢谢你啦！"

第二节　辍学避难

日子过得真快，转眼就是七八年，孩子们一天天长大，已到了入学的年龄。可黄家附近又没有上学的地方，孩子们天天在玩耍中度过。

母亲骆有没有念过书，但深知贫苦的农村孩子只有上学走出去才是唯一的出路，她心里老想着这件事。突然有一天，她打听到附近来了一位老人，是个教书先生。她喜出望外，赶紧和丈夫商量，把两个孩子送到老先生那里读书。

父亲买回来木料，花了几天时间，亲自动手做了一张两屉桌，两个凳子，准备把孩子送到私塾上学。

私塾乃中国古代私人设立的教学场所，如今有过私塾经历的人已经不多了。在2000多年的历史进程中，它对于传播中国文化，促进教育事业的发展，培养启蒙儿童，使学童在读书识理等方面起过重要作用。

私塾的学生多六岁启蒙，入学不必经过考试，一般只需征得先生同意，并在孔子的牌位前恭立，向孔老夫子和先生各磕一个头或作一个揖后，即可取得入学资格。私塾规模一般不大，收学生多者20余人，少者数人。私塾对学生的入学年龄、学习内容及教学水平等，均无统一的要求和规定。

就私塾的教材而言，有中国古代通行的启蒙教本《三字经》《百家姓》《千家诗》《千字文》以及《女儿经》《教儿经》等，学生再进一步则读四书五经、《古文观止》等。其教学内容以识字习字为主，还十分重视写诗作对。

至于私塾的教学原则和方法，在启蒙教育阶段，十分注重学生的素质教育，强调学生养成良好的道德品质和生活习惯。如对学生的行为礼节，像着衣、叉手、作揖、行路、视听等都有严格的具体规定，为我国的教育传统。

在教学方法上，先生完全采用注入式。讲课时，先生正襟危坐，学生依次把书放在先生的桌上，然后侍立一旁，恭听先生圈点口哼，讲毕，命学生复述。其后学生回到自己座位上去朗读。凡先生规定朗读的书，学生必须一律背诵。

俗话说，严师出高徒。为了体现师道尊严，私塾中体罚盛行。遇上粗心或调皮的学生，先生经常揪学生的脸皮或耳朵、打手心等。其实，所谓严师出高徒并非是指体罚学生，而是强调教师自身的智力、功底、修养、水平、品德等方面总和在教育教学中的具体实践，教师的内功与学生学习活动相结合，外化为学生进步超群卓绝，只有这样才能造就出类拔萃的学生。

黄绍勋上学的时候，越南已经有了正规小学，只是正规小学离家较远，有四公里之多，家中大人都忙，没有人接送。而私塾离家较近，只有几十米，所以就上了私塾，但上私塾要自带书桌、板凳。绍勋兄弟所上的私塾只有三四个学生，上午读《三字经》，下午写毛笔字。老先生的毛笔字写得相当好，黄绍勋受益匪浅。

入学的第一天，黄绍勋是由舅父背着去塾堂的。按照当地的风俗，他头上必须蒙着一块红布，在途中不能看见猪狗之类的动物。据说要是看见了这些动物，这个学生就会变得和动物一样愚笨，学习成绩难以提高。

黄绍勋和他的二哥在塾堂孜孜不倦地朗读先生交给他们的课文，跟着先生从偏旁部首开始学写毛笔字。黄绍勋兄弟很珍惜这来之不易的学习机会，学习十分刻苦认真，时间不长，他就能背诵《三字经》和《百家姓》了。他的毛笔字写得也有模有样，经常受到先生的赞扬。

但好景不长，大约在 1944 年，占领越南的日军经常被盟军的飞机轰炸，搞得老百姓整天提心吊胆的。黄家附近有一座规模较大的酒厂被日军占据，黄以登担心盟军飞机迟早要来轰炸，决定离开这个危险之地，举家迁往东郊的农村避难。于是，入学不久的黄绍勋只好辍学了。

黄绍勋来到农村，四周都是绿葱葱的农田和树林，十分安静。由于无学可上，在家闲着没事，黄绍燊就用自行车条做鱼钩，带着黄绍勋到田里钓鱼、捉青蛙。越南地处热带，田里有水便有鱼，多为小鲫鱼。他们用苍蝇做鱼饵，有时用蚁蛹和蚁卵做鱼饵，一次能钓到一二十条小鲫鱼，回家做菜吃、做汤喝。

这儿村里村外、房前屋后都是竹子，整个村子置于竹林之中，完全符合苏东坡“宁可食无肉，也要居有竹”的生态条件。每天早晨起来，黄绍勋和他二哥趁着天气凉快和土地潮湿，更趁着竹林主人还未起床，就去挖竹笋。这些从地里刚刚冒出来的鲜嫩竹笋有一股清香味，无论烹炒还是凉拌，都是非常爽口的一道菜蔬。

战争时间长了，黄绍勋发现一个规律，每当看到日本飞机从新山一机场起飞，往西逃跑时，就是盟军要来轰炸了。有一天，黄绍勋兄弟俩正在钓鱼，看到几架日本飞机从远处飞来，往西飞去，知道它们又是在躲避盟军飞机的轰炸。起初，他们并不在意，当飞机越过头顶时，他们看到从飞机肚子里掉下一个东西。

“不好，飞机扔炸弹啦！”黄绍燊拉着绍勋往家里跑。

他们在一棵大树下躲蔽了一段时间，没听到爆炸声，也没动静，于是就壮着胆子跑过去看看。原来扔下了的不是炸弹，是一个装满汽油的铁桶。估计是日本飞机在仓皇出逃时，为了减轻负载就把汽油桶丢了下来。当地农民像遇到天上掉馅饼的事一样，高高兴兴地跑回家拿瓶子，争前恐后的，不一会儿就把桶里的汽油给抢光了。

在逃难的日子里，父亲天天徒步到工厂上班，大哥是骑着自行车去工作，大嫂是个勤快人，买了些竹子编筐卖，两个姐姐有时帮妈妈做些家务，有时帮大嫂打打下手，绍勋和二哥天天钓鱼、捉青蛙。

就这样，好不容易熬到 1945 年 8 月 15 日，日本战败投降了。一切恢复正常，飞机也不扔炸弹了。第二年，黄绍勋一家结束了一年多的逃难生活，又回到原来的住处。

这一年，黄绍勋 11 岁，个子又长高了一头；黄绍燊更像一个大小伙子，连说话的声音都变化了。父母认为孩子应该继续上学，不能再耽误了，于是就把黄绍勋兄弟送到四公里之外的一所正规小学新会（今仁善）学校读书。

新会学校是华侨自办的学校，即新会在堤岸的帮会资助兴办的。法国统治越南时，堤岸设有五个帮会，即广肇帮、福建帮、潮州帮、客家帮和海南帮，而且每帮都任命帮长，如广肇帮的帮长是梁际飞、福建帮的帮长是朱陈造、潮州帮的帮长是姚戊、客家帮的帮长是余秋、海南帮的帮长是王茂。

每个帮都设有自己的会馆、医院、庙宇、义祠、剧团、音乐社、体育会等。五帮之下都设有邑校，主要有鹤山的同义初级中学、番禺的富善初级中学和启秀初级中学、三水的继善初级中学、南海的乐善小学等。

当时各帮下的机构相当多，每年所需经费自然非常庞大，除了各机构董监事或理监事主动按月捐献外，尚须以义卖或投灯等各种方式募捐。所幸当时华侨经济不差，且多能发挥“取自社会，用之社会”的优良传统，故绝多机构的收支尚能平衡。

由于在私塾读过几天书，黄绍勋兄弟俩入学上的是三年级。因为离家较远，午饭不便回家吃，中午只能自己带饭吃。妈妈每天给他们准备一个盒饭，两个荷包蛋或一盒沙丁鱼罐头，够兄弟二人吃的。

小学四年，每年期末都在礼堂举行结业典礼。校长做完总结之后便举行颁奖仪式。当时学校每学期都有各种比赛，如算数、作文、大字等。每项比赛，聪明勤奋的黄绍勋兄弟俩基本上都能获奖。由于黄绍燊为人厚道，疼爱弟弟，谦让弟弟，因此头等奖总是黄绍勋的。

典礼结束后，兄弟俩并不马上回家，而是带着他们的奖品到父亲工作的地方向他报喜。这样，他们每次都能得到一碗可口的面条或米粉作为午餐。

黄绍勋家在郊区，周围都是小溪流和池塘，兄弟俩一有时间就和邻居的小伙伴在水里玩耍。水面有从上游漂过来的香蕉树干，他们就扶着树干学游泳。不用大人教，他们这些孩子很小就学会了游泳，经常在水上嬉闹。

少年时代尽管家中贫寒，但也是人生中最为幸福的一段美好时光，没有隐私、没有愁烦，凡事有人包容，一切随意而行。面对绚丽多姿的世界，好奇心驱使着孩子们的言行，无拘无束，自由自在地畅游于人生的海洋中，十分的惬意，情感世界异常精彩纷呈。这是一段无限美好的人生，但愿这段美好时光永驻于孩子身边，永驻于孩子心中。

第三节　有钱难买少年穷

1949 年，是夏历的牛年。祖国牛气冲天的喜讯不时传到越南，令那儿的华侨欢欣鼓舞。这年 9 月，也就是即将成立中华人民共和国的消息频频传来之际，黄绍勋和他的二哥黄绍燊进入穗城（今名麦剑虹）学校读初中。

位于堤岸第五郡梅山街的穗城学校为广东肇庆籍华侨公立学校，1911 年 10 月由埠上同盟会会员李卓峰及华商冯星符、冯寅初等建议创办，1912 年 3 月开学，李卓峰为首任校长。

这所学校最初只办小学四个班，1927 增至 21 个班。1941 年增办初中，1948 年附设夜学免费班，1949 年办中学商业班。原以粤语教学，后改用普通话教学。1950 年改为速成小学部，以四年时间授完六年课程。1959 年越南越化华校时，改名越秀中学。

穗城学校离黄家较远，约六七公里。黄绍勋兄弟每天徒步上下学，路上需一个多小时。这个学校的初中一年级设两个班，其中一个班是为接着上高中的学生设的升学班，另一个班是为初中毕业后准备就业的学生设的商业班，相当于现在的中专。黄绍勋兄弟俩因家境不好，不准备上高中，两人上的都是商业班。

由于中途辍学的学生太多，黄绍勋上初中二年级时学校就停办了商业班，把学生合并为继续升学班。当时学校有个规定，为鼓励学生学习，每个班成绩第一名的学生免交全部学费，第二名免半费，第三名免四分之一学费。因为家贫，为了减轻父母的经济负担，非常争气的黄家兄弟俩学期的成绩基本上都占前两名，黄绍勋总是争取第一名。他们的父母也非常高兴，经常在亲友面前赞扬他们。

人都有理想，也都有计划，但事物的发展有时并不以个人的意志为转移，往往受到客观现实的局限。人生之路的拐点很重要，关系到人生的未来和事业的成败，选准了、把握住了，人生就会出现奇迹。

在穗城学习，黄绍燊只读了两年半初中，还有一学期未读就休学出去找工作了。当时班主任肖坚白是个乐善好施的好老师，他非常喜欢黄绍燊，认为黄绍燊中途休学实在可惜，表示要替他交学费，让他读完初中。黄绍燊对肖老师的关心表示感谢，但因家境困难，还是毫不犹豫地退学了。

黄绍燊之所以要求退学，除了家里经济困难外，住房紧张也是原因之一。他要出去工作，帮助父母分忧解困，同时要搬出去住，以减轻家里住房的压力。

在黄绍勋上初二的一天晚上，黄以登和大儿子发生了一场争执，而且吵得非常厉害。原来争吵的原因是城郊地势较低，每年涨潮的一段时间，海水都会淹没从家门到公路的一段土道，进出不大方便。黄绍勋上学时经常由母亲背一段或由大哥用自行车带到公路上，然后再穿上鞋子去学校。

黄绍权对这里的居住条件很不满意，想把家搬到市中心去。而父亲在此居住了多年，感情很深，与周围的邻居也相处得很好，因此不愿意搬家。由于二人各执己见，就吵了起来。最后由母亲出来调停，还是听从了大儿子的意见，把家搬到市区。

这两个住处的反差极大，原住处地处城郊，房子面积大，将近200平方米，卧室多，厅也大，能放下一台织布机；新购的房子很小，只有 30 多平方米。在这样小的地方住上十来个人，根本住不下，只能在房子上再加一层，黄绍勋和二哥住在阁楼。阁楼离房顶约一米半，越南地处热带，常年气温很高，都在三四十度，晚上爬到阁楼上，闷热难受，很难入睡，所以黄绍桑未读完初中就退学了，目的就是想出去工作，离开这个拥挤的家。

黄绍权已经结婚，大嫂很贤惠，他们接连生了好几个孩子。每天早晨天没亮，大嫂和母亲一起到三公里外的地方挑水，之后上街买菜、做饭、缝补衣服。大嫂也是穷苦人家出身，有一门竹编的手艺。尽管家里孩子多，仍然买竹子回来编筐卖，贴补家用。家中养了五六头猪，还得准备饲料。母亲和大嫂一天忙忙碌碌，从无怨言。

黄绍勋非常爱他的母亲，放学回家首先找他的母亲。但母亲的家务太忙，他总无机会和母亲接近谈心，所以有时趁母亲坐在小板凳上缝补衣服时，就佯装耳朵痒趴在母亲的大腿上，让母亲给他掏耳眼，和母亲撒娇。

母亲也格外疼爱这个小儿子，晚上黄绍勋在煤油灯下做作业时，她总坐在黄绍勋对面看着。其实她什么也看不懂，却总是坐在那儿，有时困得直打盹，黄绍勋让她去睡觉，可怎么劝也劝不动，所以有时黄绍勋假装做完功课了，她这才回房间休息。等母亲睡着了，黄绍勋再点灯完成他的作业。

因为经济困难，全家人都没有过生日的习惯，父母的生日黄绍勋不知道，哥哥和姐姐们的生日他更不知道，他自己的生日也不知是哪一天，从来没有庆祝过，直到回国后要填写各种表格时才从身份证上查到自己是某年某月某日出生。因为没有这个习惯，黄绍勋结婚后也从不提这个事，直到有了孩子，给孩子过生日才想起自己和妻子的生日。

黄绍勋在穗城学校读完三年初中，因该校当时没有高中，所以要继续升学必须转校。越南当时设有高中的华侨学校不多，只有福建中学、义安中学、岭南中学和知用中学等几所学校。

福建中学是福建人办的，义安中学是潮州人办的，学生大多是该省市人，讲地方方言居多，到那里上学不太方便。而岭南中学又偏向贵族学校，学生家庭富有者居多，黄绍勋去那里学习不大合适。权衡来权衡去，最后决定报考知用中学。

知用中学有个特点，可以让学生寄宿，因为有许多学生来自越南北方和中部省市。当时越南南北是两种社会制度，北方与中国毗邻，是社会主义制度，这些学生带来了中华人民共和国发生的新情况。南方为美国殖民地，实行资本主义制度。1952 年 9 月，黄绍勋进入知用中学读高中。堤岸知用中学是越南华侨办的第一所高中侨校。1939 年 4 月，由广州私立知用中学首任校长唐富言创办并兼任校长。初办时学生只有 86 人，班级由幼儿园直至高中一年级。有男女生宿舍、图书馆、实验室、运动场等，设备较完善。

1945 年春，盟军轰炸日军期间，中学部及部分小学班级迁至永隆省上课。是年 8 月日军投降，又迁返堤岸。1948 年秋及 1955 年春开办第一、二届简易师范班，毕业学生 35 人。1958 年有中学 11 个班，学生 790 余人；小学 10 个班，学生 680 人；幼儿园 3 个班，学生 160 余人，教职员共 55 人。

到知用中学学习的学生来源广泛，因此思想比较活跃。他们的消息也比较灵通，譬如 1949 年新中国成立之后，城市工商业的改造和农村的土地改革，他们比南方学生了解得多，还经常唱一些革命歌曲等。

黄绍勋在知用中学学习期间，不时有同学申请去香港探亲，然后借机回国。从他们的来信中，黄绍勋了解到新中国的不少情况。当时，在黄绍勋的同学中，首批回国读书的有几好位，如吕义邦、王锦珠、卢石猶等，他们初中毕业后就离开越南回国了。

吕义邦在回国前一个晚上，还把黄绍勋兄弟二人请到他家一起用晚餐，并在他家过了一夜。第二天清晨，他们一起乘车到新山一机场送他上飞机。据说吕义邦后来又移居法国，现在法国经营一家餐馆。他的妻子是他初中时的同班同学，叫王锦容，王锦容在知用中学读了一个学期就回国了。

王锦珠和王锦容是同父异母两姐妹，王锦珠回国后在东北生活，大概在20世纪70年代也离开了祖国，现定居美国。卢石猶现在广州，都是年过80的老人了，这些人基本上是同岁。

1955年上半年，黄绍勋已是高三下学期了，到7月就要高中毕业了。这几年，来自中、北部省市的同学经常向他讲述新中国的一些情况：祖国发生了翻天覆地的变化，人民翻身做了主人，政府是人民政府，警察是人民警察，医院是人民医院……

黄绍勋一直向往着祖国，希望高中毕业后回祖国学习，所以平时在家的时候总想多和母亲接近，把他知道中华人民共和国成立后的一些好消息告诉她，说这前后的不同，让她放心。因为母亲总是说小时候在国内怎么怎么贫穷，生活怎么怎么困难，不愿意让绍勋回国。父亲在外工作，接触外界较多，比较开明；大哥也是忙忙碌碌，为了一家的生计打工，早出晚归，他们很少交流。

黄绍燊已工作三年，也想回国深造。这样一来，黄母的思想工作就更难做了。她养了三个儿子，大儿子已经成家，孩子都五六个了，一天忙到晚，虽然住在一起，但一天也说不上几句话。母亲最疼的两个小儿子又要离她远去，谁都明白，这一走就可能再也见不到了，所以她内心是很难过的。

这年5月，黄绍勋本想和二哥一起去申办护照，但又怕他们怀疑兄弟二人一起离越的目的。商量的结果，决定让父亲先带黄绍燊去申办护照，黄绍勋过两个星期后再去申办。

在这期间，突然接到一个通知，来人说要黄绍勋去护照办理处一趟。到了之后才知道，台湾方面派人来西贡挑选成绩在前三名的学生去台湾上大学。黄绍勋就对相关人员推托说他不能去，因家庭经济条件不好。对方说不要花钱，免费保送到台湾升学，而且每年暑假还可以回来探亲，条件不错，机会难得。但黄绍勋还是以家庭经济困难、需要找工作挣钱养家为由，拒绝了他们的要求。

半个月后，黄绍燊的护照办下来了，黄绍勋就请父亲陪他去申办护照。但这次对方的口气变了，说是黄绍勋的申办手续要寄回台湾，有关部门批准后才能发护照。黄绍勋知道这次完了，因为这是一个借口，他的护照肯定是办不下来了。只好回家等着，听天由命。

尽管申办护照遇到了麻烦，但黄绍勋并没放弃回祖国大陆的打算，一面想其他办法，一面积极准备。越南地处热带，常年高温达 30 多摄氏度，中小学校规定男生一律穿短裤、女生以穿裙子为校服，家中一年只需两套换洗衣服，非常简单。如果要回去，必须订做些防寒衣服，于是黄绍勋就到裁缝店订做两身中山服，而且都是蓝色的，据说那个年代家乡最时髦的就是蓝色中山装。衣服很快做好了，盛衣服的皮箱也买了，万事俱备，只等护照下来便可出发。

黄绍燊和他的女友陈硝明准备在 8 月起程，飞机票也订好了。黄绍勋非常着急，便到旅行社请求帮忙。旅行社负责人说有办法让他安全离开越南，所谓的办法就是得多花钱，他们去当地公安部门把黄绍勋的身份证换成离境证，即当地公安机关收回发给他的华侨身份证，换给他一张允许离开越南的证件，并替他订好与黄绍燊飞往香港的同一航班的机票。

真是“山重水复疑无路，柳暗花明又一村”。听旅行社的人如此说，已经绝望了的黄绍勋非常高兴，心想过几天就可以和二哥一起离开越南回到盼望多年的故土了。

黄绍勋办的这个手续被他大哥知道了，他回家告诉母亲，说三弟没申请到护照，这样离开越南也是可以的，只是到了香港不一定能入境。一种可能会被香港作为偷渡犯扣留，另一种可能会被遣送回来。到时如果越南政府不接受，那可就麻烦了。

母亲听到这个情况后非常恐慌，脸上的汗珠都冒出来了。她害怕黄绍勋这一走风险太大，不但丢了儿子，而儿子可能还要受罪，于是哭哭啼啼地不让黄绍勋离开自己。

本来母亲这些天已经受了很大的打击和折磨，她身边的三个儿子一走就是两个，她是一万个不开心不愿意，就是熬不过两个儿子的软磨硬泡，说祖国现在这也好那也好，加上父亲默默地支持，母亲是没有办法才勉强答应下来的。这一来又怕黄绍勋出危险，更加大了她反对黄绍勋离开的力度，死活也不让他走，只答应让黄绍燊一人回国。

黄绍勋见母亲如此痛苦、如此坚决，实在不忍再伤母亲的心；又考虑到手续不全，万一到了香港不让入境，返回越南不被接受，岂不是更惨，那不是要老妈的命了吗？他再三冷静地思考，遂答应母亲不走了。

“妈妈，您别着急，我不走了，就守在您老身边！”黄绍勋握住母亲的手说。

“你说话当真，真的不走了？”母亲不相信自己的耳朵。

“真不走了，明天我就把机票退了！”

“好好好。”听说儿子不走了，黄母这才放下心来，脸上也放出了光彩，“让旅行社的人到公安局把身份证要回来，不管花多少钱，尽快要回来！”

“好，请妈妈放心！”

时间过得真快，说着说着还有三天，二哥就要起程回国了。黄绍勋便对妈妈说：“妈妈，还有三天二哥就要离开我们回国了，是不是全家人聚一聚，一块吃顿饭，拍张照片做个纪念呀！”

母亲非常同意，就让大哥去安排。最后决定在二哥起程的前一天，全家人到堤岸最有名的大酒店“赛琼林”去吃一顿团圆饭，照一张全家福。现在已时隔 60 多年，每当黄绍勋看到这张照片时，就心潮澎湃，他思念他的父母，怀念他的兄姐，他们大多已离他而去，只有二哥还在厦门，所有的侄儿、外甥都生活在世界好几个国家，之间很少往来。

全家福
（前排从右到左父亲、母亲、大嫂、大哥；
后排从右到左大姐、二哥、黄绍勋、二姐；
小孩都是家族第三代）

8 月 28 日，是二哥离开越南回国的日子。那一天早晨，黄绍勋和他父亲把二哥及其女友送到新山一机场，目送他们踏上回国的征程。此时黄绍勋心里既为他们顺利回国而高兴，又为自己不能同行而感到失落。父亲则是眼含泪花闷闷不乐，默默地祈祷二儿子一路平安。

第四节　高材生当了售货员

西贡市，位于湄公河三角洲东北、西贡河右岸，面积 2000 多平方公里。社会经济发展受西方影响，19 世纪末发展成东南亚著名港口和米市。1932 年西贡与堤岸合并成“西堤联区”，“二战”后又与嘉定联合组成“西贡——嘉定市”，又称“大西贡”，1946 年 11 月越南国会通过命名为西贡市。

具有“东方巴黎”之称的西贡是越南最大的城市，也是一座喧嚣的城市，一个可以看到西方影子的城市。这里还是南越政权的所在地，政治氛围比较浓厚。

作为来自中国的侨民，黄绍勋一家住在这样一个信息发达、文化发达、经济发达的城市，心里多少有点欣慰。但问题也不少，这里的住房、医疗、教育的经济压力较大，生活节奏紧张，不像在农村那样空气新鲜，物价便宜，生活闲散。

这年 7 月，黄绍勋高中毕业了。由于家贫入学较晚，加上第二次世界大战时辍学，所以到 20 岁才读完高中。回想孩提时一同玩耍的小伙伴，他们大多小学未读完就工作了，有的已成家生子，而家境都不好，互相也很少来往。但有时很怀念他们，时常回想当年一块钓鱼、在水沟里戏水、到草地捉蟋蟀的情景。

应该说，在这样不富裕的家庭能完成高中学业实属不易。黄绍勋一是靠父母兄长对培养下一代的重视、支持和关爱，二是靠他自身的勤奋和努力，每年争取到减免全部学费的成绩，减轻父母的经济负担才完成的。就这样，艰难的生活使他从小就养成一种习惯、一种观念、一种性格，那就是不服输，争第一，不甘落后。

高中毕业后的黄绍勋，由于暂不能回国升学，老待在家里吃闲饭也不是办法，必须出去找工作。暑假过后，各学校均已开课，不能到学校任教。此时，他得到一位朋友的帮助，介绍他到西贡一家叫泰兴行的钟表店当售货员，但工资不高，只有 800 元越南盾。

这个钟表店坐落在比较繁华的“打冷街”上，店面很大，装饰得也不错，给人一种安静整洁的感觉。橱窗内摆满了闪闪发光的瑞士手表，墙上挂着各式各样的时钟，还有一个橱窗摆满了各种颜色的眼镜。

钟表店门口有一个老旧的钟表修理台，修理台的黄色台面已经有些发黑了。台面上放着一个生锈的闹钟和小镊子、小钳子、放大镜等工具。一位穿着白色衬衫的中年男人坐在台前，正在检修一块手表。他把手表的后盖打开，然后用小镊子小心翼翼地把里面的机芯抠出来。

商品柜台的另一端还有一个修理眼镜的修理台，只负责修理太阳镜。

钟表店老板是一个身材修长的中年男子，约 30 来岁。在西贡的另一条街上，老板还有一间商店，规模比这间大，所以他的精力大多放在那家商店上，这边的事很少过问，把管理权交给了他叔叔。老板的叔叔已年近 60，头发花白，住在钟表店的楼上，吃住都在店里，不时抽空下楼转转，也没多少事。

钟表店共有五位店员：一位修表的师傅，约 40 岁；一位修眼镜的师傅，30 出头；一位和黄绍勋一样是售货员，年龄比黄绍勋稍微大一些，但他已在店里干了多年，业务非常熟悉，黄绍勋一切都得向他学习请教。这三位同事学历都不高，最多也只有初中文化，像黄绍勋这样一个高材生来当店员实属少见。黄绍勋也是出于无奈，只能暂且落身于此。

售货员的工作，黄绍勋开始很不适应，成天面对玻璃橱柜的手表、眼镜，要熟记每件商品的批发价、销售价和最低出售价，要熟练介绍各种商品的性能特点，工作倒很轻松，没有风吹日晒，也没有大汗淋漓，但却很无聊，顾客不多时闲着也不能看书，只能像木桩一样老老实实地站着，随时准备迎接顾客。

店中还有一个小童工，看上去只有 13 岁，每天扫扫地、擦擦玻璃，干点杂活，为大人帮点小忙，譬如买买烟、打打酒之类。午饭是请外面餐馆送餐，伙食较差，饭管饱，但菜很少。大家吃饭速度很快，慢了就吃不饱。有时师傅们在开饭时让小童工出去买点小吃，等小童工回来饭菜就差不多吃完了。所以，黄绍勋很是看不惯，觉得那个小童工怪可怜的，但也没有办法。

这一天，稀稀落落的顾客站在各个柜台前，仔细寻觅心目中的猎物。一位顾客看中了一个挂钟，钟面是圆形的，镶嵌在黑底刻花的长方形木质外壳里，显得古朴典雅。

黄绍勋小心翼翼地从橱柜里取出顾客所要的那个挂钟，带着职业性的微笑说："您眼光真好，挑中了这个，这是个新款，刚进货不久，几天前才送到我们这儿来。"

那个顾客边看挂钟边说："哦，我说以前没有看到过……"

黄绍勋指着木质外壳上刻出的小花细草，用广告式的语言介绍道："您瞧，这花刻得多生动！它不但是一个挂钟，而且还是一个富于艺术美的摆设品呢！"

那人把挂钟托在手上，左看右瞧，越看越喜欢，就决定买下了。他要黄绍勋给他换一个新的，黄绍勋耸耸肩说："已经卖完了，只有这一个。"

那人把钟又托起来，转来转去地审视。木壳上的黑漆油光发亮，花和草线条细致，没有任何脱漆的迹象，于是放心了。接着，他把挂钟凑到耳边听了听，没想到这一听便听出了问题：这钟没有声音！他摇了摇，再听，还是没有声音。

那人把挂钟轻轻地放在柜台上，睁大眼睛问黄绍勋："师傅，这钟是不是坏了？"

"坏了？"黄绍勋笑着说，"不可能，刚进来的新钟怎么会坏呢！"

"反正没有声音。不信，你听听！"

"哦，不是坏了，是没上劲。"黄绍勋取出起子给钟表上劲，钟表开始滴滴答答地响起来。然后，又重新调对一下表针。

那人脸上露出了满意的笑容，开始掏钱付款。

就这样，黄绍勋在钟表店干了半年多的店员，天天坚持上班，兢兢业业地做好每一天的工作，虽然不情愿，倒也增长了不少知识。

一天，黄绍勋高三时的班主任方行老师派人到钟表店，约黄绍勋晚上去方老师家一趟，说有急事要谈。没想到，方老师的约访竟给黄绍勋的生活带来一大转机。

第二章　回国之路

爸爸，既然妈妈同意我回国，又找好了去柬埔寨的司机，你看这样好不好，这里也有几位学生要出走到金边，从那儿偷渡到香港然后回乡，我干脆和他们一起走，路上还有个伴儿。你回去告诉我妈，让她放心，到了我马上给你们信息。

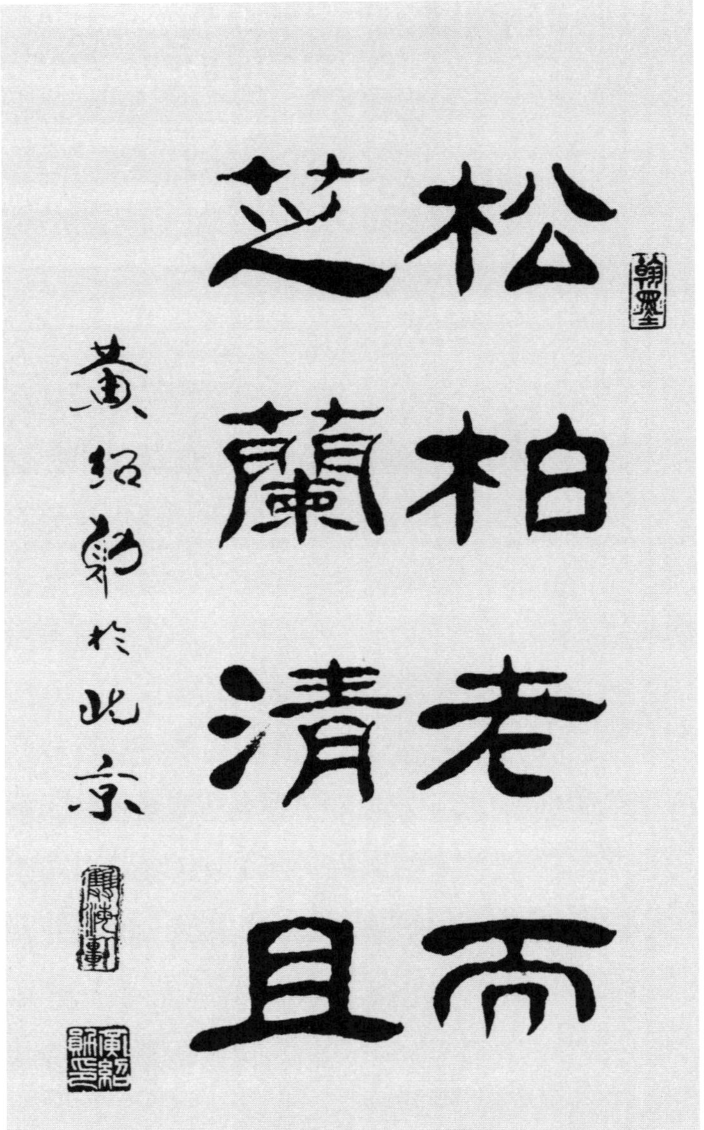
松柏老而健
芝蘭清且香

第一节 初执教鞭

1955 年，中南半岛云诡波谲，暗潮汹涌。这是这一地区最为动荡的一年，尤其是半岛东部，还不时发生枪战。

10 月 26 日，越南分为北南两部分，北方是社会主义制度，南方是美国控制下的资本主义制度。在此之前，北越有一些不同意社会主义制度的华人南迁，以叶习之校长为代表的一批从事教育工作的华人迁到了南越的芹苴省。芹苴华文学校缺少一位能胜任初中数理化的教师，叶习之就去知用中学请方行老师帮忙。

芹苴是潮州人移居人数最多的城市，这里的潮州人向来对祖国故乡怀有浓厚的思想感情，对历史悠久、光辉灿烂的中华文化和乡邦文化十分喜爱。他们身在国外，却一直尊崇、传承和弘扬中华文化和乡邦文化，芹苴的华文学校就是这些潮州人集资创办的。

南越吴庭艳集团颁布“越南化”法令以后，芹苴的华文教育受到了无理限制。对中华文化具有浓厚感情的当地潮州人，根据当时的政治环境采取了应变策略，华文学校以“双语制”或“多语制”进行教学。这种为了坚持华文教育而采取的应急措施，反映了越南南方潮州人在居住地坚持华文教育的良苦用心。

方行老师是黄绍勋高三时的班主任，对黄绍勋的学习情况比较了解，认为黄绍勋能够胜任芹苴华文学校的教学工作，于是派人找黄绍勋相谈此事。他把任课内容、课时、薪酬等问题介绍完后，黄绍勋就和芹苴华文学校签订了合约，并定于来年上学期到芹苴任教。

这事对黄绍勋来说有两大好处，一是到学校任教既复习了功课，还能多看些课外读物，为将来有机会回国升学打下基础；二是待遇得到了很大改善，从店员工作的月薪800越南盾增加为教师工作的3000越南盾，差不多长了四倍。唯一的缺憾就是离家较远，有170公里，只能一学期回一次家，不能经常看望父母。

芹苴位于湄公河三角洲中部的后江右岸，由于河面宽阔，为海陆交通中继站。该地农田肥沃，气候炎热，雨水充沛，盛产鱼类、稻米、水果等多种产品，而且价格非常便宜。该地为越南大渔场、大粮仓、大果园的九龙江平原的重要政治、经济、文化中心，也是越南人口稠密、经济发达的一个地区。

芹苴市有不少中国人开的店铺，门脸上都挂着写有汉字的招牌。他们都是早期从海南、福建、广东一带迁来的，他们大多能说粤语和越语。他们开的店铺以饮食店、杂货店、服装店、材料行为主，生意也算过得去。

1956年初，辞掉钟表店店员工作的黄绍勋决定去芹苴华文学校任教。记得那一天，他提着准备回国用的大皮箱，由父亲送他到开往芹苴的长途汽车站。在车站，他看到叶习之校长的儿子叶永深在那里迎接他。父亲见到有人来接他，感到非常欣慰。

父亲将黄绍勋的行李交给叶永深，把黄绍勋送上车，叮嘱了几句，就转身向回家的路默默走去。黄绍勋目不转睛地看着父亲远去的背影渐渐地消失在人群之中。这是他第一次远行，第一次离开家，第一次离开父母，心里顿时生发出一种孤寂感。

汽车向西南行驶约两小时，来到一条河边。这河没有桥，要等渡船。过河后再走一小时，就到芹苴了。他们下了车，走过一个不大的操场，就到芹苴华文学校。黄绍勋受到了学校的热情欢迎，并被安排在二楼一个约六平方米的小房间。

这是一个木结构的二层建筑，很高，尖顶。楼下一层住着三四家双职工教师，他们都带有小孩；楼上为筒子状，分南北两侧房间，南侧房子大些，是个套间，校长叶习之夫妇住在那里，另一套小间为叶校长儿子叶永深的宿舍。北侧有四间房，都不大，约六七平方米。

黄绍勋住在北侧带有窗户的一间，另外三间，一间为教英语的冯老师住，冯老师是校长的外甥。另一间住的是两位年轻的女教师，其中一位姓王的是叶永深的未婚妻。还有一间住着一位体育老师。

在两侧房间的空隙处，放着十多张双层床，是来自外地的学生睡觉的地方，因为是双层，显得较高，睡在上层的学生能看到黄绍勋的房内。虽然有些不大方便，但学生年纪还小，黄绍勋不太在乎。

黄绍勋的房间很简单，放着一张单人床，一张两屉桌，一把椅子，一个放箱子的木架子。书桌上方，从房顶垂下一条电线，只有灯头，没有灯泡。黄绍勋把行李归置好后，就找来灯泡准备安上，以便晚上照明。但由于从来没干过电工活，不小心把电线弄短路了，顿时火花四溅，眼看着火苗沿着电线直窜房顶。

黄绍勋一时被吓坏了，头一天上任便引起火灾，这还了得。慌乱之中，他一把拉动电源开关，把电源切断了，这才未酿成事故，真大幸也。之后，他马上找电工把灯泡安上。

学校还没开学，校园显得冷冷清清，黄绍勋就到大街上走一走。他发现芹苴保留了许多深受法国影响的遗迹，如宽阔的林荫道和高雅的建筑群。他来到一条主要商业街，再往西走则是一条主干道，这条路直接通向位于城市外围的汽车总站，他从堤岸过来就是在那里下的车。

黄绍勋还游览了两座寺庙，一座叫昭应祠，另一座叫 M 古寺。

位于姐妹街上的昭应祠面向河畔公园，1894 年由来自广东的中国人修建。中式庙宇通常都不是独立的一个建筑，而是连排建筑中的一部分。这座塔的右侧用来供奉幸运女神，而左侧则是凶猛好战的一个将军雕像。整座建筑的布局有古典式塔楼、可供烧香的开放式庭院、东南亚华人风格的堂屋以及一所语言学校。

M古寺在和平大街上，1946年为城内的高棉人所建，每天早晨5点和晚上6点会有两名僧人坐禅念经。这是一个高棉小乘佛教的寺院，里面供奉着一尊在菩提树下冥思的释迦牟尼坐像。

当教师，对黄绍勋来说是新媳妇坐轿——第一回。教师的工作究竟怎么做，他没有任何经验，但只听说过唐代文学家韩愈在《师说》中有这样的界定，“师者，传道、授业、解惑也”。虽说韩老前辈已比较准确地道出了教师的职能，但黄绍勋总觉着有些高深莫测之感，而且也有些笼统模糊，就拿传道来说，到底要传哪些道？是做人之道、从事之道、养生之道，还是权谋之道？

有人说，“教育者”是教师职能的“第一位”。如果认为教师的核心职能是“教育者”，那么处理问题的出发点就应该是瞄准孩子们的未来，只要对孩子们的未来有好处，鼓励也罢，批评也罢，管理也罢，服务也罢，都是手段。教师应该拿出教育者的十八般武艺，有针对性地教育学生。还是那句老话：有教无类，因材施教。

黄绍勋认为，应该把教师的职能归纳为教书育人。简单四个字已经把教师职能说得很透彻了：一是教书，二是育人。

教书这个职能比较好理解，就是向学生传授专业知识，让学生掌握一些基本知识和基本技能；育人这个职能对教师来说并不是个简单的事，不是有俗语说嘛，十年树木，百年树人，要把学生培养成合格人才，那是费时费力的差事，而且付出了不一定有成效。这其中牵扯育人过程中，该以何种方式，从哪个角度对学生进行培养的问题，所以说教书育人四个字虽然简单，但玄机无限，还需要在实践中摸索进行。

第一学期，黄绍勋担任了初一的班主任，还教初一和初二的数学、初一的生物、初二的化学。但因课时还不满，又增加小学六年级的数学课。反正每天安排四节课，每周 24 节课，还得批改作业。因数学课都有作业，所以工作就显得很忙。

这所学校有一个特点，全校老师除了黄绍勋是越南南方的之外，清一色都来自越北。芹苴尽管条件不错，有“小西贡”的美称，但毕竟是离首都较远的一个小城市，学生一般入学较晚，所以初一、初二的学生年纪也偏大，比较懂事。

学生们从课堂授课的言语中，从平常接触交谈时的情感中早已把每个老师都分得很清楚。所以大多数学生都愿意接近黄绍勋，跟他说心里话，谈思想也敢于暴露对祖国的向往。

开学的第一个星期六下午，黄绍勋没有课。他要求学生回校打扫卫生。因学校有评比制度，每天有老师对各个班上课秩序和教室整洁状况打分，周一公布评比结果，优胜班级获流动红旗。黄绍勋在不服输的心理作用下想要赢得荣誉，所以安排学生回来搞卫生。

时间到了，见学生还未到校，黄绍勋就一个人先干起来。他用小铁铲把地砖上的土铲掉，用笤帚把地扫干净。不一会儿学生来了，见老师已开始干活，都非常感动，急忙过来抢黄绍勋手里的工具，热火朝天地大干起来。

不到一个小时，打扫完毕。看到学生们一个个累得大汗淋漓，黄绍勋买来了冰棍和汽水，为他们清热解渴。学生们非常感动，都说上学那么多年，还未见过黄绍勋这样的老师。

黄绍勋认为，这就是身教重于言教。从开学这一天起，他要在学生中树立一个良好的形象。学生们也从内心佩服他们的黄老师，敬重他们的黄老师。

中学时代，黄绍勋不但学习成绩好，而且爱运动。初中时，他是穗城学校篮球队的队员。上了高中，还不时回母校打篮球。他所在的球队很团结，有凝聚力，有时春节也不在家休息，还相约回校打篮球。到了芹苴任教，下午 4 点半一放学就没事了，老师和学生经常在一起打打篮球，锻炼身体。

说起篮球，说起芹苴，黄绍勋又想起一件事。那是1954年春节期间，堤岸的“精武篮球队”曾对芹苴和当地的篮球队进行一次友谊比赛，堤岸精武篮球队是由穗城校队和社会部分爱好篮球运动的成员组成，黄绍勋当时也是这篮球队的一员。因比赛安排在晚上，在灯光下进行，黄绍勋眼睛近视，视力较差，当天没有上场参赛，只是随队过来。当时比赛的场地就是学校这个篮球场。

芹苴华文学校的教职员工数黄绍勋年纪最小，篮球技术最好。在一次校委会上，校长建议学校成立一个教师篮球队，由黄绍勋出任队长。从此，在这个学校里，黄绍勋就成为不仅教学水平高，又年轻有为，能文能武，比较出众的人物了。

当时在越南有这样一句话：学好数理化，走遍天下也不怕。现在学校中数理化的课都由黄绍勋一人包了，又当上了篮球队队长，教师们羡慕他，学生们敬重他。而且他又是一位从知用中学来的爱国教师，所以与学生关系密切，无话不谈。

那个年代，越南的通信很不方便，既无电话，邮政也很落后。黄绍勋平时与家里无任何联络，所以到了寒暑假，他就赶紧回家看望父母和家人。但又很矛盾，因为家中房子小，大哥的孩子又多，30平方米的房子住着八九口人，根本没有他的床位。晚上他只能在房间的过道打开折叠床，凑合休息一夜，天一亮就得起床。由于没地方备课，所以他只在家住了几天就匆匆赶回学校了。

俗话说，母子情深。离开了家以后，黄绍勋经常想家，尤其想念母亲。他没有崇拜过明星，因为从小他就有自己的偶像，那就是母亲。在他的眼里、心里，母亲是个热心肠的女人，是个坚强的女人，也是个完美的女人。母亲一生节衣缩食，辛勤劳动，平时没有闲着的时候，从早到晚，不是挑水、买菜、做饭、织布，就是养鸡、养猪，总是忙忙碌碌的。

1957年的寒假，黄绍勋回家过春节。一进家门，看见母亲躺在客厅临时安放的床铺上，他顿时大吃一惊，因为 20 多年来母亲都是早起晚睡的，连个中午觉都没睡过，今天大白天，怎么躺在床上呢?

“妈妈，您怎么了，病了？”黄绍勋急忙问。

“没事。”母亲平静地说，“前些日子摔了一跤，摔伤了腰，过两天就好了，没事！”

细问之下，才知道原来她老人家站在小板凳上晾晒衣服时，不慎滑落下来，摔伤了筋骨，行动不便，这才躺着休息的。

“妈妈，您年纪大了，该休息休息了，尤其是登高爬梯的事，不能再干了！”

“没事，过几天就好了。妈妈不老，你就放心吧！”

“妈妈，孩儿不孝，不在您身边，不能帮您的忙！”

“你说哪儿去了，你在外面教书，工资不低，不也是为了咱这个家嘛！”

“妈妈您放心，我一定好好工作，多多挣钱，让您和爸爸过上好日子！”

“什么好日子不好日子的，你只要能常回家看看，妈妈就知足了……”

看着她老人家憔悴的面容，听着她老人家朴实的话语，黄绍勋心痛得不知说什么才好。母亲劳累了大半辈子，今天需要人照顾，当儿子的却不能在身边尽孝，是他这辈子留下的一个最大的遗憾。现在一想起这事，黄绍勋的眼泪就不禁夺眶而出。

第二节　师生同行

1957 年的春节到了，这是黄绍勋和父母及家人一起度过的最后一个春节。和往常一样，春节前家家户户都要贴上春联。除夕那一天，黄绍勋到商店里买回来大红纸，从侄儿那里找来笔和墨，写了一副春联：“辞旧岁，全家欢笑；

迎新年，满院春光"，贴在门口。还写了几个"福"字，贴在门上。家里顿时给人一种焕然一新的感觉，显出了节日的喜庆气氛。

黄绍勋想起小时候家住在城郊，每逢春节，春联都是由大哥来写，不但给自家写，也给几家邻居写。因为他们大多没上过学，平时相处得不错，所以就由大哥代劳了。

越南人也有贴春联的习惯。以前他们的春联用汉字书写，后来文字拼音化了，改用拼音文字来写，但都把字母组成圆形，像一个汉字那样。越南人也爱在家里贴"福"字和福、禄、寿星的画像，还有各种传统年画，表达对新年的美好祝愿与向往。

由于房子小，客厅不大，只能放一张小圆桌，一家人很少坐在一块吃饭。家中几个大人都不善言谈，平时很少交流，所以兄长们的年龄、出生日期都不清楚。

父亲不爱喝酒，大哥有时喝点啤酒，当他工作遇到困难或碰到不高兴的事时，就到小卖部买瓶啤酒、二两花生米，吃着、喝着解闷。父亲和大哥都抽烟，而且烟瘾较大，一根接一根，一天得抽上两包。因此，最后的结果是他们都因患上了鼻咽癌而离开这个世界。

从黄绍勋记事时起，大哥就已经上班了，每天骑着自行车，早出晚归。大哥究竟读了几年书，黄绍勋不知道，大哥不但能写出一手非常漂亮的毛笔字，而且硬笔字也写得很好。黄绍勋回国后与家中联系的书信，都是大哥的手笔。信中文字简洁，字体优美，黄绍勋一直保存至今。

黄绍勋的两个姐姐未读过书，第二次世界大战结束后她们就先后出嫁了，婚后在家当全职太太，生儿育女，主持家务。黄绍勋回国后，和她们就再也没有来往了。

1957 年这个寒假，黄绍勋在家待了十多天，就告别父母回到芹苴华文学校，准备迎接新的学期了。

黄绍勋回到了学校，他感觉这些天社会上有些异样，在华人中普遍有些紧张的气氛，仔细一打听，才知道南北越双方战事吃紧，南方吴庭艳政权发布了新法令，与华人有关的有以下几条：

其一，修改宪法，规定凡是在越南出生的人都被视为越南人；

其二，凡华人操纵的行业不许华人再经营，如要继续经营，必须加入越南籍；

其三，停办华人学校；

其四，颁布征兵令。

这样一来，黄绍勋这个出生在越南的华侨转眼就要改为越南公民，停办华文学校就意味着他要失业。按黄绍勋的年龄，正好是服兵役的范围，可能被南越当局拉去当炮灰。

在这种情况下，当时许多华侨青年都人心惶惶，不知所措，有条件的准备尽快离开，无条件的只好听天由命了。

与此同时，学生中也传出了关于新中国的不少消息。说新中国是一个人人平等的国家，那里的政府爱护老百姓，没有剥削，没有压迫，大人有工做，小孩有学上，农民有田种。那里的社会秩序非常好，夜不闭户，路不拾遗。那里人人都过着幸福的生活，简直是人间天堂，比世外桃源还好。

一天放学之后，几个学生来到黄绍勋的宿舍，其中一个年纪最小的学生叫陈国柱，他是小学六年级的学生，大约十五六岁。他一进门就怯生生地说："黄老师，您有照片吗？请送给我们每人一张做纪念好吗？"

"哦……"黄绍勋不解地问，"你们还没毕业呢，这么早就要照片做纪念？"

岁数大一点的学生冯强华往门外看了看，然后轻声说："黄老师，我们过两天就要离开这里了！"

黄绍勋大吃一惊，忙问："出什么事了？"

“没出什么事！”冯强华接着说，“我们想回国。”

“回国？”黄绍勋认为学生的想法很天真，就问，“怎么回？”

“先偷渡到金边，再想办法回国。”

“那要用很长时间的，路上也不一定安全。”黄绍勋不解地问，“为什么要绕道金边回国？”

冯强华指着陈国柱说：“他父亲在金边工作，那里有很多朋友会帮助我们回国。”

“哦，是这样……”

黄绍勋知道这些学生爱祖国，爱中国共产党，但没想到这么快就把自己的向往变成了实际行动。他这个早已向往祖国许久的老师激动了，非常羡慕他的学生，赞赏他们的勇敢，没想到学生竟走在自己前头了。

冯强华见黄绍勋在思忖不语，又说：“黄老师，您是我们最亲近的老师，我们信任您，把您当父辈看待，所以才把事情都如实告诉了您，您可要为我们保密哟！”

“亲爱的同学们，请你们放心，你们的行动是正确的，我完全支持你们，希望你们早日平安回到祖国的怀抱！”黄绍勋转身去给他们找照片。

听黄绍勋这么说，几个学生都笑了，悬着的心也落地了。

“儿行千里母担忧”，这是一句人尽皆知、人人认可的真理实话。它以直白、朴素而又耐人寻味的俗语，颂扬了伟大的母爱，它也时时警示着普天下的儿女们，心里切莫忘记母亲的殷殷牵挂！

5 月 1 日，是国际劳动节。这一天学校放假，黄绍勋在学校备课，批改作业。他隐隐听到敲门声，开门一看，原来是父亲黄以登。

父亲的突然出现，令黄绍勋大吃一惊，以为是母亲的伤情加重了。于是急忙问：“妈妈的身体怎样了？”

“你妈的伤养得很好，已经能下床干些轻活儿了。”黄以登擦了一把脸上的汗，“自春节你离开家后，一直没有你的音讯，你妈不放心，近来社会不大安定，你妈让我来看看你。”

“我没事！”黄绍勋放下心来，“回来后忙于教学，放学后有些学生找我谈心，因此就没来得及给家里写信，让妈妈担心了……”

见儿子平安无事，黄以登就放心了。

快到中午了，黄绍勋就和父亲离开学校，到市里一家餐馆吃午饭，然后送父亲到车站，返回堤岸。

然而，半个月后，黄以登又急匆匆地来到学校。在黄绍勋的宿舍里，他把门关严，压低声音说：“你妈让你回家一趟。”

“我的课程很紧，不好请假呀！”黄绍勋马上问，“家里有事吗？”

“最近形势不好，新政策对华侨很不利。这两天我联系到一位跑长途的汽车司机，他是长期跑堤岸—金边这条线的，想请他把你带到柬埔寨的首都金边，然后再想办法从那里回国。机不可失，你妈让我赶快过来叫你回去。”

父亲的话像一声惊雷，令黄绍勋心潮起伏。回想两年前，母亲怕他回国路上发生危险，泪眼婆娑地阻止他，千方百计地把他留下。而今天却主动提出让他回国，并让父亲来学校找他，这是多么大的变化啊！母爱如灯，温暖了黄绍勋的一生，照亮了他的前程。

说是变化，其实也没变，其本意都是一样的。当年黄绍勋没有合法手续，如果放行了，到香港可能会被扣押，就是放回越南也是黑户了，那是相当危险的。所以当年出于对儿子安全的考虑，母亲投了反对票，这票投对了。而当下母亲主动劝他回国，也是为了他的安全，她不愿意看到自己的小儿子去给南越当局当炮灰。她下了多大的决心才忍痛让黄绍勋离开，从这里可以看出一位平凡的母亲是多么伟大啊！

这一年多的教学生涯，黄绍勋和学生们亲密接触，打成一片，取得了学生们的绝对信任。当父亲把他这次来学校的目的说完之后，黄绍勋突然想到几天前学生告诉他经过金边回国的事。难道这是上天的安排？不早不晚，学生明天就要出发，父亲今天来要他回家，又是去同一个目的地！

于是，黄绍勋把他的学生也要去金边的情况告诉了父亲，然后说："爸爸，你看这样好吧！既然母亲同意我回祖国，我看就没必要回去了，干脆明天和这里的几位学生一起走，路上还有个伴儿。"

"好，好好……"黄以登沉思了半刻，认为儿子的主意可行，就说，"我看这样比较稳妥，既有伴，也不用再求人了，你就从这儿直接走吧！"

"您回去告诉我妈，请她放心，我到了金边马上给你们信息。"黄绍勋激动地说。

"路上要多加小心，遇到困难要多动脑筋想办法。如果钱不够用，写封信来，我想法给寄去。"

"这里离柬埔寨边境不远，我想不会有什么问题。"黄绍勋接着说，"对了，在我走了之后，你再来学校一趟，把我的情况告诉学校，请他们原谅，顺便取走我的衣物，再托人带到金边给我。"

下午，黄绍勋送父亲到车站，和父亲告别。他冥冥之中预感到，这次分别就是永诀，可能再也看不到生他养他的父母了。他从史书里看到过"忠孝不能两全"的词语，没想到现在应验到自己身上了。于是心里泛起了波澜，泪如雨注。

送走了父亲，用过了晚餐，黄绍勋约一位平时比较知心的老师邓柏祥一起上街。黄绍勋悄悄告诉他自己的秘密，让邓柏祥陪他去买个手提袋，好装换洗的衣服上路，并请邓柏祥明天替他向校方请个假，就说今天他父亲来看他，说他母亲生病了，让他回家看看，向校方请几天假。

黄绍勋手头有两个月的薪水，都是越南盾，到了金边不能花。他就去找家里开金铺的学生梁文雄买了一个金项链，只留少量现金应急。一切安排妥当了，他就和学生约好明天集合的时间和地点。然后返回宿舍，给校方写了封请假信放在桌面上，就躺在床上等待黎明的到来。

关于冒险偷渡越南国境回国这件大事，黄绍勋为什么能当机立断，说走就走？这不是一时的冲动，而是多年的苦思冥想，天天在等待时机，就像点燃的炸药一触即发。回国的念头为何这么牢固？原因是上学时受到的教育，读了那么多的地理、历史，看到近百年来中国清政府的腐败，国力之衰弱，世界列强不断地入侵瓜分中国等奇耻大辱，什么鸦片战争，什么八国联军入侵，什么火烧圆明园，什么甲午战争，什么九一八事变，什么七七卢沟桥事件，哪个不是中国沉痛的历史？

身在海外的黄绍勋，看到今天的祖国，看到民族的日益强大，看到抗美援朝的胜利，看到中国人的扬眉吐气，他恨不得马上飞回祖国，回到祖国母亲的怀抱，在那里深造学习，学好本领去建设自己的国家。自己正值年轻求知之时，不能再耽误了……

第三节　遇险越柬边境

1957 年 5 月 15 日，是黄绍勋一生中最值得纪念的一天。这是他人生中一个重要拐点，套用一句官方文献上的话说，就是具有“重大的”“深远的”历史意义的一天。从这天开始，他怀着一颗滚烫的热爱祖国、报效祖国之心，要离开生他养他的父母，孤身一人不畏艰险地登上归国旅途。

这一夜，枕在母亲缝制的枕头上的黄绍勋怎么也睡不着。他就要离开生活了 22 年的南越椰林，离开父母的怀抱，离开哥哥和姐姐的护爱了。这一去与他们就是天各一方，不知何年何月才能重逢？

人生在世，最大的痛苦莫过于生离死别。生离之痛痛彻肺腑，死别之伤伤心欲绝。

生离者，两相无力挽留，目送斯人远走。从此以后，或长别再难一聚，或此去长路漫漫。遥远的路途，未知的岁月，是碾压心灵的器具，还有那份牵挂，像枷锁般沉甸甸地负满心头。

死别者，将逝者充满眷恋，或心愿未了，或家庭温暖，留恋人间花好月圆。未亡人无力挽救，只能接受诀别，目睹亲人长眠永逝，留下无尽追思。留存的所有记忆，都是刺向心头的刀，一刀刀将人的心灵割碎。

这些之所以造成内心极大的伤悲，只因你中有我，我中有你，爱的深厚，爱的难以割舍。

情愈真者伤愈切，越是懂得彼此关爱包容的心灵，痛苦越深。

要知道，放大伤痛的永远是记忆，麻醉伤痛的只能是时间！

天刚蒙蒙亮，黄绍勋就起身穿好衣服，带上简单的行李，轻轻关上房门，神不知鬼不觉地走下楼梯，生怕遇上熟人。他走过操场，走向学校的大门。那是他进出过无数次的大门，这是最后一次了。

天仍是那么蓝，树仍是那么绿，花仍是那么艳，一切都是那么平静。老师和学生还在甜美的梦乡陶醉，只有学校的厨师在动刀动锅，清洁工在打扫场地。黄绍勋向清洁工挥挥手表示告别，就毅然决然地走出了学校大门。

来到和学生约好的集合地点，只见冯强华、梁文雄已到，一会儿陈国柱、黄光彩和黄光伟兄弟也到了。后来又来了一位妇女，她是越南人，冯强华说她是此行的向导，每人要给她 300 越南盾作为报酬。

大约 8 点钟，向导带着师生六人乘上了汽车。没有同学送行，没有亲人告别，他们像一群脱离藩篱和羁绊的自由人一样，心怀忐忑地离开了他们熟悉的芹苴，沿着湄公河一路向西北开去。

这是一个难得的好天气，蓝蓝的天空飘着几朵白云。汽车在树林、花草和稻田所覆盖的绿洲上飞驰，远处青山连绵，造型各异，千姿百态，风景秀美，犹如一个“无山不绿，有水皆清，四季飘香，万壑鸟鸣”的世外桃源。望着窗外与其心情反差极大的景色，黄绍勋脸上露出了无奈的神色。

车窗外，不时掠过头戴竹笠的男子。这种“帽子”在城里已不多见了，它是用竹子编成的，质轻、透气、避阳且防雨，非常适宜低纬度地区多雨的气候。越南的笠帽，原是人民生活中不可或缺的用品，不论是下田劳动还是上街买卖都会戴着。后来，这种圆锥状造型的帽子便成了越南人的标志之一，并走入了艺术层面。

忽然对面过来一辆大卡车，卷起漫天黄土，令黄绍勋刚刚稍明朗的心境又蒙上一层尘霾。

汽车在中途的一个小镇休息，黄绍勋看到身边有几个长衫裹身、满脸笑意的越南少女。她们举手投足落落大方，清纯雅致，温柔和蔼。这些美丽的越南少女给黄绍勋留下了前所未有的印象。过去几年，他只知道寒窗苦读，工作后又忙于挣钱养家，没有机会谈情说爱。现在要离开这个国家了，方才发现越南的少女也很漂亮。

中午时分，汽车来到湄公河三角洲的西北部、柬越边境的朱笃。

朱笃是一座风光优美的河畔小镇，同时又是周边农产品的集散中心。在18世纪中期以前，这里属于柬埔寨，后因阮朝地主 Nguyen Phuc Khoat 帮助平息了该地区的叛乱而划归越南。这里还居住着大量的高棉族人，并且是三角洲地区最大的占族聚居地。这里也是和好教的发源地，该教1939年创立于和好村。

湄公河在这里分出九条主要水道，河流在这里汇合，并走出赤红烈日照耀的地区。无数的江河湖汊，如蛛网一般纵横交错，罗织出一片片沙洲小岛。世界上最富庶的三角洲就在前面，它所选择的方向正是迷人辽远的东方。这里的人们生活简单纯朴，这片黑土地养育了这一方人，也形成了独特的生活习惯。

汽车路过一座规模较大的庙宇，向导说那是西安寺，始建于1847年，后经两次扩建，方成现在的规模。这是一座奇特的寺庙，它混合了多种文化风格，庙里供奉着 200 多座神像，其中包括大象和绿色妖怪。

沿着大路向右侧看，那里有一座特色不太明显的寺院，叫圣母庙，据说始建于 19 世纪末。庙里供奉着一尊圣母像，每年农历四月二十三日至二十五日为圣母节，来自四面八方的男女信徒涌入庙内观看为圣母沐浴和更衣的仪式。

虽然接触时间不长，大家对这个其貌不扬的女向导都刮目相看。她不次于现在的专业导游，讲话极具夸张和动感。乘客都在聚精会神地聆听她有声有色的讲述，终点站到了，乘客全部下车。

朱笃，作为一座位于湄公河畔的边陲小镇，因为北与柬埔寨接壤，故杂居着高棉人及老挝人。虽然扼守着重要的地理位置，但却是一座不折不扣的小城。充斥在两条喧嚣骚动街道上的农贸市场，就是这座城市的全部。金色的阳光洒在河面上，将这个小镇辉映得无比璀璨，也为小镇蒙上一层神秘美妙的景象。

向导把他们师生六人带到路边一处房子里，那是一个简陋的棚屋，既可以用来售货，也可以用来小憩。稍作休息，他们便开始吃午饭。饭菜极简单，少油缺盐的，更没有荤腥，这大概与当地就餐肉类较少、以蔬菜为主的习俗有关，也可能是抠门的店家故意所为，但米饭还能管够，每个人都能吃饱。

吃过午饭，略作休息，向导叫来三辆电动三轮车，每辆车坐两个人，准备向目的地出发。但目的地在哪里？他们也茫然不知。只听那位向导喃喃地说：“我今早去拜过神了，希望保佑你们平安到达。”

听向导如此说，表明她对这次行动的安全也没有十分把握，只能听天由命。于是黄绍勋心里有点不踏实，顿时提起了警觉。

三轮车驶出了朱笃市区，向郊区驶去，沿着湄公河岸大约走了一个半小时，便在一个前不靠村后不靠店的地方停下来。向导下了车，爬上河岸，用手卷成喇叭状扯着嗓子向对岸高声呼喊：“有人吗？”

原来这是越南与柬埔寨的界河，他们要出国了。不一会儿对岸走出一个男人，爬上停在岸边的小船，向这边划过来。河不宽，几分钟就到了这边。他们六个人赶紧上船，然后向对岸划去。就这样，六个人算是离开了越南，进入到柬埔寨境内。

向导边走边向大家讲解进入柬埔寨的注意事项。她说：在柬埔寨不能用左手拿食物，柬埔寨人认为左手是不洁的，用左手拿东西或食物是不礼貌的表现。他们还认为头是人的神圣部位，因此别人不能触摸他们的头部，也不能随意抚摸小孩的头。在柬埔寨的一些舞蹈中，常用手势来表达特定的意思，如五指并拢伸直表示“胜利”；五指攥成拳头表示“不满”和“愤怒”；四指并拢，拇指弯向掌心，表示“惊奇”“忧伤”……

大家跟着向导默默地前行，来到一座高脚屋。当地人都沿着湄公河伴水而居，住的大多是搭在河边的这种高出水面的木屋。

所谓“高脚屋”，是当地华人对河岸住宅的称呼。高脚屋的构架其实和中国的吊脚楼基本相似，用木柱撑起房屋，下部悬空饲养鸡鸭，是一种适应雨季河水泛滥和躲避虫兽侵袭的建筑形式。所不同的是，在柬埔寨没有“楼”的概念，住宅只有一层，而且空间狭小，富裕的农家不过是将房屋的面积建大一些。

令人吃惊的是，这里的高脚屋十分简陋，约半数高脚屋用木板做墙，用木板当屋顶，而另一半房屋建墙、建顶所用的材料竟然是茅草！不管用什么材料，大多数高脚屋是没有门的，从外面往里看空空如也，里面除了一些衣物、炊具之外基本没什么家具。当地人睡觉一般有三种方式：直接睡在地板上、铺张席子或者绑一个吊床。显然这种房子没有任何御寒功能，虽然寒潮在柬埔寨非常罕见，但也出现过十几度低温冻死人的情况。

大家一进屋，主人就提醒道：“你们又来这么多，今天上午刚抓走一批！”

主人报忧不报喜的乌鸦嘴，一下子把师生六人惊呆了，心想这是什么意思？刚进门就来个下马威。

黄绍勋知道，柬埔寨是一个与越南有着长达930公里边界线的邻国，但两国关系比较复杂，历史上就有着很深的积怨。从“二战”结束至今，柬越之间既有过合作和友谊，也发生过激烈的对抗。

他们还未定过神来，主人又发话了：“你们六个人分成三批，两个人一批，分别送到三户人家隐居。”

等到傍晚时，他们又被叫回来吃晚饭。但人刚坐下，还未动碗筷，就听到有嘈杂的脚步声从楼梯那边传上来。不一会儿只见有几个人穿着松松垮垮的警服，斜背着枪，举着手电筒走进屋来，用当地语言向他们恶狠狠地狂叫。

大家被惊吓得面面相觑，不解其意。后来听翻译说要他们出示证件，他们是当地公安局的，没有证件的要被带走。

听说要被带走，几个学生被吓得面如土色。但黄绍勋毕竟大几岁，又是他们的老师，显得比他的学生老练一些。他心想，这些人不一定是真警察，可能是地痞流氓，是来打劫的。于是就对向导说：“你对他们说，我们都是学生，没有多少钱，但身边有些首饰，可以送给他们。”

黄绍勋把昨晚购得的项链取出来，学生带的金戒指也摘下来，统统交给“公安”，就这样终于把他们打发走了。

有惊无险的六个人匆匆吃过晚饭，又被主人按先前的安排分送到三户邻居家休息。这算是出国后的第一天，也算是过了第一道关。

夜深了，喧闹的河岸逐渐归于平静，师生六人的心情也归于平静。黄绍勋凭窗而立，仰望着夜空，上弦月如一只飘摇的小船，在浮云中时隐时现地划行着。周围有众多的星星，都各眨各的眼，互不干涉。一见如此，他内心生发出一种无着无落、无依无靠的凄楚感。

这一天除了坐车就是走路，疲乏的学生们都睡着了，有的还恶梦连连、呓语不断。黄绍勋吹灭了灯，整个高脚屋在满天繁星下沉默了。

第二天天刚亮，太阳还在被窝里睡懒觉，黄绍勋就被一阵有声有韵的鸡鸣闹醒。柬埔寨的公鸡像只飞鸟，和柬埔寨的儿童一样瘦。在柬埔寨的村镇里很少看到肉呼呼的胖墩儿，不知是气候炎热的原因还是生活贫困所致。不管是什么原因，那里的人和畜都充满着骨感。

伴随着慢腾腾升起的太阳，这里又迎来了新的一天。大地一派生机勃勃，人们开始了新一天的繁忙。师生六人都被叫了起来，送到那间高脚屋集合。

匆匆用过早餐，在准备出发时，那家的男人又发话了："你们这样走不行！都把衣服给我换下。"

那男人拿出早已准备好的几套当地农民下地干活穿的黑衣服让他们穿上，还说："按你们这种学生装打扮出去，走不多远就会被逮走。当地人有穿这种衣服的吗？肯定是外地客，是偷渡过来的人。"

换上了衣服，他们相对一看，真是哭笑不得，简直像换了一个人！

这时主人又说话了："把鞋子也脱下来，谁也不许穿。你们看我们农民下地干活有穿鞋子的吗？"

就这样，师生六人一身农民打扮，光着脚乖乖地跟着那个男人下了高脚屋，踏上了前途未卜的征程。他们两手空空，带来的手提袋也被扣下了，都留在高脚屋里。

黄绍勋从小就未光着脚丫走过路，脚下的皮肉很嫩，哪里经得起田埂上那些硬土块和碎石子的刺痛啊！但这不是旅游观光，是在逃难，要保命还管得了那么多吗？真是刺在脚上，疼在心里。

带师生六人上路的是一个柬埔寨男子，大约 30 来岁，皮肤黝黑，身体细长，个子不高，大约一米六五左右，行动如猴子般轻快，像个干农活的能手。因语言不通，大家没法和他交流，只能低着头快步赶路。可难为的是，他们这六位是很少出门的师生，对柬埔寨的情况一无所知，也只能默默地跟着赶路。

大约走了两小时，来到一条河边。那个柬埔寨向导找到一户人家，让大家喝点水，又向那家人要了两条小船。于是，大家坐船开始了一段水上旅行。他们也趁这个机会休息休息，喘口气儿。

河流经过一个村庄，有的人家把流沙围起一段，在里面养鱼。不时能看到大鱼跳出水面，发出一个声响，然后留下一片涟漪。大家只顾四处观看，偷渡紧张的心情稍有放松。但在火热的太阳照射之下，仍是汗流浃背，口渴难忍。

大约走了一个小时的水路，快到中午时，船停下来了。师生六人上了岸，在一个小镇上简单吃点东西，然后继续上路。

真是山重水复，征程漫漫。在他们前面是荒滩遍野，一径萦纡，不但看不到人家，阒无人迹，连树木也没有几棵。这里的土地都是红土壤，估计是土壤含铁元素过多的原因。红色土壤在红色太阳的照耀下，像一个超高温的红色电热毯，几乎能把人烤焦。

下午两三点钟，太阳还在头顶，地处热带的柬埔寨正是气温最高的时候。地表温度在四五十度，酷热无比，而他们又要赶着往前走。前面还有多远，全然不知道，只好把一切希望都寄托在向导身上。向导越走越快，毫无倦意，而他们这些人早已疲惫不堪了。

大自然的淫威，在烈日照晒下似乎加大了好几倍。黄绍勋脚掌已烫起了水泡，疼痛难忍，但不能停下来，万一掉队了，跟不上向导那危险就大了。在这陌生的国度，举目无亲，语言不通，求助无门，后果不堪设想。

太阳是那么无情，把地面的沙石晒得滚烫。据说如果起风，情况更可怕。好在这几天无风无雨，但头上的烈日也确实让人受不了。

黄绍勋一面盯着向导的方向，一面寻找前面路上的草地，于是跑着到草地上稍微歇一歇，让脚下降降温，再朝向导追去。由于汗出得过多，口干舌燥，看到有的树上好像挂着水果，就摘下来解解渴。谁知尝了一口，苦涩难咽，吐都来不及。

黄绍勋来到一棵大树底下，树叶间露出的阳光依然炽热。他突然发现树叉上有一个竹筒，想必里面存有雨水，就过去取下来喝了一口。刚一进嘴，觉得不是雨水，也不知是什么水，味道怪怪的。无奈之下，也管不了那么多了，只好喝下去解解渴。

此时，师生六人并没有走在一块，都各走各的，各自找寻前方可以歇脚的地方，走走停停，但又不能落得太远，要在向导的视线范围之内，以免掉队或走失。他们当中年纪最小的陈国柱落在最后，黄绍勋有意等他一下。对他也只能口头鼓励，给他加加油，别的也帮不上什么忙。

就这样，大概在下午四五点钟，他们又来到一条河边。听说河对面是个车站，可以从那儿乘车到柬埔寨首都金边市。终于看到曙光了，于是筋疲力尽的六个人又提起了精神。

好不容易等来了摆渡，划船的人看了看这群人的年龄和装束，心里马上明白了：肯定又是一批从越南偷渡过来的。于是，就和他们的向导对上了话。后来知道他说今天河对面车站那边已有多人被捕，让他们千万不要过去。

太阳还没有落，挂在遥远的西方，像个刚出锅的煎鸡蛋，缓缓地下沉。那人把大家带到前面不太大的一个修船厂，给大家安排一顿晚饭。劳顿了一天，又累又饿，不管饭菜好坏，大家都狼吞虎咽起来，很快把饭菜吃了个精光。

之后，那人带着大家到他的家里休息。由于跑了一整天的路，大家实在累得不行，一个个困得睁不开眼。他们躺下后，尽管无床无铺，六个人头朝外、脚朝里地挤在一起。月光顺着门缝挥洒进来，丝毫不影响他们的睡眠，而且他们很快便鼾声如雷。

第四节　失散与巧遇

柬埔寨，旧称高棉，位于中南半岛。这是一个历史悠久的文明古国，文化发达，创造了举世闻名的吴哥文化。1863年沦为法国保护国，1940年被日本侵略军占领，1945年日本投降后再度被法国殖民者占领。1953年11月9日，柬埔寨王国宣布独立。

进入柬埔寨的第二个晚上，黄绍勋辗转反侧，难以成眠。这一路的艰难和险象，令他心有余悸，忐忑不安。此时，向导和那个男人还在神头鬼脸地交谈，说的是柬埔寨语加英语，他一句也听不懂，可能是商议第二天的行程。

柬埔寨是热带气候，没有春夏秋冬，只有雨季和旱季，全年气温均在30度以上，但夜间气温较低，加上周围非常安静，所以他们美美地睡了一觉。

5月17日，天刚蒙蒙亮，师生六人就被叫醒了。简单吃点东西，那个男人把大家领到河边，上了一条小船，亲自把他们送到河对面，这就算完成了他的任务，然后便和大家分手告别。

原来的向导领大家来到车站，然后登上开往金边的长途汽车。汽车如老牛拉破车一样走走停停，大约开了三个小时，在金边城郊停下了。这是该车的终点站，要进城还得换乘三轮车。于是他们两人一辆车，分成乘三辆车进城，陈国柱和向导乘第一辆车，因为他有父亲工作单位的地址，由他领路，大家在后面跟着，黄绍勋和冯强华乘最后一辆车。

进了金边城，大家心里比较踏实了，因为胜利的曙光就在眼前。他们一边走一边观赏金边的风光，由于是首都，相对还是比较繁华，路口都装有红绿灯，车辆来往也不少。他们不知经过了多少个路口，又遇到红灯，车夫回头问黄绍勋要到哪里去？在哪里下车？黄绍勋说跟第一辆车走。车夫的意思是刚才红灯亮的时候，前面的车子过去了，他们被拦了下来，现在不知第一辆车去哪个方向了。

一听说前面的车子走开了，黄绍勋顿时傻眼了。由于在越南出发时走得仓促突然，他想得不够周到，只知道大家是同路去金边，但到金边什么地方落脚，以及今后的安排行程都未来得及问清楚，所以带来一个非常严峻的后患。

黄绍勋和冯强华都没有地址，不知往哪里走。他们面面相觑，无言以对，真不知道怎么办才好，于是只好下车，再想办法寻找。

这时已接近中午，街上行人很多，但都是来去匆匆。他们也无心观赏市景，心急如焚，非常紧张，心想偌大的一个金边城——柬埔寨的首都，他们又是首次到来，没有丝毫线索，要找一家不知名的商铺，不知它坐落在哪一地区，哪一条街，叫什么名字，也无法向别人打听，简直像大海里捞针。

再一看他们两个人的打扮，穿的是乡下的服装，打着赤脚，一身农民的打扮，但皮肤细嫩，又是个学生模样，要是被便衣警察发现，必暴露无疑。于是，黄绍勋急中生智，一把拉住冯强华说："咱们得赶紧找个服装店，买身当地青年人喜欢穿的衣服换上，再买双凉鞋，装扮成本地青年，否则暴露了身份，那就危险了。"

"好，我们赶快去买。"冯强华眼睛一亮，指着前面说，"那里就有一个服装店……"

他们每人买了一身衣服，一双鞋子。从服装店出来，他们便放松了心态，穿梭在人群中，装着无事的样子，四处闲逛，寻找他们的目标。

金边的绿化不是很好，很多街道两侧几乎没有花草树木，城市显得零乱，而且尘土飞扬。街上的儿童有点脏兮兮的，但还是很可爱。因为曾是法国殖民地，有许多混血儿。由于地处热带，他们的皮肤很黑，五官轮廓很清晰。儿童大多是光着身子，很少有穿衣服的。

柬埔寨的男性，不论地位多高，一生中必须有出家当和尚的经历，时间可长可短。一个有和尚的家庭是非常荣耀的，因为僧侣在柬埔寨的社会生活中拥有特殊的地位，受到各阶层群众的普遍尊敬。

在大街上看到的柬埔寨女人都非常苗条，而且头发都超长，以区别短发的尼姑。她们白天盘头，晚上就披发。她们的眼睛还算漂亮，被称之为吴哥的微笑。为了防晒，尽管天气炎热，她们通常穿着高领衣服，还有带毛的外套。

说来别人也许不信，或许这也是上帝的安排，在这偌大的首都金边，街道几百条，商店千万家，偏偏就让黄绍勋和冯强华走到他们要寻找的那一家了。先到目的地的几位学生找不到他们俩也十分着急，都趴在二楼阳台上四处张望，寻找失踪的两位。突然，他们看到大街上有黄绍勋和冯强华的身影，就大声呼喊起来："黄老师，黄老师，我们在这儿！"

这里是金边市普明街62号时和堂药材店。看到二人进了店，大家都松了一口气。经过两天的冒险偷渡，他们安全到达第一站金边。后来听说这一天是柬埔寨一年一度的泼水节，街上行人众多，而便衣警察都放假了，所以这两个在金边市大街上乱窜的偷渡者才未遇到麻烦。

亲不亲，故乡人。进入时和堂的第一个晚上，黄绍勋犹如到了家，心情放松了许多，但也思考了许多。几天前，他还在芹苴华文学校备课教书；几天后，他竟离开了生活22年的越南，来到这陌生的金边。这几天所经历的变化那么大，人生道路的转折那么大，真有点令人不可思议。

劳累了一天，担惊受怕了一天。晚上，黄绍勋躺在床上，怎么也睡不着。他反复在想，如果5月15日那天没有父亲的到来，他现在肯定还在芹苴华文学校教书；如果前几天不是学生来索取相片并告知他们要偷渡去金边，他可能跟父亲回家，之后由汽车司机带着偷渡到金边。到了金边投靠谁？他们家在金边一个亲友也没有；如果15日那天晚上不是用金项链、金戒指把那几个所谓的警察打发走，如果16日那天不是从河对岸过来的陌生人搭救和保护，如果今天不是泼水节，如果今天不是成功地化装和找到时和堂，那后果就不堪设想了。难道这都是偶然巧合吗？他虽然不信神，却相信这么多的巧合可能是命运的安排！

时和堂是一家老字号中药店，有几十年的历史了。老板是潮州华人，和蔼又慈祥，深受顾客喜欢。黄绍勋虽然未见到老板，但店里的员工也都很和善，对他们这些逃难的年轻人都很关照。陈国柱的父亲就是店员之一，他十分欢迎黄绍勋及其学生的到来。

当时正值炎热的夏季，许多居民都得了热伤风，来店里抓药的人很多。店员忙不过来，这些年轻人就帮他们择一择金银花、白菊花，干点力所能及的杂活。

这两天晚上，黄绍勋失眠了，学校里那些熟悉的面孔常在他脑海浮现。芹苴华文学校开办初中班还不到两年，初一、初二这两个班的数理化以及小学六年级的数学课都包在他身上，他一个人撑起了学校的半边天。他这一离开，真没有人能挑起这副担子，他每天四节课没有人能替他去上，学生怎么办？自学，还是改上别的课？真对不起这几个班的学生了，真为难学校的校长了！

在芹苴那个小城市，只有这么一所华文学校，哪里去找一位能替代黄绍勋上课的老师呢？就算是到堤岸的其他中学，到西贡中学众多的地方，一时要找一位能教好几门课的老师也不容易。回想两年前叶习之校长也是通过他高三时的班主任方行老师找到他的，现在他又该去找谁物色这样一位老师呢？黄绍勋真替叶习之校长为难！

过了几天，又有两位芹苴华文学校的学生沿着他们走过的路线来到时和堂。他们是兄弟俩，哥哥叫卢树增，是初三的学生，和冯强华一个班。弟弟叫卢树荣，是初一的学生。据这两个学生说，当黄绍勋离开的那一天，学生们上课时就发现少了几位同学，看到黄老师没来上课，一下子就乱了。有个别同学了解到真实情况后就哭了，知道黄老师再也不会给他们上课了。校方当时还蒙在鼓里，以为黄老师回家看望生病的母亲了呢，因为校长手中有黄绍勋留下的请假条，就安慰学生说黄老师过几天会回来的。但学生心里明白，说不可能了。不过学生们并不怨恨黄老师，他们知道黄老师走的是一条光明之路，是一条奔向祖国的康庄大道，也是他们心中向往的地方，只不过黄老师先行一步罢了。

在时和堂安顿下来后，黄绍勋第一件事就是写信向父母报平安。把时和堂的地址告诉家人，请父亲到芹苴华文学校道个歉，说孩子不辞而别，给校方带来了许多困难，并把他留在学校的行李带回家，再托人带到金边来。另外，他离越南时身边只有几千元现金，回国的路费远远不够，请父亲再筹措两万元带过来备用。

回想 1956 年寒假回家，黄绍勋把任教一年攒下的 15000 越南盾交给母亲时，母亲非常高兴。她几十年来从未见过这么多的钱，老人家伸手接过这些钱，口中不停地说好啊好啊，这些钱留着等你成家时再用。可至今不到半年，黄绍勋却跟父母要两万元，他真不忍心，本来要孝敬父母的，而今又给父母增加了负担，还得要他们多拿那么多钱。不过，为了儿子的前途，为了儿子的安全，为了儿子以后的幸福，父母会愿意的。

那个年代，邮政很落后，寄封信很不容易。黄绍勋想起他的一位小学同学在金边加里耶里街 95 号华商行工作，他叫邓济权，就把这封信交给他，请他把信交给来往柬越的司机带到堤岸，送交给他的父母，尽管需要付十元的费用，却既省时又安全。

和黄绍勋一起偷渡的学生梁文雄，有一个表哥生活在柬埔寨，得知梁文雄到了金边，便过来请梁文雄到他家住几天。为了有个伴，梁文雄请黄老师一起去。进了门才知道女主人是越南人，男主人是柬埔寨人，在政府担任要职。因多年未见，女主人对文雄很是热情，得知黄绍勋是文雄的老师，更是客气。但二人只是和他们聊聊家常，不敢暴露此行的目的。

第二天，这家主人要带梁文雄去参观金边王宫，当然黄绍勋也被邀请一同前往。真没想到，在避难途中还能有机会去观赏这难得一见的皇家宫殿，作一番潇洒的旅游。

这座著名的王宫位于金边东部，位于湄公河、巴沙河、洞里萨河的交汇之处四臂湾，是典型的传统高棉式建筑，其中最主要的建筑群建于 19 世纪中叶。王宫内有金殿、银殿、查雅殿等 20 多座大小宫殿，富有民族传统风格和宗教色彩。

这个皇宫，相当于中国的故宫。在王宫之外，有黄墙和护城河围绕。据说当年皇宫的护城河里放有鳄鱼，作为皇宫的保卫措施。这些皇家的近臣也想得出来，一条鳄鱼抵得上千万精兵，这也算是因地制宜了，不失为一个怪招。

为了策划下一步行程，二人不能在亲戚家久留。客走主安，他们便告辞又回到时和堂。

通过时和堂的工作人员，他们打听到在金边有一艘经常运载无证件的人偷渡到香港的货轮，名叫嘉泰号。他们找到该轮船在金边的办事处，说明来意，希望乘坐嘉泰号去香港，并交了订金，约定下次该船开赴香港时通知他们。就这样，他们回到时和堂耐心地等候通知。

父爱是一把大伞，即使在风雨交加的路上，也不让一滴水珠落在儿子身上。接到儿子的信，黄以登赶紧到芹苴华文学校取回儿子的行李，又托人将儿子的行李和两万元带到金边。这中间耽误了些日子，在黄绍勋等待行李期间，嘉泰号办事处发来了消息，说两天后嘉泰号就要出发了，让他们做好准备。

这下子麻烦了，学生们的行李及现金已备齐可以动身了，而黄绍勋的行李和现金都还未到，于是他对学生们说：“你们先走吧，我等下一班。”

这些学生觉得既然一起来的，还是一起走吧，不宜分开。他们决定把订金退掉，等下一个班次再走。就这样，嘉泰号装满了货物，按时出发了。

过了几天，黄绍勋的行李和现金终于送到了。大家都很高兴，觉得有希望了，都盼着嘉泰号快快归来。

已经到 6 月中旬了，他们在时和堂没什么事干，又不敢出门，天天除了看报纸就是帮店里干活。一天早上，报纸送来了，只见头版刊登了一条醒目的大标题，说嘉泰号轮船在香港出事了。

大家争着看详细内容，得知这次嘉泰号从金边出发时，除了装上几百袋大米之外，还载着20多个证件不全的人偷渡香港，在香港海关检查时听到货舱里有咳嗽声，检查官令船员把米袋搬开，发现里面藏有20多名偷渡人员，其中一个年龄较大的老人因舱内空气不好时常咳嗽。这样一来，该轮船受到了重罚，船长也被撤职查办。

看完这条触目惊心的消息，他们真是惊喜交集，惊的是嘉泰号暴露了，他们逃生的路被切断了；喜的是幸亏这次没搭载这艘船，否则他们在香港也会被捕的。

真是老天爷保佑，黄绍勋又一次和劫难擦肩而过。如果他的行李早到几天，他和同学们就会搭乘这班货船，在香港肯定被逮捕无疑了。

既然嘉泰号在香港暴露了，他们从水上偷渡香港的路断了，怎么办？大家一时没有办法。这时，又有两名芹苴华文学校的学生偷渡到金边，也寄宿到时和堂来。因为他们在芹苴都是邻居、好朋友。这样一来，寄住在时和堂的人数增至10人，一时吃饭、睡觉都成了问题。

也就在这个时候，冯强华在金边有一个叫汪传明的朋友，来到时和堂看望冯强华，得知黄绍勋是他的老师，而且是教数理化的，便邀请冯强华和黄绍勋到他家住，一方面暂缓这里人多为患的压力，另一方面想请黄绍勋给他补习一下功课。黄绍勋答应了，便和冯强华搬到汪传明家住。

由于长期的法国殖民统治和本国封建君主制的专制统治，柬埔寨的近代教育相当落后。直到1935年柬埔寨才创办了第一所高级中学，1939年才培养出四名高中生。第二次世界大战前，只有一名柬埔寨人在法国获得医学学位。之后，河内的印度支那大学才为柬埔寨提供某种程度的大学教育。

汪传明的家在金边市曾拉查街95号，是一个小型牙科医疗诊所，叫福利牙医，汪传明的父亲是个医生，专门为病人镶牙，因店小没有雇人，就父子二人经营。白天父子二人坐诊，晚上黄绍勋给汪传明补课。

汪传明在金边长大，对当地情况比较熟悉，知道二人要回国的想法后，答应为他们寻找回国的途径。最后了解到亚洲旅行社可以替他们办理去香港的手续，让他们去亚洲旅行社咨询一下。旅行社负责人给他们一个肯定的答复，说一定能把他们安全地送到香港，但费用要高一些，共 18000 元柬币，包括机票和一切办理证件的手续费。

他们回去和其他同学商量，大家一扫连日来的萎靡，变得兴奋起来。虽然费用很高，但嘉泰号被扣，水路已不通，陆路又没有，只能靠航空了，于是决定请亚洲旅行社协助办理赴港手续。他们每人交了 10000 元的订金和三张照片，预定乘 7 月 1 日的航班，提前三天来旅行社领取证件和机票。

从 5 月 15 日离开越南至今，已一个多月了，他们这些人吃住都在时和堂，老板是个善良的华人，没有收他们一分钱的费用，工友们知道他们要回祖国，有难处，也很谅解。可见天下华人是一家，他们很热心，乐于帮忙，至今每当黄绍勋想起这件事，仍然很感激他们。

好不容易盼到了 6 月 28 日，他们赶到旅行社，负责人把机票交给他们，还有一份证件。该负责人向他们解释，这证件是一本护照，上面贴着他们的相片，名字不是他们的真名，他们是顶替某一位在柬埔寨出生现已夭折没有销户口的人，因此要他们务必熟记护照上的名字，过境时不要露出破绽。

该负责人还要求他们手头有柬币的都交给他，由他出一份证明，他们到香港泰安行凭这证明领取相应的港币。还说手上要留几百柬币放在行李箱的衣物上面，一打开箱子就能看见，以应付海关人员。

由此可见，仅读万卷书，肯定是书呆子一个，还要行万里路，才能懂得社会。黄绍勋把 3000 柬币交给了亚洲旅行社负责人，那个负责人在名片上用甲乙丙丁十二干支注上暗号，代表到了香港可换取相等的港币。

第五节　好事多磨

金边是柬埔寨王国的首都，柬埔寨最大的城市，位于柬埔寨中部平原的湄公河、下湄公河、洞里萨河和巴萨河交汇处，这四条河在城东连接成K字形，西方文献称之为“四臂湾”面。自1434年起，这里便成为全国的政治、经济、文化中心，也是国内、国际的航空和水陆交通枢纽。

“金边”原为柬埔寨语的“普农奔”。“普农”之意为“山”，“奔”是人的姓氏，“普农”和“奔”合在一起，就是“奔夫人山”。

据史书记载，1372年柬埔寨发生特大水灾。在金边的一座山岗上住着一位姓奔的夫人。她到河边打水时，发现从上游漂来一棵大树，树洞里金光闪闪。她立即叫来几个妇女，把树从河里捞上来，发现树洞里有四尊铜像和一尊石像。奔夫人是虔诚的佛教徒，认为这是天赐之物，于是把佛像洗刷干净隆重地迎回家，然后和众人在房前堆起一座小山，并在山上修建一座寺庙，将五尊金光闪闪的佛像供奉在里面。后人为纪念这位奔夫人，就将这座山命名为“普农奔”。当地华侨称这座山为“金奔”。在广东话里，“奔”和“边”发音十分接近，久而久之，金奔在华语中演变成“金边”，一直沿用至今。

金边是一座古都，1431年暹罗入侵高棉，由于不堪忍受侵犯，高棉国王蓬黑阿·亚特于1434年将首都从吴哥迁往金边。定都金边后，他修筑了王宫，兴建了六座佛寺，加高了塔子山，填平了洼地，开挖了运河，使金边城初具规模。1497年，由于王室闹分裂，当时的国王又迁出金边。1867年，诺罗敦国王再次迁都金边。

金边不但名胜古迹众多，交通也十分方便，有通往全国各地和周边国家的公路、铁路和水运。不过，柬埔寨的航空事业在东南亚比较落后，其现状是机场小、飞机少、运力低。位于金边以西的波成东机场，有飞往香港、东京、曼谷、首尔、新加坡等城市的航班。

7月1日早8时许，旅行社的汽车准时停在普明街时和堂门口，师生一行带着自己的行李上了车，大约一个小时到达机场。他们都是偷渡客，没有送行的亲朋，显得非常冷清。在过安检时，他们严谨地把握着自己的情绪，把自己的得意与激动彻底隐藏，摆出的面孔和他们的心境正好相反。

检察官让他们打开箱子，看到衣物上有现金，就毫不客气地一把抓起装进自己的衣袋，然后把箱子盖上，示意放行。有个别乘客的皮箱里没放钱，检查员把箱子里的衣物翻了个底朝天，刁难了半天才予放行。

那个年代，不论在越南还是柬埔寨，官能役鬼、财可通神的腐败之风处处可见，而且是明目张胆，无法无天，简直和强盗一般。

他们乘坐的这个航班多半是青年华侨，估计大多数和他们的情况一样，都是神秘的偷渡客。旅行社的经理不放心，亲自乘机送行。那个经理身穿高级西服，头发梳得锃亮，像是旅游团的一个领队。为了安全稳妥，他们不是直飞香港而是像打仗一样迂回到客流量极大的泰国首都曼谷，然后再伪装游客转机飞往香港。

10时左右，黄绍勋和他的学生办完了登机手续，怀着第一次坐飞机的新鲜感和恐惧感登上了飞机。啊，机舱真大呀，就像一座房子！坐椅又干净又漂亮，坐上去非常舒适。

飞机在一阵轰鸣声中起飞了，已经扣上安全带的黄绍勋紧紧抓住椅子的扶手，担心一松手就会掉下去似的。当他看到周围的旅客有说有笑，轻松自如，渐渐地也不那么紧张了。

飞机离开地面越飞越高，黄绍勋透过舷窗往下看，汽车比蚂蚁还小，公路比尺子还细，房屋也只有甲壳虫那么大，一块块整齐的田地有黄的、有绿的、有红的，像一扇扇玻璃窗，更像一幅好看的油画。

过了一会儿，飞机穿过云层。只见窗外一朵朵白云非常美丽，飞机像孙悟空一样在云中行走。这些云朵飘浮在空中，有的像面包圈，有的像小绵羊，有的像大雪山……当时，黄绍勋真想让飞机在空中停一会儿，让他在云层上看个够，或者在云层上走一走。

不知不觉两个小时过去了，黄绍勋觉得耳朵有点不舒服，原来是飞机开始下降。随着一阵颠簸和震动，泰国曼谷到了，他们恋恋不舍地下了飞机。

俗话说，河里无鱼市上看。下了飞机，黄绍勋看到机场上停着许多飞机，大小形状各异，令黄绍勋目不暇接。来到出站口，看到前来接机的男男女女不是和客人握手拥抱，而是双手合十，微微颔首，显得别有风情。

原来泰国人见面时双手要在胸前合十致意，其法是双掌连合，放于胸额之间，这是见面礼，相当于西方的握手，双掌举得越高，表示尊敬程度越深。平民百姓见国王双手要举过头顶，小辈见长辈双手要举至前额，平辈相见举到鼻子以下。长辈对小辈还礼举到胸前，手部不应高过前胸。地位较低或年纪较轻者应先合十致意，别人向你合十，你必须还礼，否则就是失礼。合十时要稍稍低头，口说“萨瓦迪（您好）”。双方合十致礼后就不必再握手，男女之间见面时不握手，俗人更不能与僧侣握手。

由于黄绍勋他们的目的地是香港，在曼谷只停留一两天，故行李不用领取，由航空公司直接转运到去香港的航班上。所以，黄绍勋他们只带了随身的小件下飞机。

航空公司的专车把黄绍勋一行送到亚洲旅行社的定点接待站——春田饭店。这是一间极普通的饭店，内部装饰陈旧，不过还算干净，床上用品很整洁，每个房间都有卫生间，有淋浴设备。

午饭就在饭店里吃，是泰国风味。泰国菜的特点是酸辣，特别开胃。因为泰国人的口味是辛辣，喜欢在菜肴里挤上柠檬汁，放鱼露和味精。调味过后更是口感极佳，清新的味道与酸辣的口感充斥口腔，让食客大饱口福。

但是在享受地道的泰国菜时，不能忘了入乡随俗，保持良好的泰国餐礼仪。所以为了不致在餐桌上出洋相，也是为了不暴露他们的身份，饭前经理就给他们上了一课，向他们介绍有关泰国餐礼仪的几个小常识，以免闹出笑话。

他们按照泰国的习俗别别扭扭地吃完午饭后，回房间冲了个澡，就上床睡觉了。因为下午室外气温太高，没有安排什么活动，都在饭店里休息。

由于有亚洲旅行社的经理陪同，倒是省心多了，一切事情由他来安排，师生几人随时听候经理的招呼。

晚饭后，天气稍微凉爽，经理安排他们进曼谷市。他们这支“秘密小分队”乘汽车来到曼谷最热闹的地方，在大街上走一走，看看曼谷的夜景。他们互相关照着，不敢走远，犹如林黛玉进贾府，小心翼翼地不可说错一句话，不可走错一步路，怕走散了回不去。

这几位在金边被禁闭了一个多月的年轻人，每天只躲在楼上，大门都不敢出，更谈不上去看看城市的夜景了。今天来到了曼谷，离开那个随时都会发生意外的地方，心情特别舒畅，特别开心，一路有说有笑。

泰国不愧是一个佛教圣地，被誉为“黄袍佛国”。这里 90% 的人信奉佛教，到处可见身披黄色袈裟的僧侣以及富丽堂皇的寺院。几百年来，泰国无论是风俗习惯、文学、艺术和建筑等各方面，几乎都和佛教有着密切关系。在泰国，凡是信佛的男孩子，到了一定年龄都要一度削发为僧，连王室和贵族也不例外。佛教为泰国人塑造了道德标准，使之形成了崇尚忍让、安宁和爱好和平的精神风范。

7 月 2 日，这支“秘密小分队”又在那位经理的陪同下，到曼谷的动物园参观游玩。黄绍勋长到 20 多岁，还是第一次去逛大型的动物园，很是开心。给他留下最深印象的是看到一个水池里养着数以千计的小金鱼，有红色的，粉色的，黄色的，有白中带黑点的，总之漂亮极了。他们还买了包鱼食喂鱼，只见一群鱼争先恐后，有的爬到别的背上，有的还跳出水面抢食，热闹极了，好看极了。

出了动物园，黄绍勋等又到位于泰国故都大城府中心往南十公里的三宝宫参观。一路上风景无限，尤其引人注目的是，在灼热的艳阳下，泰国女孩的长裙像开出的绚烂得近乎梦幻的花朵，非常好看。

三宝宫是一座馥郁着浓厚宗教气息的寺庙，建立于1324年。这座寺庙的建筑在历史上与中国还有着不小的关系呢！据说明永乐年间，三宝太监郑和受永乐大帝之命，启程下西洋，以昭显大明雄厚的实力。在经过古暹罗时，来到当时的首都大城府进行访问。后来，人们为了纪念这位远道而来的中国友好使者的到访，便在大城附近兴建了这座三宝宫。

由于时间仓促，他们只是走马观花匆匆地逛一圈就回饭店了。再说他们也不是访古探幽的旅行者，而是非法越境的偷渡客，虽然乐意观光，但心情复杂。用餐后不能再外出了，都在房间待命，因为晚上就要离开曼谷飞往香港。

曼谷机场的候机室比柬埔寨的大多了，装饰也很讲究，充满着佛教色彩。候机室里旅客很多，讲中国话的华人也不少。

由于是转机，他们的行李从前面的那架飞机卸下后就没有取走，准备装上这架飞往香港的飞机。当他们从候机楼走向飞机的时候，黄绍勋在一条走廊上发现行李堆中有一个非常眼熟的皮箱，这不是自己的皮箱吗？走近一看果然是。他赶忙请带队的经理与机场方面交涉，这才把他的皮箱送到飞机上。

黄绍勋心想，这一路怎么发生这么多奇奇怪怪的事儿？真是不可思议，也许这就是好事多磨吧！

7月3日零点刚过，黄绍勋就登上了飞往香港的飞机。这架飞机比上次的飞机还大，大概有五六十个座位。因为是夜航，不一会儿乘客都睡着了，唯有黄绍勋时困时醒，难以安眠。当他听说香港快要到了，赶紧朝窗外望去，只见地面星星点点的灯光越来越近，红红绿绿的霓虹灯呈现在眼前，夜香港真美啊！

大约早晨6点多种，飞机降落。下了飞机办完手续，走出航站楼，黄绍勋感觉到香港的街市与西贡几乎没什么两样，到处可见身着外国制服的警察。面对香港街头的警察，黄绍勋心中忿忿不平。

在亚洲旅行社经理的带领下，他们到了香港的泰安行。他们之所以被安排在这里，是因为他们的外汇必须在泰安行领取，住在此店比较方便。黄绍勋和他的学生们住在一个大通铺上，每人每天房费三个港币。

他们本想把钱都取出来，好买齐东西早点回乡。但泰安行的老板每天只给他们一部分钱，说没有那么多现金，目的是想留他们多住几天以收取房费，还欺骗说他们的证件不能从香港直接进内地，必须转到澳门，然后从澳门进珠海再去广州。其目的也是想从他们身上多挣几个钱。

黄绍勋感觉事情有点蹊跷，就到旅行社咨询。旅行社热情接待了这些历经艰险的爱国学子，告诉他们完全可以从香港直接进广州，并表示愿意为他们提供服务。黄绍勋喜出望外，原本阴霾一片的心空立时阳光万里。

香港素来被中外游客称作“购物天堂”，香港店铺销售着世界各地不同种类的商品，由国际顶级品牌至地方特色小商品。在香港购物，不论是货品种类、价格还是服务都是世界一流的。加上香港的零售商铺每年都有多次换季减价的促销活动，为顾客提供额外的优惠。香港的营业员大多都受过专业的优质服务训练，态度殷勤友善，服务以客为先，故来香港旅游都能享受到称心如意的购物待遇。

在旅途中，黄绍勋把身上的钱基本花光了。没有钱，回到家乡怎么生活？心里有点紧张。从小生活在外的他，虽然从同学那里听说现在的生活如何如何好，但马上要身临其境了，手中没有钱，今后的学怎么上？因此，就考虑怎样才能把手中这一点钱放大一些，回乡后多花些日子。他向当地人打听往内地带些什么东西好，有人说买点塑料制品，譬如塑料梳子等，到广州卖掉可以赚些差价。

就这样，黄绍勋把手中不多的那点钱买了上百斤的塑料梳子，装满两个麻袋。听说每人可以带两块手表，他又买了一块手表，因为手上已有一块，这样就把钱基本花光了。

他们的签证在香港可停留七天，由于手里的钱不多了，又回乡心切，不愿在香港久留，怕夜长梦多发生意外。所以，他们只住了三天，准备在7月7日经罗湖桥离开香港。

第三章　梦想成真

20世纪50年代，新中国百废待兴。那个时代能考上大学的都是根正苗红的青年人，都充满着为社会主义建设事业奋斗的激情。那时候没有逃课的学生，没有言情小说，没有偶像剧，没有现在校园里的花前月下，那时的他们是共和国最有理想的一代人。

人無信不立
天有月方明

黄紹乾於北京

第一节　魂牵梦绕的故乡

广（州）深（圳）铁路的东端，有一条沿山脚弯曲、闻名遐迩的深圳河，宽不过50米，深不足5米，河上静静地卧着一座威严庄重的钢铁桥梁，这就是驰名中外的罗湖桥。它以其特殊的地理位置连结着深圳站与九龙站，广（州）九（龙）直通车每天往返于桥上，这座桥成为我国内地与香港、台湾同胞和世界各国侨胞以及国际友人往来的纽带。

罗湖桥一头是中国内地，一头是英租地香港。在灾难深重的旧中国，罗湖桥成了西方列强侵略中国的通道。他们将掠夺的物资、矿产通过这座铁桥运出海外，无数饥寒交迫的穷苦人含着眼泪从桥上走过，背井离乡去海外谋生。那时候，罗湖桥成了中华民族的耻辱桥和血泪桥。

1949年10月14日广州解放，因铁路员工积极护路，广九铁路未遭破坏。当时的罗湖桥不但桥面狭窄，只能行驶火车，而且桥身无顶无棚，任凭雨淋日晒。桥中间一条白线，桥头有哨兵严守，显得非常神秘和恐怖。

在罗湖桥西端有一个渔村，矗立着三层楼的深圳站和海关联检楼，还在附近小山岗上建有一座黄墙行车公寓。然而四周都是荒凉之地，杂草丛生，野兽横行。

1957年7月7日中午，黄绍勋在九龙车站下了火车，然后和他的学生们一起通过了罗湖桥海关。他们背着随身行李走在持枪的英国军警中间，犹如被押送的犯人。在双方边境检查人员验明身份后，进入了深圳地界。当看到山顶上一面鲜艳的五星红旗高高飘扬，解放军战士出来迎接时，他们个个热泪盈眶，激动地高声呼喊祖国万岁、中国共产党万岁、毛主席万岁。

头一次出远门，又是回到祖国，黄绍勋对一切都感到陌生。午间，他们走进一家饭馆，坐下来刚点完菜，服务生便要求付款。他们对这种尚未吃饭、首先付款的做法有点不太适应，但入乡随俗，他们只好按国内的规矩办。

午饭后，黄绍勋等搭乘开往广州的绿皮列车。终于坐上回家乡的火车了，而且是奔驰在祖国的大地上，黄绍勋心里有说不出的高兴。祖国啊，我回来了，再也不受外国人的欺凌了！我将永远扎根在这片炎黄子孙的土地上，为您出力，为您流汗，为您的富足强大贡献自己的毕生力量！

出身贫寒又博览群书的经历让黄绍勋更添加了一种坚韧而又儒雅的气质，令周围的人不时对他侧目而视。坐在他旁边的是一个干部模样的中年人，知道这些年轻人是从海外归来，对国内的情况不太熟悉，就主动给他们介绍情况，帮助他们解决困难。

车到广州后，那个热心肠的中年人又主动要求带他们乘公共汽车去华侨接待处。把他们带到广州华侨大厦四楼的一个房间，交给那里的工作人员，直到把一切都安排妥帖了，他才放心地告辞。那位中年人的行为令这些刚刚回到祖国的年轻人感动万分，初次体会到祖国的温暖。

第二天，根据华侨大厦工作人员的指导，他们来到归国华侨联谊会，在那里作了登记，并申请准备入学的志愿，接着办理了各种入境后必要的手续。

过了两天，有一位自称郑国华的人找到黄绍勋的房间，问他从哪里来，有没有什么东西要出售。黄绍勋身边的钱不多了，带回来的这些塑料梳子又太笨重，本来就是打算换钱用的，于是都卖给了郑国华。这时，黄绍勋身边只剩下一个小皮箱、几件衣服，感觉轻松多了。

在广州华侨大厦临时住了几天，黄绍勋等就搬到了广州郊区的石牌华侨学生补习学校。

广州华侨学生补习学校，是在周恩来总理的亲切关怀下，于 1953 年由中央华侨事务委员会拨款 420 万元创办的，共有教师 200 人，学生 2000 人。该校由国务院侨务办公室委托广东省侨务办公室、广东省教育厅双重领导，招生对象是华侨、港澳同胞、台湾同胞、外籍华人学生。

该校努力向海外华侨、外籍华人青少年传播中华民族的语言文化，开设升大学补习班、普通高中班和升高中补习班。建校以来，培养了三万多名来自世界六十多个国家和地区的华侨、外籍华人学生及港、澳学生和台湾省学生。

为了满足华侨、外籍华人学生回来学习中国语言文字的要求，还在广州华侨学生补习学校内增办了以传授中华民族的语言文化为宗旨的广州中国语言文化学校。开设了汉语专业班、基础汉语班、针灸班、中文专修班，还设有海外教师进修班、夏令短期汉语学习班。

其中汉语专业班学制二年，学生结业后能胜任汉语翻释、中文秘书及汉语教学工作；基础汉语班学制一年，主要培养学生运用汉语从事工作、日常交际以及学习专业的能力；各类专修班学习时间为三个月至半年；夏令汉语班每年举办三至五期，每期四十天，内容包括学习普通话、进修中文、游览南粤名胜等。

这两所学校设有助学金和奖学金。学生毕业、结业后，可回原居住地，对要求留下继续深造的学生，可根据本人条件及志愿报考各类高一级的学校。

黄绍勋进广州华侨学生补习学校后正赶上全国高考，因此他未经复习就参加了考试。尽管他已学完了高中课程并付出了最大努力，却没有被录取。不过，黄绍勋并不气馁，他决心再刻苦学习一年，争取明年再参加高考。

其实黄绍勋没考上大学实属正常，因为他从小就生长在越南，所受的教育和国内差异很大。

高考之后，紧接着就是放暑假，黄绍勋可以轻松一段时间了。此时，他想起了两年前回国现在厦门华侨补校上中专的二哥黄绍燊。两兄弟间的亲情是紧密相连的，血脉是相通的，不管一个人走到哪里，哪怕是天涯海角，另一个人也会不辞艰辛地去寻找。于是他给二哥写了一封信，准备尽快去看望他。

黄绍勋在国内有一个堂兄，是他大伯黄以森的儿子，叫黄绍桐。大伯因家贫到新加坡谋生，多年没有音讯。而堂兄在原籍，因贫穷被抽壮丁当了国民党兵，后被俘虏加入了解放军，曾参加过抗美援朝，因负伤复员，回到广东省保安县当邮政局局长。黄绍燊回国后，与他取得了联系。

8 月的一天，黄绍勋正在宿舍看书，听到有人敲门，而且敲得有点急促。他开门一看，顿时喜出望外，原来黄绍燊和黄绍桐来访。性格内向的黄绍燊看到从小一起长大、一起上学、一些玩耍的弟弟，喜极而泣，他们紧紧拥抱在一起，激动得半天说不出话来。这两个血脉相通、根叶相连的兄弟为在国内有了亲人而庆幸，也为远离了父母而伤感。

站在一旁的黄绍桐说：“既然两位弟弟团聚了，我们凑在一起不容易，干脆我们回老家一趟，让你们也认认祖，归归宗。”

“大哥说得对，虽然父母不在老家，我们也应该去看看，不能数典忘祖呀！”黄绍勋表示赞同。

“项羽说过富贵不还乡。”爱读古书的黄绍燊说，“父亲不是因为富贵了，而是有家难回啊！好，我们明天就代父母回家乡一趟……”

黄绍勋虽然不是生长于佛山，但对家乡的感情依然浓烈。他一直在关心着家乡的建设，家乡的发展，家乡的人和事，家乡的山山水水。

第二天，兄弟三人乘长途汽车向西南一路赶去。途中，黄绍桐不时给弟兄俩介绍家乡的一些习俗和父辈的一些情况，不知不觉来到了佛山市三水区芦包镇长歧村。

佛山市（原南海县），为中国四大名镇之一。它与广州地缘相连、历史相承、文化同源，是中国龙舟龙狮文化名城，粤剧的发源地，岭南文化分支广府文化发源地和兴盛地之一。三水区位于佛山西北部，是广东省的著名侨乡之一。

黄绍勋怀着激动的心情来到芦包镇长歧村，看到二伯父黄以鹏还健在，只是身子骨老得像个虾米，两眼已失明。他终身未娶，无后无嗣。中华人民共和国成立后他成了五保户，独自一人住在水塘边的一间小屋里。只见他知足而乐，脸上铺满了舒展的笑纹。

黄以鹏听说两个侄儿从越南回来看他，非常高兴，一双饱经忧患的眼睛流下了喜泪。村里的亲朋好友，远亲近邻也都过来打听黄绍勋父母的情况，一时好不热闹。

由于二伯父年纪已大，又双目失明，吃住都不太方便，所以兄弟三人在长歧村只待了一天。第二天，黄绍桐带着兄弟俩到花县莲塘乡门口坑去看望他们的亲娘舅和表兄们，表示对他们的敬意。

回到老家，不仅看望了亲友，还品尝了家乡风味。由于西、北、绥三江汇流于三水境内，天然的生态，良好的水质，孕育出三水的特产之一——三水河鲜；“三月黄鱼四月虾，五月三黎焖苦瓜”，不同时期都有不同的美食。三水的农家、田基美食古怪多，上等佳肴只源于妙手烹调。

8 月底，广州华侨学生补习学校为这些从国外回来准备报考大学的学生们准备了北上的火车票，送他们到北京华侨学生补习学校学习，准备参加明年的高考。年纪较小、准备读高中或中专的只能留在广州华侨学生补习学校继续学习。这样一来，黄绍勋和他一同回国的学生就要分手了。虽然感情已深，难舍难分，但也只得挥泪作别。

第二节　终于来到祖国首都

“向往”，即“心向往之”。这个富有诗意的成语，不再是一个抽象概念，随着时间的推移，也渐渐走进了黄绍勋的现实生活。黄绍勋向往着北京，因为那是祖国一座悠久的文化名城，那是中华人民共和国的首都。有一首歌的歌词是这样写的：

手拉手儿，迎着朝阳，
登上深绿色的车厢。
列车奔驰在北方的原野上，
一排排葱绿色的树林，
一片片金红色的高粱，
一座座城镇和村庄，
飞过了，飞过了我们身旁。
车厢在轻轻地摇晃，
我们遥望着前方。
北京啊，北京！
人民的首都，
祖国的心脏，
我们来到了毛主席住的地方。
毛主席呀毛主席，
我们想把志愿来向您讲，
我们要做红色的接班人，
把革命重任承担。

历尽艰险回到祖国的黄绍勋，就是怀着这种心情进京的。那个时候从广州到北京需要坐三天三夜的火车，当时还没有长江大桥，到了武汉旅客都要下车，再坐三轮车转到渡轮过长江，然后再上火车。尽管旅途艰辛，但他依然精神抖擞，心潮澎湃。

到了北京，黄绍勋一下火车，只见车站之大，旅客之多，秩序之好，令他叹为观止。

黄绍勋出了站口，早有老师和同学在那里迎候，他们像兄长，又像父辈，关爱之情，动人肺腑。汽车沿着宽阔的马路行驶，明亮的车窗外，新奇的景色让人应接不暇：这一片是大高楼，那一片是四合院，还有公园、学校、百货店。不知不觉间，黄绍勋就到了甘家口的北京华侨学生补习学校。

北京华侨学生补习学校全称是北京归国华侨学生中等补习学校，成立于1950年10月，是新中国第一所专门招收归侨的华文学校，由中侨委主任何香凝兼任名誉校长。1953年9月，在北京市西城区阜城门外选址兴建的新校舍正式启用。校园占地8万平方米，建筑面积达2万平方米，是当时阜外地区最早兴起的建筑楼群。学校设施包括一座有20间教室和实验室的教学楼，4座学生宿舍楼，一个标准的足球场和400米跑道，以及之后兴建的游泳馆等。

这种规模的教学及生活设施，在当时全国的中等学校中是绝无仅有的。新校舍的建成，使华侨补校结束了为期三年的“流动”办学历史，进入一个正规稳定发展的新时期。学校负责华侨学生归国后的接待、补习等工作，招生对象主要是华侨和港澳台的青年以及外籍华人学生，使他们通过一段时间的学习可以报考国内各级学校，成为归国侨生过渡到各级正规学校的桥梁。

当时北京华侨学生补习学校在校生大约几百人，分文科、理工科和农医科。按本人志愿，黄绍勋被分到理工科七班。这个班有40多名学生，大多来自印度尼西亚，其他如马来西亚、泰国、越南的学生也有，但不多。

到了学校，办完了手续，这些来自海外的学子怀着迫不及待的心情成群结队地去游览京城。他们逛公园，进商场，品尝风味，一饱眼福和口福。

黄绍勋入校后需要办的第一件事就是照相，因为办理证件需要相片，他自己也想照张相留作纪念。他来到王府井中国照相馆，据说这个照相馆的照相水平高，一般证件相、护照相都要求在这里拍摄。

不愧是有名的照相馆，来这里照相的顾客很多，排起了一条长龙。黄绍勋好不容易排到，坐在照相机的镜头前，被红布蒙着头的摄影师一边盯着相机的取景窗，一边手拿拍摄器，指挥黄绍勋抬抬头，挺挺胸，身子向右偏一点点，最后说就这姿势别动了，只听"咔嚓"一声，照相完成了，摄影师又喊下一位。

果然名不虚传，过几天黄绍勋去取相片，这张相片是他多年来所拍的最好的一张。

好事连连，好梦圆圆。回到祖国，黄绍勋有幸赶上一件终生难忘的大喜事，这就是国庆节的大游行活动。1957 年 9 月中旬，华侨补校就忙于演练游行队伍，报名参加的同学非常踊跃，根据体型、身高等要求，黄绍勋合格入选了，获准加入十一国庆节到天安门游行的队伍。听到这个消息后，黄绍勋高兴万分。

10 月 1 日那天天刚亮，他们就集合从学校出发，经过西单，在一个路旁等待游行。这一天，北京要举行盛大阅兵和 50 万人大游行，庆祝中华人民共和国成立八周年。国家领导人要在天安门城楼上检阅中国人民解放军部队和群众游行队伍。

在将近一个小时的阅兵中，人们不断地向保卫祖国社会主义建设和在现代化、正规化建军道路上取得伟大成就的英雄部队欢呼致敬。

阅兵结束后，开始了 50 万人的大游行。黄绍勋他们扛着各种彩旗经过天安门时，都仰首望着天安门城楼，口里不停地呼喊着中国共产党万岁、中华人民共和国万岁、毛主席万岁等口号。

黄绍勋第一次看到了装饰一新的天安门城楼，看到了天安门广场上人山人海的群众，看到了站在天安门城楼上的毛主席、朱总司令、周总理，仿佛是在做梦，心情无比兴奋，激动得留下了眼泪。

天安门坐落在中国北京市中心，故宫的南端，与天安门广场隔长安街相望，是明清两代北京皇城的正门。天安门设计者为明代的御用建筑师蒯祥，始建于明永乐十五年（1417 年），初称“承天门”，清顺治年间更名为“天安门”。后来经两次大规模修缮，基本保持了顺治时改建的形制。天安门造型威严庄重，气势宏大，雄伟壮丽，是中国古代城门中杰出的代表作，现已成为中国的象征，并被设计入国徽。

回国不久就参加了举世闻名的国庆庆典，黄绍勋抑制不住内心的激动，此刻的感觉是任何表达幸福的词儿都无法尽意的。他想，如果父母和大哥、姐姐在越南能看到有关祖国国庆的纪录片，一定非常高兴，父母一定会为他的小儿子能参加这次国庆庆典而感到自豪。黄绍勋边走边感慨着，扛着大旗走了很远也不觉得累。

北京一过中秋，天气就明显凉了。尤其是下过几场秋雨，气温急剧下降，凉得让人有点措手不及。黄绍勋没有体会到成语中所说的秋高气爽的感觉，反而觉得这是一个严酷的季节。面对被秋风扫落的树叶，作为远离父母的一个侨生，他觉得多多少少有点凄楚、孤单和悲凉。

从小生活在热带的黄绍勋，对北京深秋的气候极不适应。他带来的都是单衣，连件厚点的衣服都没有，怎么过冬？幸好有班主任李老师在关心，指导他如何购买过冬的衣服和被褥，使他慢慢适应了这严寒的冬天。

原来班主任李老师也是一名华侨，只不过早几年回国。她大学毕业后被分配到华侨补校工作。她对侨生的情况比较了解，关照起来、帮助起来比较得心应手。

经历了重重困难回到北京，黄绍勋手里的钱不多了。为了节省钱，他在校门口的地摊上买了一双旧棉鞋，结果被传上了脚气病。

纷纷扬扬的大雪，给北京制造一个童话世界。黄绍勋一边欣赏着从未见过的雪景，一边忧心忡忡。他身上的钱只剩下不到 200 元，虽然不用交学杂费，但伙食费、文具费、购书费、置衣费也不少花。为了节省开销，他平日只好把自己圈在校园里，每天都是三点一线：宿舍—食堂—教室，很少出去逛商场。

在补校附近有一家旧书店，是黄绍勋光顾最多的一个地方。这个书店面积不大，书架上摆满了旧书，有史传类的书，有典籍类的书，更多的还是文学类的书。对于一个学生来讲，最吸引他的就是小说和一些字帖。旧书店的书很便宜，一般几毛钱一本，一来二去，他先后在这个书店买了几本旧字帖，有柳公权的《玄秘塔碑》、颜真卿的《多宝塔碑》、欧阳修的《九成宫醴泉铭》，还有一本很有名的小说，叫《钢铁是怎样炼成的》。

北京华侨学生补习学校接收了一批又一批侨生，由于当时国家在侨生大学录取政策上给以极大的优惠，例如“同等分数，优先录取”，很多侨生经过一年多的补习备考后，大部分侨生被市内外的大学录取。大学毕业后，这些侨生被分配到各条战线任职，后来有不少还担任了中学校长、大学教授，工厂的工程师，有的还担任了地方政府部门的要职。

为了办好华侨补校，国家从各地选调了许多优秀教师给他们上课。这些老师以高度的责任感和扎实的专业知识，为培养侨生而含辛茹苦，为侨生的教育事业做出了杰出的贡献。

党中央和国务院时刻关心着侨生，中侨办侨联的领导每年都到华侨补校慰问探望他们，给了他们祖国母亲般的关怀，并给了他们在艰苦环境里勇敢向上的动力。

在元旦前夕，中侨办方方副主任突然间到宿舍探望侨生。他坐在侨生床边，用他那洪亮的声音对侨生说：你们要安心学习，祖国一定会照顾好你们，但首先你们要有战胜困难的信心和勇气。他毫不掩饰地分析了国内外的严峻形势，并以坚定有力的语气说：再困难，祖国也不会忘记你们；困难是暂时的，我们党和国家一定会战胜困难，前途是光明的。

方副主任的一席话，被黄绍勋视作自己人生道路上的明灯。侨生不仅战胜了各种困难，同时也以饱满的精神与全国人民一道奋战在祖国的伟大建设事业中。

自进入北京华侨学生补习学校后，黄绍勋很少外出，不是上课就是待在图书馆看书。他是当过教师的人，知道知识的重要性。他要珍惜来之不易的回国学习机会，不能忘记父母为他回国学习付出的重大代价，更不能辜负他们的期望。他已经是一个有点阅历的比较成熟的青年了，必须把握好自己人生之路的大方向。

第三节　入学天大

1958 年的夏天，和当时热气腾腾的“大跃进”运动一样，学校的教室里也热气腾腾。学生们都三三两两在关心一个问题，讨论一个问题。

7 月上旬的一个下午，应该是两节政治课，但肖老师上完第一节课后对大家说：“同学们，这个学期的政治课到今天已经讲完了，下一节课的时间留给你们讨论一个问题，就是大家很关心的问题。高考已经临近，大家都在思考着怎样报志愿的问题。这个问题主要有两个方面，一是报考哪所大学，另一个是报考什么专业。你们可以自由组合，几个人一小组，各抒己见，寻找一个最适合自己的方案。”

于是黄绍勋和黄东宁、甘美凤、李承朗、郭芸兰、王曾秀、赵玉林七人一组，开始谈自己的想法。

黄东宁首先发言。他说：“我在国外曾学过音乐，而且也参加过一些非专业团体的演出活动，小时候也弹过几年钢琴，演出时还担任过指挥。我对音乐很有兴趣，所以我打算报考中央音乐学院。我的数理化较差，不知考试的成绩如何，是否能达到录取标准，但我还想试试看。”

平时大家在与黄东宁的接触中，对他的音乐爱好多少都了解一些，纷纷表示同意他的想法，并对他进行鼓励。

李承朗是理工七班的班长，回国前他在印度尼西亚当过几年教师，年纪稍大，为人忠厚、老实。他说：“在国外因家境贫寒，高中毕业后想回国深造，但欠路费，所以工作了几年才回来。我教过几年数学，对数学感兴趣，而且教师这个职业，成天和青年人接触，感到很愉快，所以我想将来还从事这方面的工作，故考虑报考师范学校数学专业。是报考北师大还是北师院，我还未最后决定，这要慎重地估计自己的高考成绩。”

李承朗话音刚落，甘美凤就争着发言。她说：“我和承朗的想法相同，我在国外也当过老师，我也很喜欢这个职业。当你把学生培养出成绩时，不但学生喜欢你、尊敬你，连学生的家长、亲友都对你有好感，都尊重你。老师这个工作，虽然劳心劳力，但见到学生们一天天成长起来，心中有说不尽的高兴。所以我也想报考师范学校。但我选的是语文专业，因在国外我教的就是语文。”

接着，平时不大爱说话的王曾秀同学也发言了。她说：“李承朗和甘美凤有相似的经历，也有相似的想法，都想将来当教师。对教师这份神圣的工作，我很欣赏，人人都称这是人类灵魂的工程师，我的父亲也是一位老师，家中经常有学生来访，和我父亲有说有笑地谈一些问题，或聊聊家常。但是我本人的性格不适合这个工作，我平时不善言谈，说话表达能力差，所以我想报考工科的专业。至于报考哪个学校，目前还未定。”

几位同学的发言，大都谈到当老师的话题，黄绍勋也想到自己当过一年多的老师，和他们有相似的经历。但是，黄绍勋这时候想的不是当老师，而是想当工程师。在越南，不光是越南当地没有一所大学，华侨在越南南方最高的学校也只有高中，所以对大学的情况一点也不了解。最近快高考了，才听一些同学谈到大学分什么系，什么专业，哪个学校大，哪个学校师资力量强，哪个学校中的哪个专业好。报考师范学院毕业后肯定当老师，报考工科院校毕业后大多去工厂，当技术员，干好了可以当工程师，所以黄绍勋的表态是要报工科学校。

郭芸兰和赵玉林两人都说不愿意当老师，想报工科学校。赵玉林还说："我了解到我国第一所大学是天津大学，并且说天津大学的校园很大，在校学生也很多，而且化工系的师资力量很强，所以我想报考天津大学化工系。"

黄绍勋听了这段讲话，觉得天津大学的条件比较符合自己的心意，而且平常学习或考试化学的成绩比较好、比较稳定，因此他也决定报考天津大学化工系。

通过一个多小时的交流，这七位同学都明确了自己的报考目标。黄东宁准备报考中央音乐学院，李承朗和甘美凤报考北师大，赵玉林、王曾秀、郭芸兰和黄绍勋都准备报考天津大学化工系。

7 月 7 日，黄绍勋带着准考证参加了高考。还好，考场就安排在华侨补校的一个教室，比较方便。考试一共用三天，上、下午各考一门课，每门课目考两小时。共计六门功课，即语文、政治、数学、化学、物理和英语。

三天的高考时间转眼就过去了，当同学们考完最后一门英语走出考场时，从面部表情就可猜出各位考生应考的情况了。黄绍勋是带着笑容走出来的，估计是考得比较理想，进大学门是没有问题了。但是有的学生表露出满面愁容，垂头丧气，和他打招呼也爱答不理的，肯定是考砸了。黄绍勋只好安慰他，不要紧，再复读一年，明年再考。还有一些同学，走出考场马上找人对答案，这是中等水平的学生，恐怕报的前面的志愿落空了。成绩一般，可能被靠后的志愿录取，或者是服从分配。

高考结束，紧张了十个月的学子们一下子就轻松了。他们有的去电影院看电影，不几天，就把北京的电影院几乎看遍了。有的去各地探访亲友，有的在球场上打球，黄绍勋选择了后者，约了几位喜欢篮球的同学，大部分时间都在篮球场，因为这不用花钱。

好容易盼到 8 月中旬，高考成绩要发榜了，大家最关心的大事终于有个结果了。

记得那一天，班主任召集大家到教室，只见李老师手中拿着一摞高校录取通知书，站在黑板前。她没有马上把通知书发给大家，而是用最简单的语言给大家做思想工作。首先向高考成绩好的、考上第一志愿的同学表示祝贺，并希望同学不要骄傲，不要放松，到了大学，仍要再接再励，争取好的成绩，学好本领，将来为国出力。对于考得一般、没有考到自己理想的学校的同学，要服从分配，安心学习，争取有更大的进步。至于成绩较差的、没有被录取的少数同学，也给予了鼓励，安心复读一年，待明年再考。如不愿意复读的，可按国家需要，参加工作。

一段讲话之后，李老师按照高考成绩，按照考上第一志愿的顺序颁发入学通知书。班长李承朗被北京师范大学数学系录取，甘美凤被北京师范大学文学系录取，黄东宁考上音乐学院指挥系，郭芸兰、王曾秀、赵玉林、黄绍勋均考入天津大学化工系。

黄绍勋所在的理工七班，当年考上天津大学的有六人，整个北京华侨学生补习学校今年考上天津大学的共有 70 多人，他们有的考上土木系，有的考上水利系，有的考上电机系，有的考上精密仪器系和其他系的。

8 月中下旬，学校联系交通工具，把考上天大的学生送到天津，从而开始了五年的大学生涯。

20 世纪 50 年代，新中国百废待兴。那个时代的升学率很低，能考上大学的都是根正苗红的青年人，不仅脑袋聪明，而且家庭条件也相对好一些。黄绍勋能考上大学，而且是知名的天津大学，是难能可贵的。他是他们黄家第一个大学生，应该感谢祖国和人民，更应该感谢为他付出重大牺牲的父亲和母亲。

天津不是一个历史悠久的古城，却有着不一般的历史地位。黄绍勋进入世界闻名并具有光荣历史的天津大学，被分配到化工系造纸专业甲班。当时天津大学的造纸专业有甲乙丙三个班，同黄绍勋分到甲班的还有一名来自越南北方的华侨叫赵玉林。

甲班共有 32 名学生，其中有两名是工农调干生，一名男生叫聂希武，另一名女生叫骆玉敏。他们年龄偏大，有 30 多岁了，文化水平稍差，都是共产党员。他们思想进步，学习认真，对大家很热情，尤其在政治思想和日常生活方面给同学们很多帮助。

黄绍勋和赵玉林两位华侨同学，因为家在国外，国内没有亲人，到了放假时，国内同学都回家和家人过春节，黄绍勋和赵玉林留在学校，冷冷清清，更加思念远方的亲人。这时，聂希武就请他们俩到他家吃饺子，吃团圆饭。

班上还有两名留学生，都是来自蒙古国，中文名叫米希格和路特。

班里的男同学都住在七里台 37 号宿舍楼，每个房间摆放四张双层床，每个宿舍住七个人，留一床位放行李。宿舍内有一张大约一米三乘一米的桌子，供复习功课用。

在正式上课之前，学校对学生有一个专业教育。所谓专业教育就是让新生熟悉自己的专业，培养对所学专业的兴趣和爱好。由专业教研室的老师介绍专业的基本情况和重要性，带学生参观工厂和实验室，使他们这些从来没有接触过工业生产的小青年增加见识和体验。

通过专业教育，黄绍勋知道制浆造纸工程专业是以多种植物天然资源及产品为原材料，通过化学、物理和机械方法加工得到纸张等轻纺产品的生产技术与过程。

造纸专业要求学生掌握现代制浆造纸工程的基础理论和系统的专门知识；熟练掌握本专业的分析和实验操作技能；能够独立选题，具备独立承担相关课题的研究能力，并解决科研和生产实际问题。

经过专业教育，黄绍勋对造纸工业有了基本了解，并为能进入这个“永不衰竭”的造纸专业学习而感到自豪。他决心通过几年的大学学习，努力掌握造纸专业知识，为国家的造纸工业做出应有的贡献。

第四节　校园岁月

北宋著名文学家范仲淹在《岳阳楼记》中写道:“先天下之忧而忧，后天下之乐而乐。”

黄绍勋非常欣赏范仲淹的这句名言，并将其作为座右铭。范仲淹两岁的时候失去了父亲，家中贫困无依。他年轻时就有远大的志向，常常用冷水冲头洗脸，经常连饭也吃不上，就喝粥坚持读书。

大学一年还未结束，黄绍勋身上已不名一文，回国带来的钱全部花光了。迫于无奈，他只好向学校申请助学金。他获得了甲等助学金，每月可以领到 15 元 5 角的生活补助费，其中吃饭花去 12 元 5 角，剩下的 3 元用来买牙刷、牙膏、肥皂等生活用品，所以要非常节省才能生活下去。

黄绍勋在天大学习期间，很少走出校门，天津市区是个什么样子，天津有什么名胜古迹，他基本不知道。因为手头拮据，他不敢走出校门。后来到了三四年级，在广东宝安工作的堂兄黄绍桐知道了他的窘况，有时给他寄来 5 元 10 元的零花钱。

大学一年级第一学期，班上安排黄绍勋当学习委员，原因有二：一是在同学中他年龄较大，是一个学长；二是他当过中学教师，学习成绩较好。

让黄绍勋当学习委员，主要是负责帮助班里的两位蒙古国留学生。这个任务其实不轻，因这两位留学生基础太差，还不肯用功，语言上也没过关，老师课堂上讲的内容有很多没听懂，有许多内容还要给他们重复讲解，靠黄绍勋一个人根本完成不了这个任务。后来黄绍勋请求班主任实行多人负责制，在班上指明五位同学，每人每周负责一天，这个问题才得以解决。

20 世纪 50 年代和 60 年代初，那是一个非常的年代，在黄绍勋上大学那几年，学校每年都安排五到七周的时间参加义务劳动，黄绍勋参加过大炼钢铁，参加过修建海河等劳动。在海河劳动时正值严寒的冬天，同学们在冰冷的河中用双手去挖泥，大家显得都非常坚强，没有叫累叫苦的现象。

他们晚上住的是草棚，非常简陋，还没有照明。天气冷，起夜就多，加上有时晚上多喝了热稀饭。有位叫朱清发的广东籍同学，半夜起来上厕所找不着鞋子，就大喊大叫“我的孩子呢？”因广东话把“鞋子”读成“孩子”，把草棚的人都吵醒了，因此留下了笑柄。

冬去春来，黄绍勋离开了海河工地，回大学继续读书。人是在不断反抗周围环境中成长起来的，哪怕是苦一点、累一点，流汗、流泪、流血，都应该在所不惜。此时的黄绍勋就像从冻土上苏醒过来的冬小麦一样，正在顽强地返青、拔节和抽穗，即将脱颖而出。

在 20 世纪五六十年代，由于有一道人间天河横在面前，黄绍勋回国后不能直接和家人通信，必须经代转，很不方便，所以他和家人很少通信，经常是一学期或一年才写一封信，通报学习及生活情况，一般也是报喜不报忧。

在越南的家人能提笔写信的只有大哥黄绍权一人，大姐、二姐没上过学，父亲小时候没读几年书，勉强能看看报，但从未执笔写过信。而大哥工作很忙，子女又多，当时已有七八个孩子，连管教孩子的时间都没有，要他执笔写封信也很难，除非家中有重大变故。所以，黄绍勋经常是两三年才接到一封家书。这封家书就显得尤为珍贵了，虽然不是来自“烽火连三月”，但也算得上“家书抵万金”了。

1962 年暑假期间，家在国内的学生都离校回家了，班里只剩下黄绍勋和赵玉林同学。他们俩处境相同，黄绍勋是从南越来的，赵玉林是从北越来的，因此彼此非常亲近。由于家都在国外，国内又无亲朋，他们每天除了读读书看看报，就在校园里逛逛，最多也就是到附近的水上公园走一走。

天津水上公园原称青龙潭，作为风景游览区，其历史可追溯至20世纪初，1951年7月1日正式对游客开放，有“北方的小西子”之称，是天津当时最大的公园，因其由东、西、南三大湖与11个岛屿组成，所以取名“水上公园”。园中有柳亭、樱亭、石桥、碧波庄、折叠水景长堤等景点。

暑假的一天晚上，火烧云从铅黑色的云缝中光芒四射，倒映在高空，似晨曦高照，把大地辉映得一片金黄。黄绍勋打开校园里的信箱，发现里面有他一封信，是由柬埔寨首都金边他的同学邓济权那里转来的。

一看信纸上的字迹，就知道信是大哥黄绍权写的。信未读完，黄绍勋的泪水已溢满眼框。信中传来一个噩耗，说他父亲于6月17日病逝，时年65岁，得的是鼻咽癌。父亲一辈子不喝酒，就爱抽烟。由于烟抽得厉害，又是有几十年的抽烟历史，最后落下了这个致命的恶果。

伤心泪尽之余，黄绍勋和父亲相处20多年的情景一幕一幕地浮现在他眼前，父亲那善良可亲的面孔和挥之不去的身影给他留下了永久的记忆。父亲文化水平不高，在家沉默寡言，为人忠厚朴实，但双手十分灵巧。父亲下班在家经常做些生活用的小工具，如用钢片、铁锤、钳子、锉刀打造一把锋利的小刀。上小学时有一门劳作课，他在父亲的指导下做出过一个个漂亮的风筝、灯笼等，经常受到老师的表扬。

父亲年幼时，因家穷才外出谋生的。旧中国的腐败落后，父亲非常清楚，但这并不影响他关心祖国、热爱祖国。他喜欢看些小报，从中探听国内的消息。他思想比较开明，但不善于口头表达，总是心中有数。他默默地支持两个儿子回国，并先后两次陪同儿子去申办护照，还亲自到黄绍勋任教的学校催促儿子尽快离开南越偷渡回国。

父亲的一生，是历尽艰辛、曲折、坎坷的一生。他后半生的工作生活都在国外，没有直接为祖国做点什么。但他一直热爱祖国，并培养了两个回国深造并准备为祖国工作的儿子，也算间接地为国家做出了贡献。

20 世纪 60 年代初，在黄绍勋上大学期间，正遇上三年自然灾害。粮食欠收，经济失调，加上苏联逼债，内忧外患，全国陷入一个非常困难的时期。为了稳定社会秩序，保证人民生活，国家全面实行票证制度，譬如粮票、肉票、油票、布票等。

给黄绍勋留下深刻印象的第一个就是吃不饱，粮食和蔬菜供应紧张。刚入冬时，学校食堂主管就开车拉着一大群师生去农村菜地里捡农民不要的白菜帮子。由于粮食短缺，主食要定量，经过学校领导集体商议，秉持不能让学生饿肚子上课的原则，学校规定女生的定量为 28 斤，男生为 32 斤，但对归侨有所照顾，粮食定量为 37 斤，比其他同学多出 5 斤。这是政府对华侨最大的关心和照顾。

黄绍勋回想其 1958 年刚入校时，一日三餐进食堂，只需把饭票交给门口的管理员，领取一份菜，主食不是定量的，每天食堂都准备了大米饭、馒头、窝头，学生吃多少拿多少，不定量。秋天，食堂有时蒸白薯，当厨师把热腾腾的白薯推出来时，为了吃个新鲜，同学们都一拥而上，把摆放白薯的桌子围得水泄不通，伸手去抢大白薯。这时，最为难的是那些戴着近视眼镜的同学，当他们走近这热气腾腾的大白薯时，一阵热汽吹过来，他们什么也看不见了，眼前是白茫茫的一片，他们只好退下去。

在实行粮食定量之后，主食就不能随便吃了，大家都拿着内部粮票去窗口买饭买菜，吃几两就交几两粮票。男生一般早、午、晚三餐的安排大多是 3、4、3 两，但是后来有细心的同学发现，大师傅卖饭是比较随意的，有时候 3 两和 4 两差不多，所以就发明了一个 3+1>4，中午该买 4 两饭时一般不买 4 两，先买 3 两，吃完了再买 1 两。大家的心理作用是 3 两和 4 两差不多，最后 1 两估计大师傅也不会少给，总应该比真正的 1 两多些。这样分两次买饭，交出 4 两粮票，实际吃 4 两多的米饭，这就是在困难时候发明的 3+1>4 的法则。

在困难时期，还有一件让黄绍勋念念不忘的事就是，每当午饭和晚饭的时候，食堂会熬些菠菜或白菜汤给学生喝，但当大师傅推着一木桶菜汤出来时，很快便有一群学生尾随着。当大师傅把木桶放下，许多学生就抢那大汤勺，争着去捞汤里的菜。黄绍勋从来不去抢那汤勺，因为他戴着近视镜，只要走进热腾腾的木桶，就什么也看不见了。但这种场面，永远留在了他的记忆中。

在这段困难的岁月里，由于有部分同学出现了浮肿现象，学校为了保护学生的身体健康，只在上午上课，下午休息，减少课外作业，号召劳逸结合。周六晚上在广场放电影，在大礼堂举行舞会，让同学们去唱歌跳舞，活跃一下学生的文化生活，也分散一下饥饿的注意力。

这段时间，每逢周末，黄绍勋都和同学去广场看电影或者到礼堂跳舞，一来二去，黄绍勋认识了同年级不同专业的女同学唐丽贞。她是学炼焦专业的，他们这两个专业许多基础课都在一个大班上，经常见面，就是没有打招呼罢了。通过跳舞、交谈，逐渐熟悉了。从此以后，他们每天晚饭后都到图书馆一个固定的地方上晚自习。

随着时间的推移，他们之间无所不谈，各自把自己的身世毫不保留地告诉给对方。黄绍勋知道，唐丽贞祖籍广东珠海，出生于上海。1949 年以后，她父亲唐礼祺因工作关系，移居香港，其母杨氏带着最小的儿子唐志大也随着去了香港。唐丽贞在上海上学，暂时寄居在叔母家，由叔母照顾着。她两个姐姐都是师范生，大姐唐淑贞家在北京，任职于河北省静海县，大姐夫是外交部的一名信使；二姐唐洁贞，任教于山东某中学。她们姐妹之间，相距较远，很少有机会见面，每逢寒暑假，唐丽贞都回上海叔母家。

黄绍勋也把自己 20 多年的情况告诉了唐丽贞，两人都十分了解对方，双方都是广东人，许多生活习惯比较接近，又有较多的共同语言，所以都愿意在一起谈谈心，一起上晚自习。

三年困难时期，除了发粮票、肉票等之外，每个月还发一张点心票，可以用半斤粮票买半斤点心。黄绍勋每到月中都到小卖部买半斤蛋糕，他总是留下一半给唐丽贞。同样，唐丽贞那半斤蛋糕也总是和黄绍勋一同分享。

1962 年夏天的一个周日上午，唐丽贞来到黄绍勋的宿舍，一把抢走了黄绍勋盖了一个冬天的棉被，说要拿回去拆洗。黄绍勋虽然离开家已生活了五年，但自己从未拆洗过棉被。这下子可好了，这样的家庭生活小事有人分担了。彼此虽然没有发出山盟海誓，但从这个行动也表明他们的关系了。

第四章　风华正茂

我认为，作为一名普通教师，默默地坚守在教育第一线，用自己的辛劳，用自己的爱心，用自己的奉献，去浇灌每一个即将盛开的花朵。其实，这也是一种崇高的精神境界，也是一种超越了平凡意义的爱。

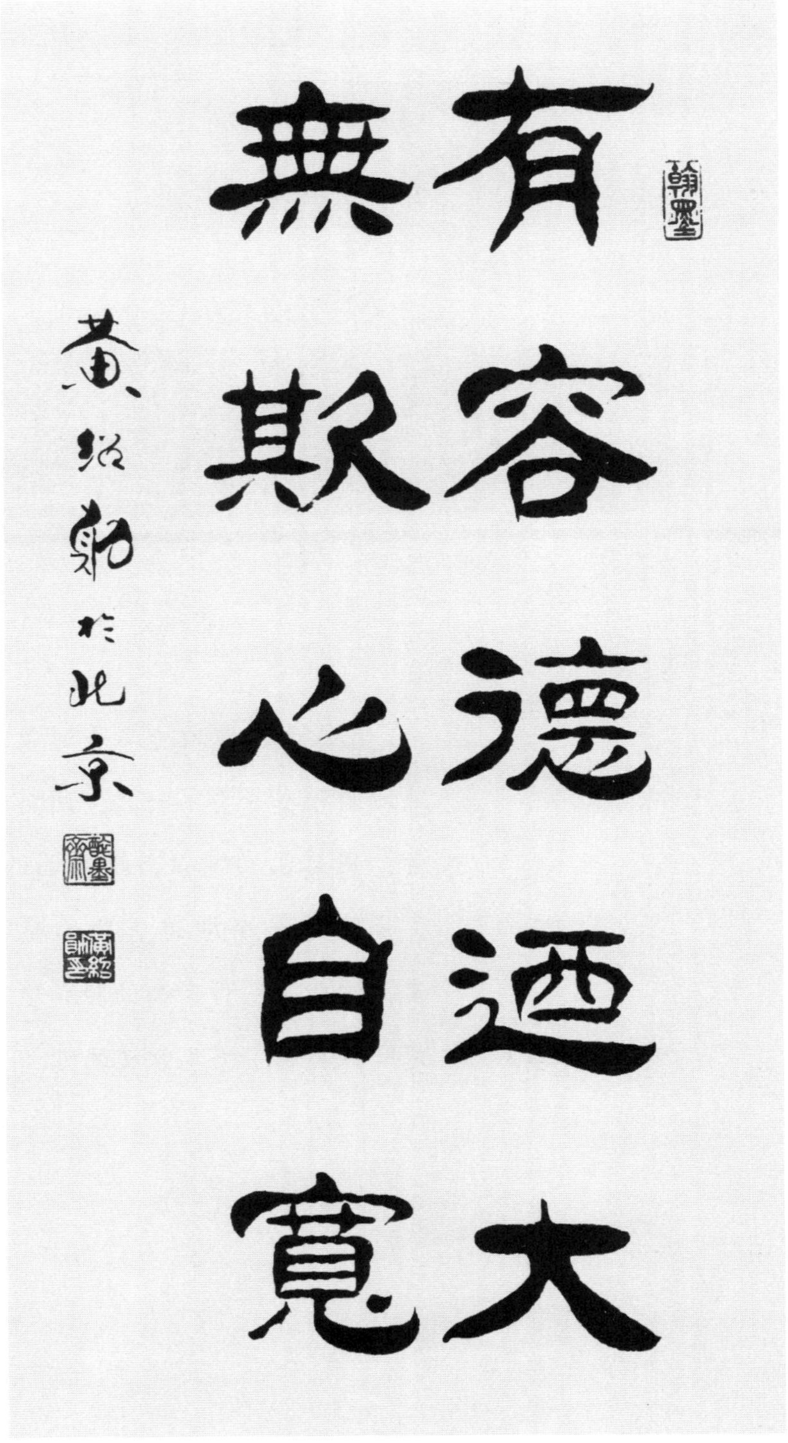
有容德迺大
無欺心自寬

第一节　重操旧业

1963年7月，苦读寒窗五年、装了一肚子知识的黄绍勋通过了毕业答辩，顺风顺水地拿到了大学毕业证书。接着就要填报分配志愿，希望分配到什么地方，什么单位，从事什么工作。黄绍勋第一志愿报的是中国纺织科学研究院，第二志愿是北京化纤工学院。

那一年，北京各单位向天津大学造纸专业要的人较多，有十多个名额，大概占全班人数的二分之一，所以分配到北京的几率很大。班上其他同学如赵玉林、吕福荫、刘家驹、段廷良、武小园等都分配到北京制浆造纸实验厂，还有朱文雄、王敏、郗士贞、秦景光、李孟行、陆熙娴等都分配到北京的不同单位。

黄绍勋被分配到北京化纤工学院。此时，他最关心的是唐丽贞的分配结果。最后是天从人愿，唐丽贞也被分配到北京，在炼焦化工厂当技术员。黄绍勋的单位和唐丽贞的单位都在北京东郊，所以黄绍勋想，他和唐丽贞能双双进京，应该感谢组织，这是组织对他们最大的照顾。

也许是命中注定，黄绍勋就是教书的命。七年前，他高中毕业后在越南芹苴华文学校教书。现在，他从天津大学毕业，被分配到北京化纤工学院教书。他愿意当教师，因为教师是人类灵魂的工程师。振兴民族的希望在教育，振兴教育的希望在教师。教师的职业是高尚的，是神圣的，是受到社会尊重的。

唐丽贞的大姐唐淑贞是位中学英语老师，家在北京东四附近，是位中学英语教师，此时放假在家。黄绍勋和唐丽贞9月初才到单位报到，这段时间就到唐淑贞家暂住，趁机游览北京的名胜古迹，如故宫、中山公园、景山公园、天坛公园、颐和园等。

9 月初，黄绍勋到北京化纤工学院报到。该校位于北京东郊定福庄，有 42 路公交车经过。唐丽贞报到的焦化厂位于北京垡头，在北京东南郊，有 48 路公交车到达，这两路车在北京东郊红庙都有站，换乘很方便。

北京化纤工学院的前身是纺织工业部干部学校，校址在东大桥白家庄，1959 年改名为北京纺织工学院，当时设有棉纺、毛纺、机织、印染等专业，学制五年。1961 年根据化学纤维工业的发展，改为北京化纤工学院，迁址至定福庄，撤销全部纺织类专业，新设化学纤维工程和基本有机化学工程两个专业。

北京化纤工学院占地面积不大，100 亩左右，只有一栋六层的教学楼，一座食堂，两栋宿舍楼，前一栋是女生楼，后一栋是男生楼。男生楼后面还有两栋只盖了一层就下马的烂尾楼。

黄绍勋被安排在男生宿舍楼二层，同宿舍的还有蔡夫柳和姜胶东老师，三人同住一室，都属化纤教研室成员。蔡夫柳和姜胶东也来自天津，毕业于南开大学高分子系，也是应届毕业生。当时教师的生活条件比较艰苦，入校第一天晚上睡的木板床让黄绍勋筋骨痛了一周，后来垫上褥子才慢慢适应。

姜胶东祖籍山东，幼年患小儿麻痹症，腿脚不大灵便，走路有些困难，由于缺乏运动，身体较为虚弱。两位室友对自己要求都很严，到校第一年没有教学任务，都能自觉地刻苦钻研，努力学习，从不虚度时光。房间不大，摆放三张单人床，一张小书桌，已没有多少空间了。他们三人一屋，互不干扰，每天各看各的书，很少闲聊。

11 月的一个周末晚上，黄绍勋感觉身体不适，头晕眼花，呕吐不止。当时蔡夫柳外出未归，宿舍只有他和体质较差的姜胶东。姜胶东见黄绍勋头冒虚汗，痛苦不堪，便身披夜幕一瘸一拐地到医务室找大夫。但医务室周末无人值班，他又来到小车班，请求司机师傅开车把黄绍勋送到朝阳医院急诊室抢救。

当时医生怀疑黄绍勋患的是脑膜炎，须抽脊髓化验。姜胶东不顾自己的虚弱身体，一直陪伴着黄绍勋。直到半夜一两点钟化验结果出来，否定了先前的怀疑，说黄绍勋患的是美尼尔病，即植物神经紊乱，休息休息就会好的，姜胶东这才放下心来。姜胶东整整折腾了一夜，令黄绍勋十分感动，留下了难忘的印象。

姜胶东虽然身有残疾，但心地非常善良。由于数十年的辛勤劳动，刻苦钻研，功夫不负有心人，他终于取得了数项科研成果，很快晋升为正教授。可惜由于体质较差，2015 年因感冒加重，抢救无效而离开了人世。

蔡夫柳原籍广东海南，曾旅居海外，是一名归侨。他也是一位能吃苦耐劳且聪明能干的教育工作者，在科学研究上也取得了优异成绩，早就晋升为正教授。

当时化纤教研室的领导是臧敏珠老师，是中共党员。组里还有三位资历较深的老师，他们是李之工、董纪震和吴宏仁。全教研室有十多人，分别担任几门课的教学任务。

这一年招收的学生分两类，大部分是自己填报志愿考取的，一小部分是保送生，也就是以前常说的“调干生”。他们都是在工作单位表现突出的工人，可以带薪上学。这一届招收了三个班，共 190 多名学生，由一个老师先给他们上《画法几何与机械制图》基础课。

当时，纺织工业部对化纤工业的发展非常重视。因化纤具有耐光、耐磨、易洗、易干、不霉烂、不被虫蛀等优点，可广泛用于制造衣着织物、滤布、运输带、水龙带、绳索、渔网、电绝缘线、医疗缝线、轮胎、帘子布和降落伞等。

为满足化学纤维工业发展的需要，纺织工业部决定把学校性质转变为以化学合成纤维生产加工专业为主，专门培养化学纤维、纺织化学工程技术人才的院校。因此，学校面临着教学任务调整的难题。

这一变动给学校的教学系统造成了不小的冲击，也给学生的学业增加了难度。但这种种困难并未影响正在学习雷锋精神的全校师生工作和学习的热情，他们都积极调整授课和学习的重点，一心只想为国家的化纤事业贡献力量。他们没有气馁，反而都充满了希望。

孔子曰："其身正，不令则从，其身不正，虽令不从。"

教师是学生内心深处的典范，教师的一言一行，一思一想，一举一动，一情一态，对学生的人生都会产生重大而深远的影响。所以，教师一定要具有高尚的师德才能成为学生的楷模，积极地影响和教育学生，才能更好地激发学生强烈的求知欲望和成功成才的理想，帮助学生树立远大的理想和崇高的追求，在学校中形成良好的学风和校风。

黄绍勋认为，教师需要从小事做起，从自我做起，率先垂范，作出表率，以高尚的人格感染学生，以整洁的仪表影响学生，以和蔼的态度对待学生，以丰富的学识引导学生，以博大的胸怀爱护学生。只有这样，才能保证教书育人的实效，学生才会"亲其师，信其道"，进而"乐其道"。

当年黄绍勋还是一名中学教师的时候，就开始铭记"学高为师、德高为范"的校训。今天，他成了一名大学教师，更加铭记"身正为师"的重要性。因为教师不仅是知识的传授者，而且还是知识的教育者和师德的示范者。

我国现代哲学家杨维说："师者，人之模范也。"教师不仅要有这种做人的威望，人格的力量，还要以最佳的思想境界、精神状态和行为表现，积极地影响教育学生，使他们健康成长。黄绍勋始终全心全意热爱党的教育事业，模范地遵守教师的职业道德，时刻保持一个教育工作者的高尚人格和良好的精神风貌。

在教学工作中，黄绍勋坚持"以人为本"，注重学生个人的发展，始终平等、公正地对待每一位学生，尊重学生的人格，倾听学生的心声，维护学生的自尊心。对于部分不善于交流、家庭条件不好、不够自信的学生，他会主动地通过各种方式和他们沟通，了解他们的内心需求，感受学生的喜怒哀乐，真诚地关心他们、帮助他们。对待部分不爱学习或基础较差的学生，他也能予以包容，及时发现他们的优点和长处，并能根据他们的优点和长处帮助他们制订学习目标。

“起始于辛劳，收结于平淡。”这是教育工作者的人生写照。但是，黄绍勋既然选择了这个职业，就会无怨无悔。当清晨走进校园，面对一个个英姿勃发的青年，一声声清脆的“老师早”；当走进圣洁的课堂，看到一双双渴求甘霖的双眸，一颗颗等待被塑造的无邪的心灵；当课间跟学生们泡在一起，看到一个个生龙活虎的身影，一张张天真烂漫的笑脸，他的心情是那样的激动，又是那样的满足。

教育是知识重建和生成的过程，是生命磨砺和成长的过程，是净化心灵、成就梦想的过程。法国著名作家雨果曾说过：“花的事业是尊贵的，果实的事业是甜美的，让我们做叶的事业吧，因为叶的事业是平凡而谦逊的。”教师就是那默默奉献的绿叶，时刻衬托着鲜花的娇艳。

黄绍勋认为，作为一名普通教师，也许不可能有什么丰功伟绩，只是默默地坚守在教育第一线，用自己的辛劳，用自己的爱心，用自己的奉献，去浇灌每一个即将盛开的花朵。其实，这是一种崇高的精神境界，也是一种超越了平凡意义的爱。正是有了这种爱，才滋润了学生、成就了事业，也升华了自己。

像大多数大学生一样，黄绍勋毕业后没有用到自己所学的专业。当得知调进学校的任务是准备担任“纤维素”这门课的教学时，他便从图书馆借来大量资料，对“纤维素”的有关知识进行深入细致地研究。

当时担任纤维素教学的是李之工和吕美娟老师，加之学生人数不多，教学任务不重，黄绍勋暂时没有上课的任务，只当助教，听听课，辅导辅导学生。他的富余时间较多，于是每天就抱着砖头一样厚的书学习，积累知识。

第二节 与农民“三同”

1964 年秋天，北京市政府下来一个任务，要求学校派教工到农村参加社会主义教育运动。黄绍勋因没有教学任务，学校就派他去参加这一运动，地点是离学校不远的双桥公社。

双桥公社位于朝阳区东南部通惠河畔，东部和南部与通县（今通州区）接壤，西部与王四营、十八里店、高碑店相连，北部与平房、楼梓庄毗邻。

就这样，黄绍勋和张羽老师（工作队的副队长）、明俊荣老师、汪薏英老师一起来到了双桥公社。和黄绍勋一个工作队的还有来自北京怀柔县的高队长和丁得定及封淑英，还有两个北京大学的学生。

当年成千上万的人被集中起来，上山下乡，其中有屡进运动的农村干部，也有工业部门的基层工作者，包括一些刚毕业走出校门的大学毕业生，还有尚未毕业的高年级大学生，包括教职员工。

这么一支队伍在国庆节之后，成批来到了农村，每个生产大队都有一个十来人组成的“四清”（即清理账目、清理仓库、清理财务、清理工分）工作组，集中在公社的大礼堂、大队部以及仓库等地方，临时安顿住了下来，吃的是食堂搭伙，每人要交伙食费。

经过一段时间的学习后，又再一次分组，由公社或大队的干部把他们送到各个基层组织——生产小队，最后把队员分到社员家里，要求“三同”——同吃同住同劳动，而且还必须要跟贫下中农“三同”。

这些工作队员住在大队部的会计室或者仓库的时候，已经物色好了贫下中农对象，而且也已经上报批准。所以，入秋后的天气也正好允许他们下生产队。队员们分单人或者成双地住进贫下中农的家里，他们往往是缺乏劳动力的贫困户。

当时贫下中农家里的条件相当艰苦，一般地说是和草棚、牛棚和羊圈住在一起，吃的和贫下中农家里一样。“四清”工作队员每人给住户交付粮票钱票，有空就帮着一起烧饭做菜，一日三餐轮流在贫下中农家吃派饭，队员们基本是半天集中学习半天下地劳动。

工作队员和贫下中农同吃同住同劳动，以此来深入基层、深入群众、深入生活，从而摸清情况好为下一步发动群众做好准备工作。尤其是来自学院的师生们，在与大家一起工作中发挥了较大作用，体现了党的文艺宣传鼓动特色。那时候有一首很有名的动听歌曲，由曹世才创作，是这样唱的：

天上布满星，月牙亮晶晶，
生产队里开大会，诉苦把怨申，
万恶的旧社会，穷人的血泪恨，
千头万绪、千头万绪涌上了我的心。
……

这歌的句句词儿还在黄绍勋的耳边回响，还会给那一代人送来难忘的回忆。

“四清”工作队要求队员下去和农民“三同”，有的是固定在一家，有的是吃派饭，每天轮流在各农家吃一天，每人交一斤粮票，五角钱。黄绍勋和来自怀柔的工作队成员丁得定两人一小组住在张永利家。张家是老贫农，有两个孩子，叫张起、张来，均已十多岁。张家有东西两房，主人住东房，他们住西房。

天冷了，要生煤球炉取暖。一天午饭后，二人关上房门躺下休息，不一会儿，黄绍勋觉得头发晕，想吐，赶紧叫醒丁得定。丁得定也和黄绍勋有同样的感觉。黄绍勋想这下可糟了，可能是煤气中毒。于是赶紧打开门窗，跑到室外。后来发现是烟筒不严，有漏气的地方。

“三同”的目的，是和社员搞好关系，让他们放下包袱，大胆揭发村里的坏人坏事，干部有无贪污、多吃多占，有无损公肥私、任人唯亲的情况。把材料收集齐了，整理好了，晚上开大会进行揭发批斗，清理阶级队伍。冬天农活儿少，利用农闲时间搞运动，是那个年代的特点。

第三节　大喜而后惊

1965 年 3 月，春风荡漾，万物复苏，农村的活儿多了，农民开始忙起来了。为了不影响农业生产，双桥公社的农村社会主义教育运动暂时告一段落，工作队班师回营，黄绍勋又回到了北京化纤工学院。

大学毕业后，黄绍勋在北京东郊定福庄工作，他的女友在北京东南郊垡头，虽说二人都在北京东郊，但相隔还是很远的，需乘公交 48 路在郎家园转 42 路才能到达。平时他们每周的周末能见上一面，自黄绍勋下乡参加“四清”工作队以后，他们半年都没见过面，那时候通话通信都不太方便。

这次“四清”工作结束后，久别重逢的黄绍勋和唐丽贞准备把婚姻大事给办了。幸好得到校方关照，把学校后面烂尾楼的一间房子借给了他们，作为他们安家之用。

3 月 28 日，黄绍勋和唐丽贞在管庄办事处办理了结婚登记，领取了像大奖状一般的结婚证。这时黄绍勋已 30 岁，唐丽贞才 23 岁。

20 世纪 60 年代的人，都以阶级斗争为纲，革命胜于一切。那个时代的人思想是积极的，物质是匮乏的，生活是简朴的。也许正是在这样的时代大背景下，60年代的婚姻感情与其他时代相比，也显得朴实、平凡、简单了许多。

有人形容60年代的婚礼简单如白，其实“白”也是一种颜色，白色代表纯洁。那简洁的婚姻又是什么样子呢？就从婚姻的前奏“谈恋爱”来说吧！不，也许这个说法不够准确，那时还不叫“谈恋爱”，那时叫解决“个人问题”，因为在“革命才是大问题”的年代，个人的事儿只是个“小问题”。

60年代，解决“个人问题”需向组织报告，结婚要经过单位批准。当时好多人结婚的日子都是组织给定的，一般都在有象征意义的节日，如五一节、国庆节等。定了日子，就该准备婚事了，这才是那个困难时期最困难的事。

在那“没票寸步难行”的年代，花花绿绿的购物票券成了生活主角，吃饭要粮票，穿衣要布票，买生活用品还得要购物券。要结婚成家，没票不行。那时候结婚省钱不省工夫，光忙活这些票券就得好些日子。而糖果、鸡蛋、猪肉等副食品，则要凭结婚证背面盖的这些小图章去指定地点领取。

结婚证

黄绍勋的新房没有装修，只是做了一些清扫，贴上几张黄绍勋在红纸上亲手写的“囍”字。家具只有一张双人床，一张二屉桌，两把椅子，一个脸盆架，而且都是向学校租用的，就这么简单。

那时的人生活艰苦朴素，不讲吃穿，反对排场。有的人结婚连一件新衣服也没有，新郎新娘都穿着平时穿的衣服结婚，有的工人甚至穿劳保服结婚。黄绍勋也没有新衣，可他们都很自然平静，都说“没有吃不了的苦，只有享不尽的福”，其实这种苦和穷，在两个有情人眼里，只是他们爱情花蕾上少了些点缀，丝毫不会影响花蕾绽放美丽的花朵。

一壶茶、一包糖、一碟瓜子，条件好点的，再备上些罐头、饼干，或包顿饺子，这就是那时的婚礼。说是简单，可在当时的经济困难时期，这已经是最奢侈的消费了。黄绍勋没举行任何结婚仪式，虽说没有洞房花烛，却有满月照耀；没有父母敬拜，却有天地作证；没有亲朋祝福，却有夫妻许愿。他们只买了几斤糖果，同事们来了就吃块糖、喝杯茶，连饭都没吃一顿，就这么简单。

大家都能理解，因为新中国成立后，百废待兴，国家很困难，花钱的地方很多，全国人民必须勒紧裤腰带搞积累，建设社会主义。大家一边吃着糖果，一边喝着茶水，但闹新房的兴致不减。所谓闹新房就是介绍恋爱经过，表演节目，比如唱唱歌、跳跳舞、朗诵诗歌之类。

再困难的日子，也要送去祝福。当时，单位同志结婚流行“凑份子”，作为大家参加婚仪的随礼，一般都是每人出二三块钱。凑钱买的东西都是一些简单的生活用品，比如镜子、暖瓶、脸盆什么的，还有《毛泽东选集》、毛主席画像和毛主席语录等。黄绍勋也收到了喜礼，是一对暖瓶和一个脸盆。

黄绍勋与夫人唐丽贞

当时一切以工作为重，新郎新娘第二天照常上班，没有婚假一说。那时的结婚庆典虽然简单，但那种幸福的甜蜜却没有因为简单而被冲淡。再说了，那个年代家家都一样，生活都不富裕，不可能有奢侈，更不会有攀比之风，简办婚礼是那个时代的一种时尚。

人逢喜事精神爽。黄绍勋和他的新婚妻子不知不觉度过了火红的夏天。刚刚进入秋季，黄绍勋又被派去参加另一个“四清”工作队。这一次去远了，是到河北省邯郸市成安县。“革命工作重于天”，如胶似漆的小夫妻不得不暂时分开一段时间。

黄绍勋被安排到成安县南彭留村。进入南彭留村时，他发现那里的干群矛盾突出，生产落后，农民生活水平很低。他们到农户吃派饭也是每天交一斤粮票二角钱，早晚两顿都喝稀粥，中午吃点干的，也是黑乎乎的红薯面或高粱面。有的农民连盐都买不起，腌咸菜的缸里都生了蛆。炒菜连油也没有，主妇用一块油兮兮的布往锅里一蹭，就把菜倒进去了。这种日子对长期生活在城里的学生、干部来说，真是一个锻炼和考验啊！

1966年3月8日，天未亮，大地忽然出现剧烈震动，许多瓶瓶罐罐都掉在了地上。黄绍勋他们被惊醒了，后来才知道这就是震惊中外的邢台大地震。

这次地震波及到很多地方，邯郸也受到了很大影响。后来又出现过多次余震，有一次是白天，黄绍勋在一户农家谈事，大地突然震动起来。黄绍勋站的地方离门口不远，想往外跑，可就是迈不开腿，这一次他亲身感受了地震的威力。

后来据广播电台报道，始知这天清晨5时29分在河北省邢台地区隆尧县东发生了6.8级强烈地震，震源深度10公里，震中烈度为9度强。

“当人们还在睡梦中，突然地一声隆隆、地光闪闪、山河颤抖、房屋摇晃、地面骤裂、黄沙黑水喷向高空。”邢台市地震局编纂的地震资料里有这样的描述。

黄绍勋发现，震后灾区地形地貌变化显著，出现了大量地裂缝、滑坡、崩塌、错动、涌泉、水位变化、地面沉陷等现象，喷水冒沙现象普遍，最大的喷沙孔直径达2米。

地下水普遍上升2米多，许多水井向外冒水。低洼的田地和干涸的池塘充满了地下冒出的水，淹没了农田和水利设施。地面裂缝纵横交错，绵延数10米，有的长达数公里，马栏一个村就有大小地缝150余条，有的地面上下错动了几十厘米。

震区内滏阳河两岸造成了严重坍塌，原来水美鱼肥、绿柳成荫的任村滏阳河故道被挤压成一条长48米、宽3米、高1米的土梁。

这次地震的破坏范围很大，一瞬间便袭击了邢台、石家庄、衡水、邯郸、保定、沧州6个地区、80个县市、1600多个乡镇、17000多个村庄，使这一地区造成800多人的死亡，38000多人受伤，倒塌房屋5万余间。

这次地震袭击了100多个工厂和矿山，52个县市邮局，破坏了京广和石太等5条铁路沿线的桥墩和路堑16处，震毁和损坏公路桥梁77座，地方铁路桥 2 座，毁坏农业生产用桥 22 座共 540 米。

在震后短短的时间里，地震谣言和地震误传事件迅速泛滥，仅谣言就涉及河北、河南、北京 3 个省市、8 个地区、40 个县市，影响面积达数百万人，致使灾区及其邻区广大群众惊慌不安，一度无心劳动，工业产量下降，农业出勤率降低，其间接损失是巨大的。

对受灾的地区和难民，党中央、国务院极为关切和重视。周恩来总理三次亲临灾区察看灾情，慰问群众，部署救灾工作，同时对地震工作做了一系列重要指示。他向灾区人民发出了自力更生、奋发图强、发展生产、重建家园的庄严号召，极大地鼓舞了震区人民战胜自然灾害的信心。

这年 5 月，邢台的工作队陆续撤出，回到各单位参加运动，黄绍勋他们返回北京化纤工学院。

第四节　挫而不折

1966 年 5 月 16 日，“文化大革命”正式开始了。

黄绍勋他们这些从海外回来的游子未曾见过这样的阵势，觉得不能坐视不理，应参加接受考验，所以开始也积极参加。当时每个单位基本上都有意见不同的两派，北京化纤工学院也不例外，有红旗派和东方红派。

黄绍勋当时也不可能置身度外，参加到平时和他接触较多、关系较密切的同事那一派。因为他从国外回来，大家都知道他有海外关系，情况比国内同龄人复杂一些，有人就到人事处查看他的档案。在他的档案里有他的自传，在自传中他把在国外的思想状况、回国动机、回国途径都作了详细交代。

对于这些，黄绍勋都能正确对待。任何非议在他耳旁，如一阵过堂之风，不为所动，并淡然处之。因为他过去几十年的所作所为，自己心里最清楚，身正不怕影子歪。

在这一时期，黄绍勋去厦门看了看几年未见的二哥。当时黄绍桑已搬到海沧，因他在海沧铁厂工作，地处偏远，运动不像其地方那么火热。

“小时两兄弟，长大两房人。”随着年龄的增长，在兄弟间各自成家立室的同时，手足之情都会有所减退。但有着良好传统教育的黄绍勋对从小在一起上学、一起玩耍的二哥，没有因为各自组织了家庭而置亲情于离散，反而更是处之安好，不失血脉之浓。

平安，“平”是克制了起伏；“安”是包容了坎坷。漫长的磨合一如唇齿，既彼此冲突，又相互依存。千百年来，平安是怎样的企盼？是福，是金，是千百年来未变的祝祷：佳偶三生福祉，好人一生平安。黄绍勋就是一个好人，虽有磨难，但必平安。

由于黄绍勋一生安守本分，历史是清白的，加之为人一向温良敦厚，也是自己的运气好，又遇到了好人，经过各地调查，终于判明事实，理清是非。黄绍勋的案子有了结论，认定他是一个爱国华侨。他被解放了，不再作为怀疑对象，再次受到组织的信任。

后来由于黄绍勋的毛笔字写得好，开大会的时候，会标都请他来书写。校内每根电线杆都要挂一块被涂上红漆的铁板，上面用黄漆写上毛主席语录，这任务也交给了黄绍勋。一时之间，满校园都挂上了由黄绍勋书写的毛主席语录，因而他就成了小小的“红人”。

这一时期，黄绍勋还干了三件事：其一，制作毛主席纪念章；其二，用塑料窗纱绣毛主席肖像；其三，练习书法。

“文化大革命”一开始，群众怀着对毛主席的崇敬，胸前都佩戴毛主席像章。随着时间的推移，像章的形式越来越多，个头越来越大，制作的材质也越来越好。开始是用金属铝做的，后来发展成有机玻璃的；开始是单一颜色的，后来发展成金黄色的头像，底板是红色的，表面是无色透明的有机玻璃。

黄绍勋被一种有机玻璃像章所吸引，出于对毛主席的热爱，他尝试着自己亲自动手制作。于是就请校内工厂的师傅给他制作一套模具，用来制作有机玻璃的毛主席像章。

这套模具很简单，在一块不大的钢板四角焊上四根带螺纹的小铁杆，把钢板放在煤球炉上加热，然后放上透明的有机玻璃，把它软化后再把铝制的头像放上，加上盖板，拧上螺丝，把头像压进软化了的有机玻璃中，再取出铝制头像，然后在有机玻璃中压进一张金黄色的锡纸，并压进头像内，再用蜡把头像背部填平，磨光，粘上红色有机玻璃底板，用锉刀和砂纸打磨光，在背后粘上一枚别针，非常精致的毛主席像章就完成了。不过，这得花上一两天工夫。

第二件事，是使用塑料窗纱和各色丝线绣毛主席肖像。“文化大革命”期间，社会上出现八张不同时期的毛主席头像。黄绍勋都收集起来，买来塑料窗纱和各种颜色的丝线，把塑料窗纱覆盖在头像上，然后用黑色的丝线沿着头像的轮廓进行刺绣，再用红色的丝线绣帽徽。不几天就能绣出一张毛主席像来，镶在镜框里，挂在墙上，别有一番意味。黄绍勋绣的最大一幅是《毛主席去安源》全身画像，足足有一米多高，用的是彩色丝线，完全按照画的颜色刺绣，效果极佳。

在 1976 年毛主席逝世后，北京市委下令要求市民上交此类有关毛主席的纪念品，黄绍勋把他用彩色丝线绣成的那幅《毛主席去安源》上交给校方，但不知校方作何处理，后来一直没有这幅刺绣品的消息。

此外，黄绍勋还利用当时较多空闲时间去练习书法。黄绍勋小时候在越南读书，从上私塾至初中，那些年都是用毛笔写字，当时圆珠笔还未问世，钢笔是奢侈品，写字都是用毛笔或铅笔。学校除了有大字课之外，作文也要用毛笔写小楷，寒暑假作业也少不了要写毛笔字，因此打下了较好的基础。由于有这方面的爱好，加上有充裕的时间，黄绍勋搜集了许多字帖，经常翻阅研练。他原来写的是楷书，这段时间突然又爱上隶书，一有时间就反复临摹《曹全碑》《乙瑛碑》《礼器碑》《石门颂》等碑帖，为后来的隶书创作奠定了坚实基础。

第五节 南迁分宜

1969 年，是 20 世纪 60 年代的最后一年，为农历己酉年，即中国的鸡年。这年秋天，北京市革委会召开紧急会议，命令北京的大专院校除几个最著名的学校外，其他学校在半个月到 20 天内必须搬出北京。可是，化纤工学院连去哪儿都不知道，怎么个搬法？再说，也不知是长期搬还是短期搬？

一所大学不光有学生和教职员工，还有教工家属，全家老少举家搬迁，谈何容易？老人孩子怎么办？还回来不回来？什么时候回来？更何况，搬迁地还要准备住房、教室、实验室、图书馆、设备的安放、教学活动的组织，以及交通、生活设施等，每所大学都面临一系列难题。

而学院的教工们认为，你们"军宣队"将来可以回部队，学生早晚有一天要毕业走上工作岗位，只有他们将不得不在那里长久呆下去，因此忧虑重重。为此，教工们提出了许多非常实际而军宣队又无法解答的问题，比如往哪里搬，怎么搬，搬去怎么生活，家属子女怎么办？如何解决他们的上学和就业？当然这些问题无人回答，也无法回答。

这年初冬的一天，正当教职员工顾虑重重的时候，军宣队在全院师生员工大会上突然宣布：北京化纤工学院要迁到江西省分宜县去，到那里边劳动边学习。同时，动员全校师生员工要服从上级安排，安心离开北京。

所以，11 月的一天，冒着严寒的全校数百名师生员工齐集于北京火车站，像部队换防一样登上了南下的列车，往分宜进发。

分宜县是江西省新余市所辖的一个县，位于江西省中西部、袁河中游，东邻新余市渝水区，南连吉安市安福县，西接宜春市袁州区，北毗宜春市上高县。

分宜森林资源丰富，覆盖率达 60% 多，名贵树种有楠木、罗汉松、红豆杉等。分宜又是鱼米之乡，主要特产有夏布、茶油、杨梅等，有“中国夏布之乡”的美誉。

大岗山是分宜县最高的山峰，该山界接分宜、安福、袁州三个县区，主峰海拔 1091 米，为分宜县南屏障；大岗山有黄毛洞等 80 米以上的瀑布，12 处原始森林自然保护区，属国家级重点保护的珍稀动植物达 40 多种，如虎、猴、獐、鹿、兔、石樟、银杏、水杉等。

为了安置来自首都的浩浩荡荡的数百名师生，当地政府和人民承受了巨大压力。老表们以当年欢迎红军的高度热情，腾出了自己的房屋，哪怕是仓库和牛棚都派上了用场。

到了分宜，大家睡的是双层床，非常拥挤。时已入冬，天气潮湿，又接连下了 18 天的雨，未见太阳，衣服洗后晾晒十天八天也不干，晚上钻进潮乎乎的被窝里，冷得不敢伸脚，房屋密封不严，到处透风。

在南迁的人群中，有的体弱多病，有的带着幼小的儿女，他们更需要照顾。在这潮湿阴冷的冬天，房屋又简陋，为了给这些家庭取暖，学校便组织一支队伍，从年轻体壮的老师中挑选一批人，到大岗山上烧炭。

黄绍勋被挑上了，同行中还有卢福民、蔡夫柳、李培章、石常河、朱本松、何仁文、王进修等。女教师也有数名，如高重辉、王芝林、童俨等。男人上山砍树烧炭，女士负责后勤，烧水做饭。张大省负责后勤，送粮送菜。

到了山上，头两天有老表带领，告诉哪些树可以砍，哪些树不能砍，例如樟树是绝对砍不得的。

伐树烧炭，对这些拿教鞭和粉笔的人来说都是第一次。放倒的树有粗有细，但都要锯成两米左右的长度，集中运到炭窑附近，以便搬进窑内煅烧。用锯锯断树木是个很累的活，搬运两米长的木头也不轻松，一天下来他们浑身酸疼，饭量也大增。

黄绍勋白天上山伐树，有时晚上还要看炭窑是否燃烧正常。由于劳动量太大，有一天他竟吃了三斤六两粮票的粮食（包括值夜班需要带部分干粮），这等于两三个人的饭量。当时粮食定量还未取消，不足的粮票只好由家里补贴。

伐树锯木很辛苦，在窑里装木头也不轻松。一天装窑，军宣队的李代表指名让黄绍勋进窑，同事们在外面往窑里搬木头，由黄绍勋一人把木头立起来搬到窑壁，然后码齐。这样，装满一窑的木头真是耗尽了体力，累得他喘不过气来，浑身上下都是汗，就像水洗一样。

其实在场身体好、力气大的人有好几位，可那个李代表就是不让他们装窑，偏偏让黄绍勋一人进去，原因是黄绍勋这个人实在，干活卖力，又非常细心，木头码放得整齐，装得木头多，出炭量大。

冬天过去了，春天如约而至，天气一天天变暖了。上山烧炭的任务结束了，黄绍勋又回到了分宜，和大家一起继续参加学习和劳动。寒冬过去了，再也不做重体力活了，黄绍勋心里舒畅多了。

为了改善几百人的生活，学校办了一个养猪场，饲养了 30 多头肥猪，由老表夫妻二人管理。

一天，连队领导召开全连大会。会上主要研究改善生活问题，提出养猪场需要派出一人去管理，也算是养猪场的场长吧。从领导的讲话中，黄绍勋已意识到打算派他去当这个猪司令，于是就主动报名，要求担任此项工作。

开始几天，养猪场的事情不多，都由两位老表在管着，黄绍勋只是组织些人力去田地里打打猪草而已。可是有一天，管理养猪场的老表被一群蜂子蛰了，头部肿得很大，眼睛都睁不开了，每天清晨到镇子购买豆腐渣喂猪的事他一时去不了，那么多的猪不能断食啊！于是这个任务就落到了黄绍勋的头上。

从此每天清晨天未亮，黄绍勋就得挑起竹筐到四五里之外的镇上购买豆腐渣，每天都得早去，去晚了买不到豆腐渣，猪就得挨饿。

去镇子没有大路，走的都是田埂。天不亮常有野兽出没。黄绍勋最担心的是别踩到毒蛇，所以每天出去都是战战兢兢的。

回来也不轻松，几十斤重的担子压在肩上疼得很，主要是黄绍勋从小没有受到这方面的锻炼。过了些日子，老表的伤养好了，却不再提接班的事，因为黄绍勋干得挺好。

1970年，由于校领导的多方努力，向纺织部以至中央提出要求，北京化纤工学院又复活了。听说要回北京，每个人都很高兴，有些人甚至不相信自己的耳朵，有些人还激动得哭了。在分宜正好待了一年时间，11月7日，化纤工学院全体师生告别了刚刚适应生活的分宜回北京了。

在回京途中，校领导组织了参观革命事迹地活动。听说要参观井冈山，黄绍勋非常兴奋。回顾党的历史，中国人民不能忘记井冈山。井冈山被誉为“中国革命的摇篮”和“中华人民共和国的奠基石”。

伴随着一路的赞叹和惊呼，沿登山公路盘旋而上，他们赶往慕名已久的黄洋界，寻访革命前辈战斗的遗迹。赞叹的是这气象万千、林山云海的幽境，惊呼的是这峭壁千仞、如此崎岖的险途。

参观了井冈山革命博物馆和红军造币厂，瞻仰了革命烈士陵园后，他们便住下来休息。迎接他们的是慕名以久的红米饭、南瓜汤。也不知是他们太累了，还是这红军饭太香，用风卷残云来形容绝对是再恰当不过了。

晚上躺在床上，黄绍勋呼吸着井冈山清新、湿润的空气和青松翠柏吐出的芳香。这里真安静啊，安静得能听到日头落山、星月相撞的清脆响音。

第二天，他们前往湖南韶山。听说要瞻仰毛主席故居，即刻唤起黄绍勋心底悠悠的思绪……伟人的事迹如巨星闪闪，光芒四射，划过历史的苍穹。

回到北京以后，学校没了，化纤工学院的院址已转给北京齿轮厂使用，他们只好借用纺织科学研究院的部分地方继续工作。

1971 年 8 月，北京化纤工学院并入北京化工学院，化学纤维专业成为该学院的二系，于是黄绍勋便成了北京化工学院的一员。

由于黄绍勋在天大学习的专业与目前所处的工作性质不符，较难安排工作，所以领导一会让他去工厂学习仪表，一会让他学习化学分析，最后落脚到气相色谱分析，配合化纤组一项科研题目，为科研成果做分析，提供数据。该科研项目曾荣获科技二等奖，由于黄绍勋承担的不是主要任务，所以在获奖名单中没有他的名字。

第六节　不平凡的一年

爱情是一坛陈年老酒，越是埋得深，越是藏得久，味道便越是醇厚，越不易醉人。酒是陈的香，爱是纯的好。酒和爱情还有一个人所共知的特点，就是不能掺杂水分和杂质，否则再好的酒，再美丽的爱情，都会因此而变味。

黄绍勋与唐丽贞结婚七年多了，结婚时黄绍勋已属大龄青年，如今唐丽贞也到了而立之年。黄绍勋认为，他们的婚姻生活是幸福的，但是很多时候他又并不满足，总认为没有给妻子带来更多的幸福。如果有来世，他会毫不犹豫地再次选择唐丽贞做他的妻子，因为他爱她，她也爱他。

现实生活中男女之间的感情常常让人看不懂，有的夫妻还搞得像仇人一样。不是黄绍勋幼稚，而是他的婚姻经历和感情生活让他对当下的情况无法理解。他觉得，在任何情况下都不能丢下一路风雨同行的妻子，丢下了妻子他于心不忍。当然这本身就是矛盾的，尽管他现在想到了这个问题，实际上根本不会发生这样的情况，因为他们的婚姻基础是坚如磐石的。

为什么会和妻子相识、相爱、结婚，真的无法解释。大学低年级时，他们上大班课，几个班在一个大教室上课，应该是经常见面的。但那时谁也没注意谁，谁也没多向对方看一眼，一直到三四年级，国家困难，学校实行劳逸结合时，周末举行舞会，在舞场相识之后，逐渐产生了感情。

俗话说："情人眼里出西施。"自黄绍勋结识唐丽贞之后，他永远也忘不了唐丽贞当时的样子：不高不矮，不胖不瘦，穿着也很素雅，不施任何粉黛。她梳着两根很长的辫子，长着一双笑眼，笑起来弯弯地像天上的月亮。

当时，黄绍勋远远地看到唐丽贞走过来，脸上带着甜蜜的微笑，听不到一点脚步声，就像风吹来的一样。他觉得一阵心动，走近了也不好意思正面看她。唐丽贞倒是落落大方，行为举止很文静。

那次聚会，黄绍勋说得很多，唐丽贞除了微笑，话却不多，声音也很小。现在，黄绍勋想起当年的情景，用"柔情"两个字来形容唐丽贞是最合适不过的了。

黄绍勋不是那种见了女人就心动的人，比唐丽贞漂亮的女人现实生活中他见得多了，但是他从来没有这样的感觉。到现在为止，他也没有想通，每次和唐丽贞谈起当时的感受，他们都会兴奋起来。这也许就是缘分，就像佛说的那样："修百世方可同舟渡，修千世方能共枕眠。前生五百次的凝眸，换今生一次的擦肩。"

应该说，他们的缘分与他们的出身有关。俗话说，同命相怜，即身世坎坷、命运多舛的人互相怜惜。他们通过一段时间的交往，找到了许多共同之处：他们都是广东人，一个是南海的，另一个是珠海的，父母都在海外，不在身边，而且有太多的共同语言。

以后的事情，可以写成一部小说了，有太多值得回忆的细节，这就是黄绍勋的初恋。后来，黄绍勋便能自然地牵唐丽贞的手，唐丽贞也敢挽起黄绍勋的胳膊了。他们单独相处的时间越来越长，于是就有了第一次接吻。那情那景，真是让人终生难忘，现在想起来，他们觉得爱情真是太美好了。

大学毕业后，他们双双一起被分到北京，黄绍勋做教育工作，唐丽贞做技术工作。再后来，就顺其自然组织了一个小家庭。

1972 年 1 月 23 日，结婚七年之后的黄绍勋和唐丽贞终于有了爱情的结晶，他们有了一个可爱的女儿，起名黄碧华。或许是因为年轻时拼事业无暇生孩子，或许是唐丽贞开始认识到没有生育的女人、没有做过母亲的女人是不完整的，年已 37 的黄绍勋才有了下一代。因为得来不易，他如获至宝般地激动万分，似乎比其他做父亲更加珍惜当爸爸的乐趣。

黄绍勋是一个开明的人，他反对传宗接代、重男轻女的封建思想，他爱他的女儿。女儿的出生使家中热闹了许多。

家有一老，胜似一宝。可是他们的双亲都在国外，孩子无老人照料，出了满月，每天都要把孩子送到邻居家，请邻居老人照料。

很幸运，他们遇到一个非常好的人家，老人 70 多岁了，裹着一双小脚，行动较慢，但人好，看护小孩很有经验，很细心。这家的人都很厚道，收费不高，每个月才要 20 元，当年黄绍勋的月薪是 56 元，所以负担不算重。孩子在邻居家待了两三年。由于为他们看孩子的姥姥又接到看管另一个孩子的任务，所以他们就把黄碧华送幼儿园了。

说到孩子进幼儿园，还有一个小故事。黄绍勋家住白家庄中纺东里，上班在樱花园小区。从他家到化工学院要乘两路公共汽车，从白家庄乘 113 路坐五六站到张自忠路，然后换乘 13 路坐四五站下车，再步行约 100 米到化工学院。

黄绍勋送孩子到化工学院幼儿园，得抱着孩子乘这两路公交车，路上很辛苦。不巧，化工学院的教学大楼“文化大革命”时让情报所占用，而情报所在中纺里附近却有个托儿所，他们送孩子上幼儿园正好和黄绍勋走相反方向的路线，很不方便。

这事让化工学院的领导李士贵发现了（李士贵和黄绍勋是邻居），他就和情报所领导商量交换孩子上幼儿园的事，即化工学院教职工的孩子到情报所的幼儿园，而情报所职工的孩子进化工学院的幼儿园。这样一来，双方的职工送孩子进幼儿园就方便多了。家长对李士贵老师这样关心职工生活的事感到非常高兴和感激。

孩子一天天地长大，粉红的小脸，聪慧的眼眸，健康好动的身躯，黄莺般清脆的儿语，都令黄绍勋夫妇洋溢着幸福的笑靥。转眼间，孩子四岁了，正当他们兴致勃勃地筹划孩子的学前教育时，一个惊喜又打乱了他们家中的生活。

1976 年 4 月 6 日，黄绍勋的二女儿黄碧凌出世。家中又多了一口人，多了一份快乐。唐丽贞的产假只有一个月，孩子满月后，还是送到老大待过的那家去，请姥姥看管。每天早送晚接，不影响工作，日子过得还算顺意。

黄绍勋是一个知恩不忘的人，虽然时间已过了 40 多年，他们和姥姥两家的关系没有断，逢年过节，孩子们都会去他们家拜访问候。当然，当年看护孩子的姥姥已经不在了，但她的子女和孙儿们还住在原处，他们一见如故，就像走亲戚一样。

1976 年，是中国的龙年。7 月 28 日早晨天还未亮，突然大地剧烈晃动，屋顶的木架子嘎嘎作响。黄绍勋十年前曾经历过邢台大地震，知道又是一场大地震来临了，本能地从床上爬起来，抱起身边的大女儿，叫醒了熟睡的妻子，来不及穿上鞋，光着脚丫就三脚两步冲出门去，直奔楼下。

原来，河北省唐山、丰南一带发生了大地震。

这次地震强度为里氏 7.8 级，震中烈度Ⅺ度，震源深度 23 公里。地震持续约 12 秒。有感范围广达 14 个省、市、自治区，其中北京市和天津市受到严重波及。强震产生的能量相当于 400 颗广岛原子弹爆炸。整个唐山市顷刻间夷为平地，全市交通、通讯、供水、供电中断。唐山地震没有小规模前震，而且发生于凌晨人们熟睡之时，使得绝大部分人毫无防备，造成 24 万多人死亡，重伤

16 万多人，名列 20 世纪世界地震史死亡人数之首，仅次于陕西华县特大地震。

中国首都北京也摇晃不已，天安门城楼高大的梁柱痉挛般地“嘎嘎”作响。从渤海湾到内蒙古，从黑龙江到扬子江，这一地区的人们都感到了异乎寻常的摇撼，一片惊惧。天津市房倒屋塌，摇晃和响声惊醒了正在该市访问的澳大利亚总理惠特拉姆。

地震的前一天晚上，北京出奇的热，一丝风也没有。地震时，还出现了地光、地声，许多人是被晃醒的，跟坐火车一个感觉。当时人们普遍的反应是不顾一切，尽快跑到屋外去。慌乱中，有的人甚至将枕头当作婴儿抱到了室外。

由于是夏天，天气热得反常，有许多人都来不及穿衣服，光着身子就往外跑。黄绍勋定下神来，发现他和孩子都是光着脚，一时也不敢往家里去取鞋袜，直到八九点钟看没有什么异常了，想起小女儿的奶瓶和奶粉没拿下来，于是硬着头皮往四楼跑，把需要用的东西以最快的速度拿齐，赶紧往楼下跑。

小女儿刚满百日，大人长时间抱在怀里受不了。家里有一辆小竹车，就是给孩子准备的，于是黄绍勋又冒着风险往楼上跑一趟，把小竹车搬下来，让孩子躺在车里，这样大人就轻松多了，孩子躺着也舒服。

天公不作美，天色阴沉下来了，要下小雨，黄绍勋不得不又一次上楼去取雨具。

宿舍后面就是白家庄小学的操场，离楼群稍远，相对安全一些，于是人流都往那里走。冒着小雨，打着雨伞，在操场中站着。

黄绍勋心里想，这站到什么时候是个头啊！家住四楼，不敢回去，怎么办？此时他想到给他看管小孩的那个姥姥家住一层，到她家去躲一躲，有情况往外跑也容易些。

黄绍勋一家四口便往姥姥家转移，一下子把她家小小的房子挤得满满的。姥姥是个热心人，对黄绍勋一家表示欢迎。这天晚上他们就住在姥姥家，挤在一张大床上睡觉，直到情况稍微稳定，他们才回到自己家中。

五代吕蒙《破窑赋》云：“天有不测风云，人有旦夕祸福。”

这个龙年，注定不平静。1 月 8 日，人们敬爱的总理周恩来逝世，7 月 6 日朱德委员长逝世……

9 月 9 日下午 4 时，中央人民广播电台以万分悲痛的心情对外宣布：中国人民的伟大领袖、伟大导师毛泽东主席于当天凌晨零时十分在北京逝世。全国人民为之震惊，全世界为之震惊！

阳光不再明媚，天空不再蔚蓝。所有的人都不知道自己要做什么，好像整个地球没有了明天！人们悲痛万分，痛哭流涕。

在中国大地上，来去匆匆的人们惊闻噩耗，无不驻足默哀，怎么也迈不开双脚了，一个个哭得泪人似的！此时的黄绍勋也和所有人一样，悲痛万分，肝胆俱裂、五脏俱焚。

9 月 9 日，北京化工学院传达了毛主席逝世的消息和中共中央关于毛主席逝世期间吊唁活动的一些规定及组织收听重要消息的通知。会后，院党委及时通知各单位组织收听下午 4 时中央人民广播电台播出的重要新闻。

听完这个重要新闻，黄绍勋泪如泉水般地涌出来，模糊了双眼。全校人民听到伟大领袖毛主席逝世的广播后，都显得极为悲痛，心情十分沉重，表示坚决响应党中央的号召，化悲痛为力量，以实际行动来悼念毛主席。

第七节　担任实验室主任

北京化纤工学院与北京化工学院合并七年后，上级领导认为化纤工学院仍有单独办学的必要，于是在 1978 年 4 月便将化纤工学院分出来单独办学。

当时，化纤工学院仍无校址，就一面征地建校，一面借用已给齿轮厂的化纤工学院原教学楼招生办学。校领导几经周折才在东郊征下一片芦苇坑和菜地，开始兴建新校区。

在两校正式分开办学时，黄绍勋觉得在化纤教研室工作不大合适，主要是化纤方面的教师人才济济，他是个外行，没有发展的余地，便提出调到无机化学教研室，到最基础的学科去。得到批准后，他先后在无机化学教研室执教普通化学两三个年头。

坐落在朝阳区樱花园地区的北京化纤工学院新校区，于 1984 年建成，无机化学课程拥有四个实验室，提供给学生进行化学实验，需要任命一个老师充当实验室主任，负责实验室的建设及管理工作。黄绍勋便自告奋勇去应聘此工作，结果得到了批准。

黄绍勋之所以主动要求担任实验室主任一职，原因是它有别于讲台上的授课。这个工作比较繁琐且需要较强的体力劳动，较少理论。而教研室中女教师居多，主要来源于各师范大学，她们在课堂上讲课会优越于自己。他是在天大学工的，动手能力强，用己之长回避己之短，更易发挥自己的长处。而且双方都愿意，这又何乐而不为呢!

黄绍勋进入实验室之初，工作量很大，要配制上百种化学试剂，要洗涮上千个试剂瓶，要写数千张药品的标签，并把标签分别贴在试剂瓶上，还要绘制许多操作的标准挂图置于实验室墙上，如此等等，甚至把暑假都搭进去了。虽然有两位实验员协助，但仍忙不过来。

由于黄绍勋带领的团队工作负责，认真细致，而黄绍勋本人又身体力行，实验室的工作氛围很好，并出了不少成果，因此实验室和他本人每年评比时都能获得先进奖。

1986 年，学院接受上级的要求，要招收一个师资班，为社会培养一批中学的化学老师。

当时社会上中小学教师的待遇较低，许多青年人不愿意做教师工作，故当年招来的32名新生都不是自己填报的志愿，是因考分偏低服从分配而来，许多是家长陪伴着来校报到的。

学生的思想不稳定，有些学生考虑放弃，准备明年再考。院系领导事先也估计到这种情况，经过研究，系领导就派黄绍勋去当这个班的班主任，他们相信黄绍勋能胜任此职。

黄绍勋深感压力之大，勉强接受这个任务。他做好了充分的思想准备，认真细致地去工作。

首先，在学生报到之前，他便到分配给该班的学生宿舍去查看，发现宿舍内脏乱不堪，毕业生离校之前把所有不用的东西都扔在了宿舍，弄得满床满地都是，如果带着情绪来报到的学生踏进宿舍看到这种情景，肯定会增加他们的反感，更不愿意留下学习了。

黄绍勋马上找来笤帚和抹布，把每个房间的地板扫干净，把每张床铺整理干净，学生来了把行李放下就可以打开被褥休息了，这样学生的心情可能会好些。

这是黄绍勋当班主任的第一步，不是为学生授课，而是为学生服务。别小看这微小的工作，它能起到很大的作用。一位管理学生宿舍多年的退伍军人黄仕旺见黄绍勋这样工作，伸出大拇指称赞道："我管理学生宿舍楼多年，从来没有看到过像你这样的老师，亲自给学生打扫宿舍，了不起！"

是的，要做好学生的思想工作，黄绍勋坚信这一条：身教胜于言教。要让学生佩服你，不能单靠讲理论；要学生心服口服，不能只讲大道理。要身先士卒，要以身作则、以身示范。从大处着想，从小处入手，处处为学生考虑，处处关心学生，要使学生知道你所做的一切都是为他们好，学生就会和你交心，对你讲心里话，你工作起来就有目的、有方向。

在入学教育的第一天第一课，由系主任吴敦汉亲自给这个班作动员，接着黄绍勋针对学生不愿当中学教师的思想，给他们讲了自己的亲身经历。

黄绍勋对学生们说："我也曾当过中学老师，由于工作努力，成绩优异，为人忠厚，爱国爱生，得到了学生的信任。在与生命攸关的重要时刻，他们敢于同我交心，后来我们冒着生命危险，一起偷越国境回到祖国。当中学老师有什么不好？只要尽心尽力把工作做好，干什么工作都一样是为国家作贡献……"

学生们听了黄绍勋的故事，都很受感触。纷纷表示要向黄教授学习，认真上好每一课，毕业后当一名人民教师，为国家的教育事业做出贡献。

1986 年入学的 32 名学生，只有四五名是北京籍的，其余 20 多位都是来自祖国各地，有黑龙江的、辽宁的、山东的、山西的、江苏的、浙江的、江西的，还有广东的，所谓五湖四海，聚到一起来了。他们绝大多数是首次到首都北京，没有游过首都的名胜古迹。

于是，黄绍勋就利用国庆节假期，组织同学们到天安门广场去参加十一国庆节升旗仪式，进行爱国主义教育。委派几名北京籍同学领路，按约定时间到天安门广场集合，观看当天升旗仪式。同学们很兴奋，全部参加了，并在天安门广场摄影留念。

1986 年十一国庆节组织 8643 班同学们在天安门广场合影留念

升旗仪式结束后，黄绍勋带领部分同学乘车到颐和园游玩。他们仔细欣赏了长廊，登上了石舫，坐了游艇。这一天，他们都说玩得十分开心，拍了许多照片，真有点乐不思返了。

这些年，每逢国庆节，同学们在手机朋友圈内亮出 30 多年前国庆节在天安门前拍的照片，回忆当年的情景，都津津乐道。

这个班第一学期无机化学实验课由黄绍勋负责。但在 10 月份某一天，黄绍勋旧病（美尼尔氏病）发作，头晕、呕吐，不能上班，实验课由别的老师代上。同学们得知黄老师得病在家，就匆匆做完实验，全班 32 个同学由班长带队，换乘了两辆公交车，到黄绍勋家来看望。

黄绍勋家住四层，没有电梯，32 名同学争先恐后地跑上来。一时间，杂乱的脚步声有点吓人，像地震似的。

20 世纪中叶以来，由于科学技术革命的突飞猛进，带动了整个世界和各国产业结构的巨大变动，极大地改变了世界面貌和人类生活状况，现代生产力的社会化、国际化程度更加提高，世界经济一体化的趋势更加明显，各个国家和地区之间的联系更加密切，世界各国之间的互相开放、互相依存程度更加增强。

在当代，任何一个国家要发展，都必须扩大对外开放，加强国际交往。中国的对外开放政策，就是对当代世界经济、科技发展和国际形势发展科学观察和概括的结果。

随着国家的改革开放，到北京来旅游的外国游客日渐增多，像邻国的日本、韩国及东南亚的马来西亚、印度尼西亚等国的游客尤其多。他们之中对中国传统文化如书法和国画都很有兴趣，都喜欢购买收藏或赠送亲友。

春节过后，新的学期开始了。一位叫伊福林的教师对黄绍勋说，放假期间他到北新桥的孔庙参观时，曾咨询庙里旅游商品销售店的经理王海水是否能代销书法作品，该经理的回答是肯定的。他知道黄绍勋的隶书写得好，就动员黄绍勋去试试。

书法的经济价值，是黄绍勋始料未及的。人们价值观的变化真是太快了，正应了“不是我不明白，是世界变化太快”那句话。

5 月份，黄绍勋带着几幅自己创作的书法作品来到孔庙。王经理看后说他可以代销这些书法作品，并说准备每幅售价 200 元，售后给黄绍勋 80 元，余下的归店方。后来黄绍勋得知这 200 元的售价，导游要拿走 30% 到 50%，给他 80 元已不少了。当时他的月薪不到百元，所以这对他来说是一笔不少的收入。

这勾起了黄绍勋极大的兴趣，一有空闲时间便创作书法，然后在周日去市内各处旅游点和经营旅游商品的商店或摊贩商讨代销他的书法作品，如亮马桥附近的燕沙友谊商城、和平门琉璃厂东街的古艺斋、汲古阁、槐荫山房，北京饭店、万寿寺、颐和园如意门外的小摊贩、大钟寺等十余家都代销他的书法作品，因此每年的收入不菲，一时成了万元户。

然而，黄绍勋的业余活动惊动了教研室的其他老师，有人心理不平衡，感到落差太大，便到院党委反映黄绍勋的问题，认为他是不务正业。

幸好，当时的领导不这样认为，并以合法化堵住了人言可畏的嘴。因为黄绍勋是在业余时间干的，并没有影响自己的工作。俗话说，未经天磨非铁汉，不遭人嫉是庸才。别人诽谤你，说明你优秀；别人忌妒你，说明你走在了他的前面，天下惟庸人无咎无誉。关键是，要做好自己，走自己的路，看自己的风景，行自己的人生。

黄绍勋是一个与世无争且学有专长的人，根据他的专长，领导找他谈话要调整他的工作，把他调到刚成立不久的工美系去，担任书法课的教学工作。这样一来，黄绍勋便有了用武之地，研究书法就成了正常的备课。此后，他对书法的钻研和创作越发不可收拾，慢慢发展成一个自学成才的书法家。

1987 年 2 月，随着国内经济形势的发展，北京化纤工学院易名为北京服装学院。这是全国唯一一所以服装命名，艺工为主，艺、工、经、管等多学科协调发展的全日制普通高等学校。

“弘毅日新，衣锦天下”是北京服装学院的校训。“弘毅”取自《论语》“士不可以不弘毅，任重而道远。”要求北服人要心胸开阔，抱负远大，坚韧不拔。“日新”取自《礼记》“苟日新，日日新，又日新。”要求北服人要不断进取，开拓创新，追求卓越，引领时尚。“衣锦天下”取自《易经》“垂衣裳而天下治”，蕴含了衣被天下、衣美天下之意，表达了北服人努力使中国人民、世界人民生活得更加美好、自信，以及建设美丽中国、美丽世界的远景。

为了保障教学任务，学院对机构设置作了相应调整。学校下设 13 个教学系部，开设 28 个本科专业，有 4 个双学位专业点，8 个一级学科硕士授权点、1 个硕士专业学位授权点，1 个北京市重点建设一级学科、3 个北京市重点建设二级学科；共有在校生 8000 余人，在职员工 700 余人。

黄绍勋不仅积极参加政治学习，业务工作也很有成绩。他负责的实验室出了很多成果，加上八六级这个班主任工作做得很出色，所以本年度被北京市教委评为“优秀教育工作者”。这个荣誉获得的不容易，因为学院只有两个名额。

这一年，北京市在高校评选高级工程师，参与评选者除了本职工作有突出表现之外，还必须参加专业外语考试。黄绍勋报了名，参加了英语考试，成绩超过 90 分，经北京市有关部门批准，获得了“高级工程师”职称，相当于副教授。

第五章　翰墨飘香

我把展览会的前言和结束语书写完毕，送到中央统战部。展出的那天，王兆国部长观看后问曹维新主任前言和结束语是谁写的，曹主任把实情告诉了王部长，这给王部长留下了很好的印象，吩咐以后部里有这方面的活动就请黄先生过来一同参加。

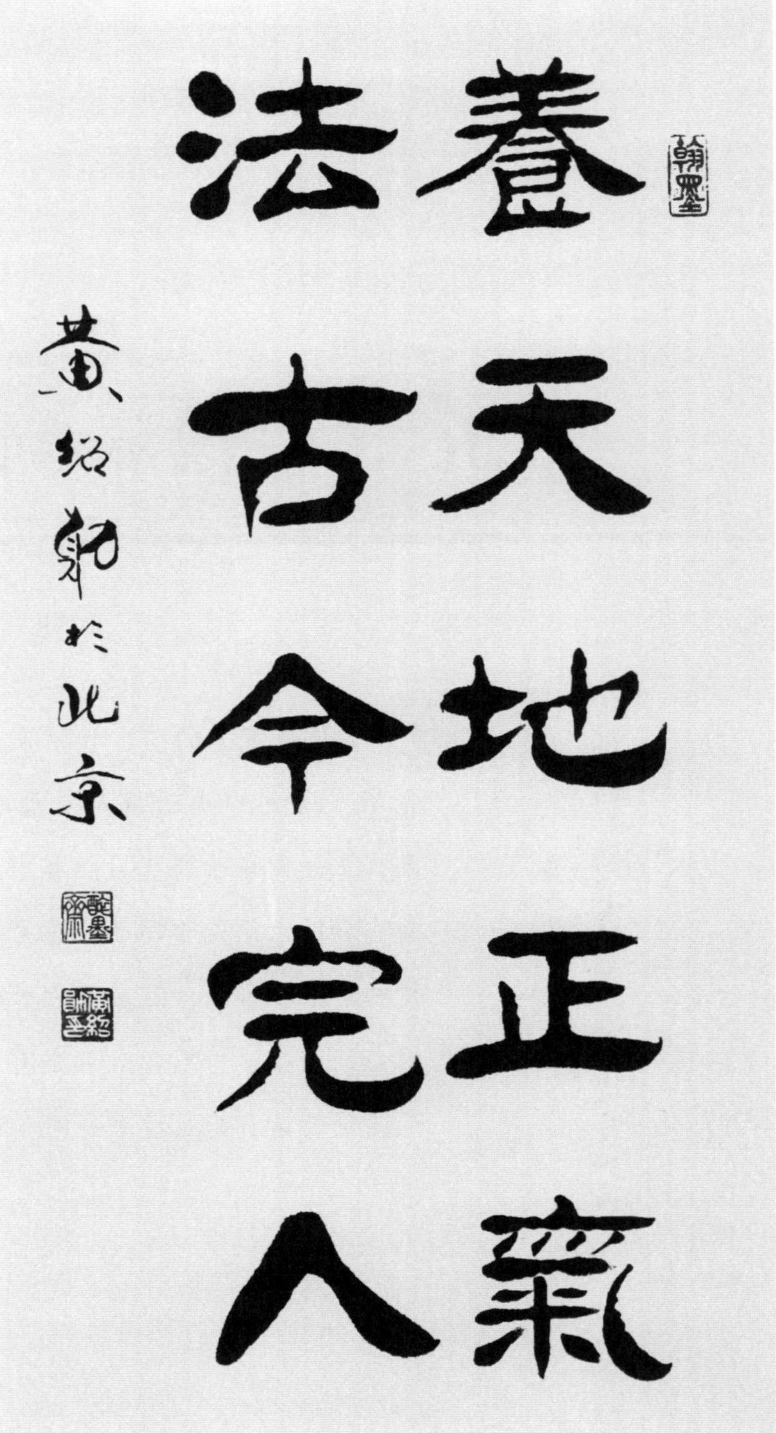
養天地正氣
法古今完人
黄紹翰於北京

第一节　一日师生，一世朋友

改革开放后，中国共产党领导的多党合作和政治协商制度也有了很大发展，把多党合作制度作为社会主义政治文明的重要成果，同时对多党合作、参政议政、民主监督的内容、形式和程序等作出具体规定，使我国多党合作越来越走向制度化、规范化、程序化。

所谓民主党派是指在中国境内，除执政党——中国共产党以外的八个参政党的统称。它们是：中国国民党革命委员会、中国民主同盟、中国民主建国会、中国民主促进会、中国农工民主党、中国致公党、九三学社、台湾民主自治同盟。

我国进入改革开放新时期以来，致公党在邓小平理论指引下，认真履行参政党职责，不断发挥参政议政、民主监督作用，积极开展智力支边、科技扶贫等活动，协助和监督有关部门落实侨务政策，反映侨情，维护归侨、侨眷的合法权益和海外华侨的正当利益；结合自身的特点，积极协助政府引进资金、技术、人才、设备，促进对外贸易；通过走出去、请进来，积极开展海外联谊工作，在国家政治、经济和社会生活中发挥了重要作用。

致公党的发展范围是以归侨、侨眷为主，以大中城市为主和有一定代表性人士为主。

作为爱国的归国华侨，黄绍勋在一些致公党领导和朋友的影响下，对致公党产生了兴趣。他主动接近致公党员，并认真了解致公党的有关情况。

中国致公党，其前身是由华侨社团“美洲洪门致公堂”发起的洪门（又称红帮、天地会、三点会、三合会）组建的海外组织，旨在维护华侨的正当权益，关注民族的独立和祖国富强。而现在的中国致公党，是中华人民共和国现行政治体制内，执政党中国共产党所认可的八个“民主党派”之一，属于中华人民共和国的参政党。

1987年秋天，鉴于中国致公党是由归侨、侨眷和与海外有联系的代表性人士、专家学者组成，具有政治联盟特点、为社会主义服务的政党，是与执政党中国共产党通力合作的一个参政党，黄绍勋志愿加入这个组织。为了达此目的，他对致公党的入党条件作了具体了解，主要有：

一、中国致公党是以归侨、侨眷中的中上层人士为主组成的，具有政治联盟特点的、致力于建设中国特色社会主义的政党。

二、凡是归侨、侨眷中的中上层人士和其他有海外关系的代表性人士，以及其他方面有代表性的中高级知识分子，承认并愿意履行本党章程的，可以申请加入本党。

三、要求加入本党，须由本人申请，填写入党申请表，两名党员介绍，经支部大会或支部委员会讨论通过，报区、市级或以上组织批准，并逐级呈报中央备案。必要时，中央和省级委员会可以直接吸收党员。

四、发展党员应进行认真的考察和培养。

黄绍勋是归国华侨，也是侨界中的中上层人士，拥护中国共产党、致力于发展中国特色社会主义的建设，完全符合入党条件。因此，他提出的入党申请很快得到组织批准，非常顺利地加入了中国致公党这个组织。

大千世界，茫茫人海，到处充满着各种各样的真情。真情包含在我们生活的方方面面，如深厚父子情、融融师生情、纯真朋友情、亲密兄弟情、互助邻里情、温暖社会情，等等。老师和学生的关系不仅是传道授业的师生情，还应该是对学生犹如对待弟弟妹妹的亲情与忘年交般的友情。

在北京服装学院担任班主任期间，黄绍勋经常到学生宿舍聊天，像他们的长辈一样关心他们的生活，做到无微不至，也无所不谈。学生既是他的弟子，也是他的朋友。

每年春节，黄绍勋都请家在外地的学生到他家过年，一起包饺子吃年饭，给予他们父辈般的温暖。他与学生拉近了距离，学生对他敬如父、爱如兄。在一个积雪盈门、抬头见喜的春节，学生把他们在一起包饺子吃年饭的照片发表在报纸上，在校内外引起了强烈反响。因为黄绍勋的住房较小，一次容纳不了30多名学生，所以每年都分成两批，一批初一，另一批初二。总之，让每位同学都能参加。

有一种职业最美丽，那就是教师；有一道风景最隽永，那就是师魂；有一种情感最动人，那就是师生情。

黄绍勋常说："老师吃的是良心饭！"这句朴实的话语道出了教师精神的实质。是啊！在这个和平的年代里，我们需要英雄，但我们更需要千千万万、实实在在、脚踏实地于平凡岗位上的有责任心的人。教师，固然有着别人无法理解的艰辛，但他也同样有着别人无法体会到的幸福！

世上有很多东西，给予他人时往往是越分越少，唯有一样东西却是越分越多，那就是爱！教师的爱是春风化雨、润物无声的，付出时，他们没有想到成本，没有想到回报，这就是一种责任的驱使。

泰戈尔说："花的事业是甜蜜的，果的事业是珍贵的，让我干叶的事业吧，因为叶总是谦逊地垂着她的绿荫的。"是啊，选择了教师，就是选择了叶的事业，就是选择了奉献。每天面对着一群鲜活的生命，叫这些当老师的又怎么敢懈怠呢？

黄绍勋的学生有的毕业后成为油田建设的技术骨干，有的成为专家、学者、教授，有的奋战在大江南北，用所学的知识报效祖国，为人民服务。这些，都是对他最高的奖赏，也是对他莫大的安慰。

“有朋自远方来，不亦乐乎。”有学生登门拜访，亦不亦乐乎！几十年之后，这些已经当上中学教师、大学教授、旅游局长、电视台台长的学生到北京出差时，都会到黄绍勋家拜访，还不时寄来当地的土特产。在北京工作的几位学生逢年过节也都到黄绍勋家登门问候，真是一日师生，一世朋友。

华侨出海千年，既是辛酸的千年，拼搏的千年，也是卓越的千年！

1000多年来的历史无可辩驳地证明，海外华侨同样堪称中华民族的脊梁。华侨华人给祖国带来的除了浓浓的报国心、故乡情，还有催人奋进的精神食粮，不朽的华侨精神必将是中华民族伟大复兴的有力保证和不竭动力！

1992年秋，黄绍勋大哥的儿子黄华柱一家五口从澳大利亚回国探亲，顺便考察一下投资环境。在接风的宴会上，一家人欢聚一堂，谈起离别后各自身边的变化，有着说不完的话题。

在宴席动箸之前，黄华柱举着酒杯说：“三叔，多年未回来，本想给你老带点洋货，可是我们生活的城市中国货比比皆是，弄不好千里迢迢、费劲巴拉带回来的还是 made in China 呢！”

黄绍勋笑着说：“哪里还要你带什么洋货！现在我们可不是从前那样，日本货、美国货、欧洲货在北京都能买到，我们现在是吃讲营养，穿讲时尚，行得方便，住得宽敞哟！”

黄绍勋的夫人唐丽贞说：“吃穿住行就不用说了，明天有空让你三叔带你们到小区周边转转，到处都是高楼大厦，鸟语花香，可舒心着呢！”

黄华柱兴奋地说：“听你们这么一说，我觉得国内和发达国家已没什么差别了，我们也打算回乡投资兴业。”

黄绍勋的大女儿黄碧华说：“非常欢迎！回乡投资兴业既大有可为，又利国利民，何乐而不为！”

黄华柱在北京玩了几天，提出要到厦门看望二叔。黄绍勋向学校请了三天假，陪同他们前往厦门相聚。当时黄绍燊的身体尚好，他们有两个孩子，女儿黄秀莲、儿子黄海成均已工作，生活无忧。

黄家两兄弟由于相隔较远，因此来往较少，平时只是电话问候。由于黄绍勋在书画界朋友较多，经常外出参加笔会，遇到去南方的机会就顺便转道厦门探望二哥一家。最近一次是 2016 年 3 月，他应邀前往广州佛山参加庆祝石景宜先生博物馆建馆十五周年，之后从广州飞往厦门看望了二哥。

时光的雕刀不但深刻地塑造人，也不断地修改人的意识。2016 年的黄绍燊已 83 岁，性格变得越发内向，这次见面他没表现出黄绍勋所料想的那种兴奋。当时他患有青光眼，身体欠佳。由于视力很差，视野很窄，只能看到正前方，不敢单独外出，故成天待在家里看电视听音乐。

兄弟俩多年不见，本来有许多话要说，但见面之后又总觉无话可谈，也不知从何说起。黄绍燊只顾拿着遥控器反复调台找爱看的电视节目，黄绍勋好容易想出一个话题和他交流，他只是听弟弟说，却很少搭话，弄得黄绍勋一点脾气也没有。

黄绍燊小时候爱看小说，如《红楼梦》等四大名著都看过。毛笔字写得也不错，不次于那些名人书法家。但他不善于掌控机遇，不善于与人交往，故他的优势得不到发展。但他对弟弟的成就感到高兴和自豪，经常向周围的人夸赞他的弟弟。

黄绍燊只读到大专，二嫂陈硝明只上到高中，学历低，加上企业不景气，故退休金不高，生活并不富裕。但因从小就过着朴素的生活，对家庭境况倒也习以为常，他们不与别人攀比，安于现状，满足于现状，生活过得还算舒心。

第二节　结缘中央统战部

书法是我国灿烂文化遗产中最为宝贵的一部分，也是世界文化艺术遗产中最为奇特辉煌的一部分。自秦汉以来，历代杰出书法家如璀璨群星，将我国书法艺术推向一个个高峰，也为后人留下了众多风格各异、流派纷呈的艺术珍品。

黄绍勋自幼酷爱书法，且无师自通。说是无师，其实也有师，那就是他的启蒙老师，却不是书法名师。他初临唐楷，研习柳欧诸体，后专攻汉隶，临摹曹全、乙瑛、礼器诸碑，他除法古尊先、博采众长、勤练妙悟之外，更有推陈出新，终成自己的书法体势。

隶书，是汉字中常见的一种庄重字体，书写效果略微宽扁，横画长而直，竖画短，呈长方形状，讲究“蚕头雁尾”“一波三折”。隶书起源于秦朝，由程邈整理而成，在东汉时期达到顶峰，对后世书法有不可小觑的影响。书法界有“汉隶唐楷”之说，也有说隶书起源于战国时期。

隶书又称“史书”“佐书”“八分”“隶分”“分书”等。其中，汉代有“书佐”一职，是专职书写的低级书吏，“佐书”之名由此而来；“八分”一名，即隶书的左波右磔，当时有一种说法：笔势收束无波称“隶”，笔势舒展名“八分”；“史书”则因所习用的人而命名。隶书的主要特征是“波挑”（或叫雁尾），所以长期以来，人们把波势法的书体称为“隶书”。

毫无疑问，隶书的出现是中国文字的又一次大改革，使中国的书法艺术进入了一个新的境界，是汉字演变史上的一个转折点，奠定了楷书的基础。隶书结体扁平、工整、精巧。到东汉时，撇、捺等点画美化为向上挑起，轻重顿挫富有变化，具有书法艺术美。风格也趋多样化，极具艺术欣赏价值。

纵观黄绍勋创作的隶书作品，给人们的印象是：底蕴深，正气多，字字如珠，行行似椽，清新脱俗，格调高雅，体现出雄壮之美、端庄之美、和谐之美，展示出他的精神风貌和艺术功底。正如著名书法家王遐举所称誉的那样：“端正而不失秀丽，飘逸而不失稳重。”还如隶书名家刘炳森所赞誉的：“似兰斯馨，如松之盛。”使人们观后耳目一新，获得美的享受，深受书法界人士及广大书法爱好者的敬仰和喜爱。

1993年秋，黄绍勋创作了一幅丈二尺的巨型书法作品，内容是800余字的《前后赤壁赋》。

“赤壁赋”成文的背景，即苏轼被贬为黄州团练副使。他在1082年秋冬先后两次游览黄州附近的赤壁，并写下了这两篇赋。这个时期，作者的思想是矛盾的：一方面，他对受到残酷打击感到愤懑痛苦；另一方面，他时时想从老庄佛学求得解脱。同时，在躬耕农事与田父野老的交往中感受到了温暖，增强了信心，也使他的思想更接近现实。《前后赤壁赋》正反映了他此时的思想情感。

黄绍勋用隶书书写的别具一格的《前后赤壁赋》被天安门收藏并展示在城楼的会议室内，北京服装学院的老师和学生闻讯后纷纷到城楼观赏。看到黄绍勋创作的隶书作品笔道刚劲、温润洒脱、沉实圆熟、若绵裹铁，都交口称赞这是一幅精品。

毫无疑问，这幅作品对北京服装学院影响很大，校领导也认为黄绍勋为学校争光了。

在5000年的历史长河中，中华民族形成了完整的礼仪规范，被世人称之为“礼仪之邦”。

古往今来，礼文化一直占据着社会的重要地位。《礼记·曲礼》曰：“往而不来，非礼也；来而不往，亦非礼也。”一般被认为是礼的初始涵义。大约从那时起，礼尚往来便成为一种约定俗成的礼仪规范。

这年秋天，霍英东先生、张永珍女士为北京服装学院捐献了巨款赞助学校办学，学校便委托黄绍勋创作两幅作品送给他们。黄绍勋认为两位都是香港大亨，作品小了不够大方，于是选用两个内容均超过300字的《桃花源记》和《岳阳楼记》以四扇屏的方式赠送给霍英东先生和张永珍女士。

霍英东先生和张永珍女士接到黄绍勋精心创作的书法作品后，看到四扇屏面上的隶书笔圆体方、笔简意深、笔酣墨畅、结字奇特、章法多变、时代感强，都非常高兴，连口称赞黄绍勋的隶书写得非同一般，是难得的一幅精品，不愧为“墨宝”。

黄绍勋这一举动，既报答了霍英东先生和张永珍女士的义举，也为北京服装学院做了一点贡献，做了一件非常有意义的事情。

明清时代，泸州南城营沟头有一条很深很长的巷子。巷子附近有八家手工作坊，据说泸州最好的酒就出自这八家。其中，巷子尽头的那家作坊因为其窖池建得最早，所以在八家手工酿酒作坊中最为有名。人们为了喝上好酒，都要到巷子最里面那一家去买。“酒好不怕巷子深”一语由此产生，而这句话今天用在尚未成名的黄绍勋身上也比较贴切。

9月的一天上午，黄绍勋正在实验室工作，突然接到一个电话，是由中央统战部打来的。打电话的是原北京化工学院的一个毕业生，叫曹维新，时任中央统战部办公室主任。来电话的意思是为了迎接第十八次全国统战工作会议的召开，中央统战部内部正筹办一个书法展览，作品已收集装裱完毕，准备布展，就是展览会的前言和结束语没有人誊写，问黄绍勋能不能帮这个忙。

黄绍勋说没问题，当时就一口答应了下来。他心想，作为原化工学院的毕业生曹主任既然把这个任务交给了自己，就是再忙再累，也得办好这件事，既要为自己争气，也要为学校争光。

展出的那一天，时任中央统战部部长的王兆国观看后问曹维新前言和结束语是谁写的，曹主任把实情告诉了王部长，这给王部长留下了很好的印象，吩咐以后部里有这方面的活动就请黄先生过来一同参加。就这样，黄绍勋和中央统战部结了缘，后来部里举行笔会或外出采风，黄绍勋都在邀请之列。

北京的秋天，风清气爽，天高云淡。走在凉爽宜人的花园，做个深呼吸，空气就像被净化了一样，让人感觉很舒服。仰头看，只见天空离得很远很远。每当人们一提到秋风，都会想起这样一句话："秋风扫落叶"，让人感到秋风瑟瑟之意。其实不然，北京的秋风是暖暖的，北京的秋色是美丽的。

10月中旬，中国致公党中央、中国农工民主党中央、九三学社中央三党派办公大楼建成。该建筑位于蒋宅口，为九层框架结构，是国内最大的一座民主党派综合办公楼，总建筑面积一万多平方米。其中土建施工由北京建工集团三建公司承担，曾获北京建工集团科技进步二等奖。

中央统战部准备为新落成的办公大楼举办一个笔会，除邀请本党派的知名书画家参加之外，还邀请了当代社会上的书画名家参加，如启功、周怀民、刘炳森等先生，还有中国致公党的几位书画家，有以画虎著称的姚少华、画马著称的师鸿、画花鸟著称的刘振骠等，黄绍勋也有幸参加了这次活动。

在这次笔会中，黄绍勋结识了多位大师，与他们进行了艺术切磋和经验交流。对黄绍勋来说，这次活动很重要，他不仅结识了新朋友，还增长了见识，为日后书法艺术的发展打下了基础。

黄绍勋的书法很受欢迎，在他的作品前站着很多观众，有的人注目观看，有的人挥手点评，有的人向他虚心请教。

由于黄绍勋的隶书写得好，不久他又受邀为三民主大楼题写匾额和爱国统一战线的"长期共存，互相监督，肝胆相照，荣辱与共"十六字方针。之后，致公党中央、致公党北京市委和国内外交流需用礼品时，也把任务交给了他，中央统战部给他提供了为党派、为国家效力的机会。

"一年又一年，年年复年年。年年似相识，年年不一般。新年赛旧年，再度迎新年。人生有几年，切莫空悲闲。"此诗正描述了黄绍勋的心境。

1995年新年过后，不识闲的黄绍勋乘坐南下的列车来到河南开封，向“中国翰园碑林”捐赠书法作品。黄绍勋的义举，受到了“中国翰园碑林”负责人的热烈欢迎和高度赞扬。

中国翰园碑林面积之大，藏碑之多，管理之好，令黄绍勋叹为观止。

坐落于龙亭湖风景区的中国翰园碑林，占地120亩，分碑廊和园林两大景区，园林清新典雅，景色迷人，瀑布喷泉跌宕，湖岛相映生辉，苍松翠柏，亭台楼阁掩映于湖光山色之中，令人在这秀丽的景色中回味着中华民族文化的源远流长。这个碑林的创建人就是被誉为“当代文化愚公”的李公涛。

参观了中国翰园，黄绍勋对李公涛和他的事业越发敬仰，尤其敬仰他身上的大气、正气和骨气。

为了建设翰园碑林，李公涛像当年的愚公一样率领子孙每天“挖山不止”。他要求家人“只许投入，不许索取，迎难而上，百折不回，直到碑林建成，无偿交给国家为止”。

时代需要李公涛这样的人，人民呼唤李公涛这样的精神。

时光流转，转眼便是1995年的秋天，刚刚经秋雨洗礼的北京西山，空旷清新，景色宜人，令人不禁想起唐代大诗人王维的诗句:“空山新雨后，天气晚来秋。”

在一个秋高气爽的日子里，黄绍勋背上行囊，来到了西山脚下。他要看看自己已入选首都绿色文化碑林的两幅书法作品被安放在百望山上的哪个位置。

首都绿色文化碑林是百望山游览区内一项主要参观景点，坐落于百望山的东面。沿南山脊至百望山顶峰依山势在林中造景、景中设碑，分区建有枫岭、纪念碑林、望绿亭、中国历代书法名家碑林、友谊亭、吟诗阁、揽枫亭七处碑林小区。共刻制、镶嵌有老一辈革命家关于林业建设的题词及著名书画家的书画作品选共700余通。碑林以绿色文化建设为中心继承弘扬中华民族的传统文化，宣传社会主义林业的建设成就。

当黄绍勋漫游在茫茫林海之中欣赏着真草隶篆、枯润险奇、龙飞凤舞的碑刻时，深为名家的书法艺术所震撼，从碑文的诗情画意中他受到了绿色文化的熏陶。首都绿色文化碑林倡导保护人类生存环境、植树造林、绿化祖国、提高环境保护意识，从而促进社会主义精神文明建设。

黄绍勋的两幅隶书作品被安放在两处，一幅在山下，另一幅在山上。两幅作品分别是：

喜看京郊大地，更加郁郁葱葱；
沙退风和宇净，定卜人寿年丰。

翠柏苍松装点祖国千年秀；
朝霞夕照染就江山万代红。

2018年9月，百望山森林公园又在扩建，森林公园高源主任邀请黄绍勋为碑林赠作品一幅，刻在碑林中。黄绍勋愉快地答应了，便创作了唐代诗人柳宗元的《江雪》：

千山鸟飞绝，万径人踪灭。孤舟蓑笠翁，独钓寒江雪。

第三节　光荣退休

时间像一只无形的大手，把岁月的书页无情地一张张翻过，它使今天变成昨天，又把昨天变成回忆。当初留着小分头，满怀憧憬走上工作岗位的黄绍勋，远逝了青春年华，如今已头发花白，跨入了退休人员的行列。回首这经过时间之网过滤的人生时，有积淀、有收获，也有少许的遗憾……

1995 年 7 月的一天，黄绍勋刚下课回到办公室，只见人事处一位干部微笑着向他走来，双手捧着一张红色的小小卡片，卡片上写着“光荣退休通知书”。他对黄绍勋说：“人事处让我通知你，今年 7 月 12 日是你满 60 周岁，你已到了退休年龄，处领导让我把通知书送交给你。”

黄绍勋说了声谢谢，把通知书接了过来，打开一看，只见上面写道：

黄绍勋同志：

您好！光阴荏苒，您于 1995 年 7 月达到离退休年龄。自本月开始，您就要迈进离退休队伍了。在即将告别您热爱的工作岗位之际，我们向您表示真挚的慰问和衷心的感谢！

您作为学院的一名教育工作者，几十年来在教育战线上辛勤耕耘，呕心沥血。当无私的奉献换来了丰硕的成果时，您青春的容颜变成了岁月的沧桑。但令人感到欣慰的是，您亲手培养的学生已经成为四化建设的栋梁之材，遍布祖国大江南北。学院的发展、建设无不渗透着您的心血汗水，您的敬业精神将鼓舞年轻的教育工作者，学院一定会得到更快更好的发展！

祝您健康、幸福、青春常在！

北京服装学院

1995 年 7 月

这年 9 月，已届花甲之年的黄绍勋从北京服装学院退休。在事业追求即将画上句号的日子里，他心里不免有一丝惆怅，工作毕竟是美好的。50 多年来成长生活的历程，30 多年来教育工作的情景，一幕幕很自然地在他的脑海里浮现，仿佛就在眼前。

38 年前，在越南芹苴任教的黄绍勋，满腔热情，满怀理想。那时的他，毅然决然地告别了父母，和他的学生一起冒着风险，偷渡国境，几经辗转，终于回到了日思夜想的祖国。那段经历，锤炼了他的意志，塑就了他的性格，铸造了他吃苦耐劳、自强不息的精神。

37 年前，黄绍勋考进了天津大学。那时的他单纯、向上、勤奋、朝气蓬勃，和同学们一起学习知识，参加体育运动，参加义务劳动。那时正处三年困难时期，他们吃不饱、穿不暖，但人的精神状态很好，不怕困难，积极向上，愿为祖国、为人民学好科技文化知识。

32 年前，黄绍勋被分配到北京化纤工学院任教。那时的学校基础条件差，师资力量弱。学校仅有几间小小的办公室，几个老师挤在一间办公室办公。宿舍也很紧张，单身教师都住集体宿舍，甚至结婚的教师也没有新房。

31 年前，黄绍勋被安排到北京朝阳区东柳巷（双桥公社）去参加社会主义教育运动（农村“四清”），与农民同吃同住同劳动。

30 年前，黄绍勋与唐丽贞结婚，安家在定福庄北京化纤工学院后面的烂尾楼中。同年秋天，再一次参加农村社会主义教育运动。这次远去了，被安排到河北省邯郸市成安县南彭留村。

26 年前，黄绍勋随学校迁往江西分宜。在那段艰难的岁月里，为了保证同事们顺利地度过冬季，他不辞辛苦，主动要求上山烧炭。为了改善大家的伙食，他带头管理猪场。他吃尽了皮肉之苦，心里却是甜美的，因为他为大家做出了自己的贡献。

11 年前，黄绍勋担任了无机化学实验室主任。工作条件相当艰苦，困难程度难以形容。但由于刻苦工作、精心管理、合理安排，实验室工作有条不紊，每年评比都能获奖。研究机构不断发展壮大，靠的是实验室全体人员的辛勤劳动、艰苦创业的精神。

8 年前，黄绍勋接受担任 8643 班的班主任工作，由于工作出色，被北京市教委评为“优秀教育工作者”。同年，经过平时工作的评审及外语考试，获得了“高级工程师”职称。

30 多年来，黄绍勋经历了北京化纤工学院并入北京化工学院，后又恢复北京化纤工学院，再后来更名为北京服装学院的各个历史阶段，他本人也由一个助教升为讲师，再发展到高级工程师。他一步步走来，有喜悦，也有忧虑；有振奋，也有期望。

当黄绍勋担任无机化学实验室主任，开始独当一面开展各项工作时，才真正体会到走向成熟所付出的艰辛。他深知，他的工作历程无不凝结着学校领导对他的关心、教育和培养，同事们的理解、帮助和支持。

件件桩桩，点点滴滴，时刻萦绕在他的心头，使他感念不已。在即将离开工作岗位的日子里，他不时地在心里一遍遍的默念：尊敬的各位领导，亲爱的同事们，我衷心地感谢你们!

就要离开工作岗位了，黄绍勋的心情是复杂的、惆怅的。

30 多年教育工作的岁月，给他留下了许多美好的回忆。特别是近些年来，由于学校领导班子的有力领导和团结奋斗，校园建设和师资队伍的不断壮大以及整体素质的不断提高，上级领导前所未有的重视和支持，学校正处于一个空前发展的新局面。“三个创新”的工作思路，“两新两高”的具体要求，像一声声战斗号角催人奋进。

紧张有序的教育工作，欢声笑语的集体活动，充满激情的欢乐情景，这一切将要离他远去，实在让他难以割舍。

如今黄绍勋再回头审视他的工作阶段和路程，虽有稚拙的脚印，但大多是踏实的，没有什么悔恨。工作多年来他一直奉行“认真、务实、求新”的信条，在他从事的实际工作中不断地得以体现，使他感到由衷地欣慰。

对工作始终怀有的强烈责任感，使黄绍勋在各个岗位上都兢兢业业，勤勤恳恳，从不懈怠。虽没做出多么大成绩，但本职工作范围内各项任务都已圆满完成，他感到莫大的欣慰。

人到了一定年龄就要离开工作岗位，步入退休生活，这是很自然很正常的。任何人总归会老的，总是要前人让后人。随着岁月的流逝，年岁的增长，进入老年是无法回避的自然法则和客观规律。

然而，黄绍勋觉得这并不意味着生命的衰落，而恰恰相反，退休以后将是一个新生活的起点。他为又有了一次重新规划新生活的机会，从此可以尽情地去享受退休后的快乐而自我陶醉。

知足常乐、笑口常开、与人为善、助人为乐、胸怀开阔、顺其自然，是黄绍勋给自己订的退休生活的原则。每每想到这些，他忽然觉得自己又像一名凯旋归来的战士，有几分荣耀，也有几分自豪！

退休了，人生的职责还远未尽到，作为一个教育工作者，应尽的责任和义务将促使自己去做一些力所能及的工作，在夕阳余晖中继续走好人生之路。

“莫春者，风乎舞雩，咏而归”，黄绍勋心不老，情未消。愿这心这情，伴随他一同前行，让今后的人生征途充满更多的快乐和愉悦。

退休以后，黄绍勋空余时间多了，参加书法活动多了。过去，他给他所在学校写过“弘毅日新，衣锦天下”的校训和学校对外联系所需要的书法作品，但给与他朝夕相处的同事写字较少。

为此，黄绍勋准备利用退休后的时间给他们每人写一幅书法作品，按年龄大小，先后赠与。凡到 80 岁者，就可获得一幅。至今已有九人享受此待遇，即：吴宏仁、孟丽云、武荣瑞、熊延龄、吕美娟、周璐瑛、臧巳、严枫、周卫华等老师。书写的内容为：松鹤延年、积善添寿、福寿康宁、人寿年丰、积德流芳、金石延年、上善若水……。

黄绍勋学习书法始于少年，那时还不能称为书法，只能说是写字。小时候，每当春节来临，家中总有很多邻居拿着一张张红纸，排着队等着他的大哥给他们依次编词儿写春联。那情，那景，那人，尤其是大哥写字时的专注神情，那支毛笔在红纸上时而彳亍而行，时而跳跃奔舞，任40多个春秋沧桑而去，他都难以忘怀。

就是从那时起，书法这一美丽儒雅、祥和而又神秘的艺术魂灵，深深地根植于黄绍勋的生命之中。侨居越南南方的慈父经常对黄绍勋进行人生教诲，以及丰富他对书法领域的理解，以上种种黄绍勋都永远铭刻心中。

开始信笔涂鸦时，父亲告诉黄绍勋：任何事，都有法。农民种地有法，军人打仗有法。你看京剧舞台上满台武打，混战一场，可混而不乱，双方大将，这个长矛猛戳，那个大刀飞舞，打得天翻地覆，可双方都没有受伤的。为什么？因为有法。干什么都要依照法则。写字，更要有法。

黄绍勋一辈子持之以恒，因而有了生命长河中循序渐进的描红、填黑、映格、脱格、临写、背临，以至日后的创作。其间的酸甜苦辣伴他度过了无数个日日夜夜，尤其在那段长长的蹉跎岁月中。在那枯寂的日子里，他把生命放在了蓝天上，放在了旷野中，书法伴他左右，抚慰他的心灵，不管外面世界如何，自身有如天空、旷野一样宁静，辽阔而丰富。那时他确认书法就是他一辈子永远醒着的幸福美丽、充满诗意的梦。

在亦步亦趋临帖学字的日子里，大哥见黄绍勋浮躁，就告诉他：书法学习，开始时要求“无我”，末了一定要求“有我”。就是说凡是一门艺术，决不能终身寄人篱下，书法学习也是如此，最后要求有自己的面目。历史上从来都是渊源相继，各自成家。颜真卿学褚遂良，可毕竟颜真卿是颜真卿，褚遂良是褚遂良。先是“拿到”，后来是“去掉”，形成自己独特的风格。入门时要下死功夫，好比韩信的背水列阵，置之死地而后生，结果还是要写活它，这才叫成功。

时隔40余载，脆弱的生命随时可以消失，一切都可能转瞬即空，归于破灭，唯有逝者的灵魂和对书法的参悟是永远的存在。父兄讲的话，引导黄绍勋拜帖为师，“定时”，“定数”地完成每天自定的任务。

夜深人静之时，黄绍勋徜徉在浩瀚深邃的历史中，渐渐沉醉在书法世界的神秘玄妙之中，以至今天他可以挥毫泼墨，表其情怀，诉其心声。

1996 年 8 月，为弘扬中华文化，连结两岸书家画艺，把这中国固有的艺术传承下去，首届海峡两岸书画名家精品大展在北京工人文化宫举行。黄绍勋参加了首届两岸书画名家精品大展，他的书法作品获得了银奖。

世界上有很多国家，很多民族，也有他们的文字。但是只有中华民族，因为有了汉字，有了汉字的书写，才延续下来中华民族这么一个悠久的文化传统。大陆跟台湾同根同族，文化是这样，民族是这样，都是中华民族，都是中国人，从文化上那更是不可分割的。对于中国传统文化的继承方面，书画交流是一个非常重要的手段。

首届海峡两岸书画名家精品大展，充分表达了海峡两岸的“炎黄本一家，斯文同骨肉”的不可分割之同胞情感！像这样一个非常有意义的书画大展，黄绍勋不但愿意参加，还表示要尽其所能予以大力支持。

第六章　退而不休

我退休以后，空闲时间多了，除了在家研习中国历代有关书法方面的经典著作、创作书法作品之外，还经常应朋友之邀，参加社会上的有关活动，即所谓的笔会。通过笔会，一方面可以多交一些朋友，另一方面还可以提高自己的书法艺术。

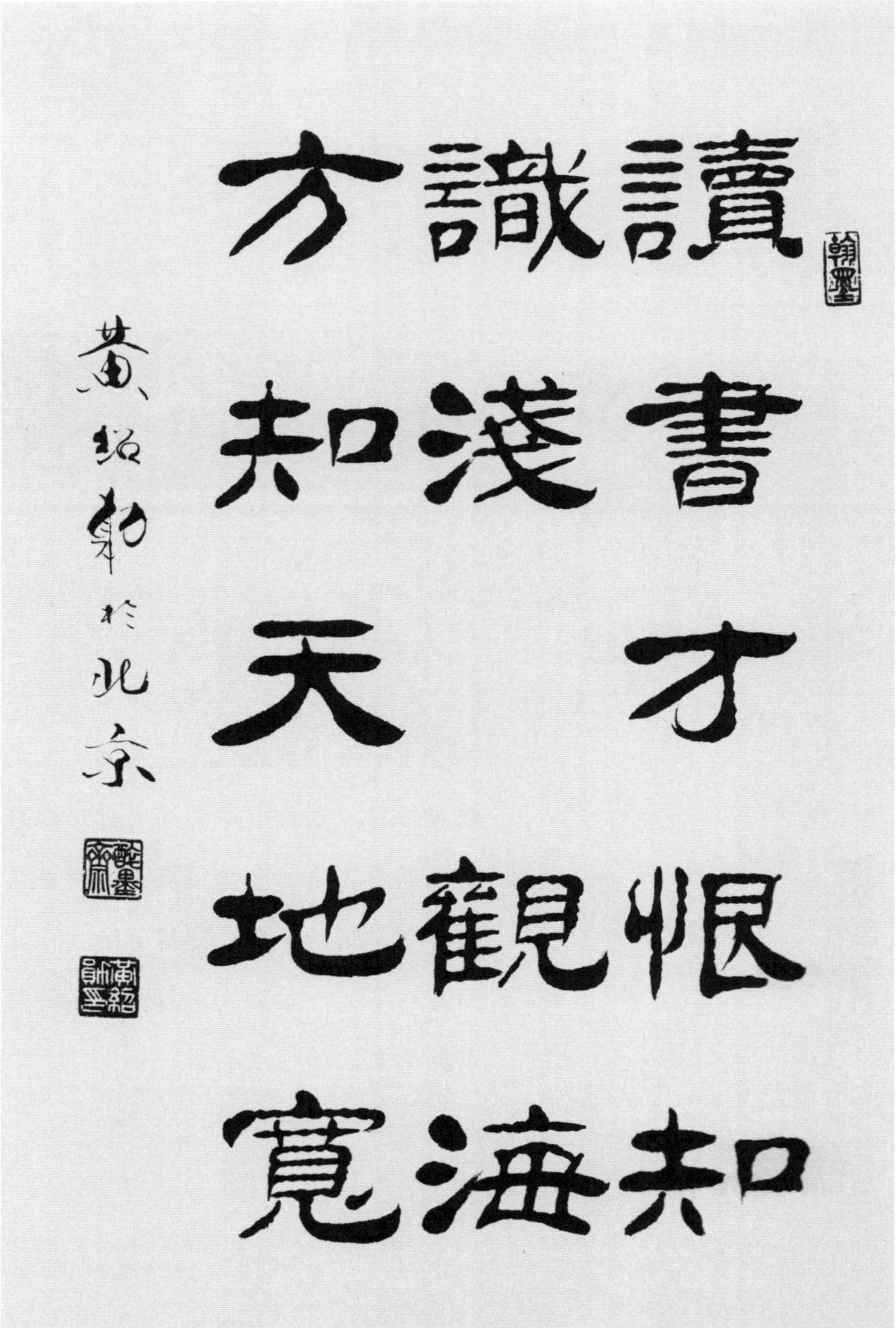
讀書才恨知識淺
觀海方知天地寬

第一节　老骥伏枥

位于湖南省中东部的韶山意为“音乐之山”。相传虞舜大帝曾巡游于此，因在山上演奏“箫韶九成”，引凤来仪，百鸟和鸣。山间胜境，人间盛会，亘古传诵。后来人们便把舜帝欣赏过的音乐称为韶乐，把他观赏韶乐的山岭叫韶山。

在郁郁葱葱的韶山冲中部，有一座飞檐翘角、琉璃瓦顶的古典园林式建筑。它安静地伫立在花草绿树中，向人们敞开一扇沟通着过去、现在和未来的思想之门，这便是韶山毛泽东图书馆。

1996 年 12 月，黄绍勋应邀参加了韶山毛泽东图书馆开馆庆典。

韶山毛泽东图书馆于 1996 年 12 月 20 日建成开放，接待了来自 20 多个国家和地区的 60 多位海外同行，还有来自美国、英国、日本等 22 个国家的 60 多位外宾读者，接待国内读者、研究人员、观众 30 余万人次。

黄绍勋随团参观了毛泽东图书馆。毛泽东手迹“福”“寿”二字拓片的集锦展示令祈福迎祥、向往美好未来的游人流连忘返。

在参观了毛泽东图书馆后，黄绍勋向图书馆捐赠了两幅书法作品，分别是毛泽东的诗词《七律·长征》和《七律·人民解放军占领南京》，以表达对毛泽东图书馆开馆庆典的祝贺。

七律·长征

红军不怕远征难，
万水千山只等闲。
五岭逶迤腾细浪，
乌蒙磅礴走泥丸。
金沙水拍云崖暖，
大渡桥横铁索寒。
更喜岷山千里雪，
三军过后尽开颜。

七律·人民解放军占领南京

钟山风雨起苍黄，
百万雄师过大江。
虎踞龙盘今胜昔，
天翻地覆慨而慷。
宜将剩勇追穷寇，
不可沽名学霸王。
天若有情天亦老，
人间正道是沧桑。

黄绍勋退休以后，空闲的时间多了。他除了在家研习中国历代有关书法方面的经典著作、创作书法作品之外，还经常应朋友之邀，参加社会上的有关活动，即所谓的笔会。通过笔会，一方面可以多交一些朋友，提高自己的书法艺术；另一方面还可以创收，因为每次笔会均有润笔费。

在对外交流中得知每年春秋两季在北京的公园里都举办书市，黄绍勋也抽空去逛逛，见到书摊旁边有出售书画作品的，就和其中一个摊主攀谈起来，摊主同意代售他的书法作品。于是他开始尝试，售后给摊主 20% 的提成。

那是 1998 年春季在地坛公园举办的书市，书摊的主人叫王瑞山，三天之内就出售了五幅书法作品，按当时的生活水平计算，收获也算颇为丰厚。在书市最后一天下午 4 时许，来了一位游人，身边带着妻子和孩子，他们看上一幅标价为 350 元的书法作品。购买时当他们把钱包里的钱都拿出来了，也只有 310 多元。黄绍勋见状对他说，给我 300 元就行了，零钱留着你坐车用吧！这位游客高兴地把作品拿走了。

俗话说生意不成仁义在，能做成生意的就更是朋友了。未想到的事情在当年秋天又发生了：在工人文化宫举办的秋季书市上，黄绍勋还是和那位叫王瑞山的摊主合作，利用他的摊位展售自己的书法作品。上半年购买黄绍勋作品的那位游客也来了，见到黄绍勋后主动要补交上次欠下的 50 元钱。黄绍勋谢绝了，没收他的钱，令黄绍勋惊奇的是，在爱好书法作品的朋友中竟然有这么忠实、憨厚的人，他的品行使黄绍勋铭记一辈子。

在这次书市中，给黄绍勋留下较深印象的还有另一件事：那天是周末，清早摊位前来了一位年轻军人，当时黄绍勋在现场书写作品，那军人便在一旁聚精会神地观看，看得那么认真专注，看了很久才离开。但他下午又来了，还是那么认真地观看。黄绍勋猜出这个军人肯定喜欢他的作品，但又不好意思言语，于是便和那军人聊了起来，知道他是新入伍的战士，家在农村，经济条件不好，新战士每月的津贴费不多，还得攒钱回家探亲。这里的作品售价对一个小战士来说，简直是个天文数字，所以他尽管十分喜欢，一大早从遥远的通州赶来，也只能看看，饱个眼福，不敢有任何奢望。

了解情况后，黄绍勋被小战士那股对书法的热爱感动了，一大早从几十里外的地方赶来，早晚两次在摊位前出现，一站就是一个多小时，这样热爱书法的人并不多见。

黄绍勋问小战士：“你是不是很喜欢我的作品？”

“是！”小战士点了点头，“可是我买不起。”

“不要钱，挑一幅吧，我送给你，你是一位可爱的战士。”

小战士半信半疑，喜出望外，说了一句：“真的吗？那我就谢谢您了！”

于是，小战士挑了一幅《保家卫国》，向黄绍勋正正规规地敬了一个军礼，高高兴兴地离开了。黄绍勋看着远去的小战士，不由得叹道：这位解放军战士多么可爱呀！

在此之前，北京服装学院鼓励有精力、有专长的教师开设选修课，学校内部学生和夜大的社会青年可以报名参加听课。当时黄绍勋担任无机化学实验室主任，工作压力不算大，加上他对书法很感兴趣，于是就开设了书法的选修课。

选修课共 16 课时，即上八次课，向学生讲授书法的最基本知识，如中国书法简史、历代名碑的介绍、书写工具的选择和保养，包括笔墨纸砚四方面的介绍，讲授书法基本技法，包括执笔方法、腕法、身法和用笔的方法，讲授如何临摹碑帖等基本常识，为学生学习书法打下了一定基础。

通过十多年教授书法的经验，黄绍勋逐渐掌握了教授这门功课的方法、程序和要点。在朋友们的建议下，黄绍勋着手整理近几年讲授书法课的教案，开始编写《隶书入门与创作》，由中国对外经济贸易出版社出版。这是他几十年来学习书法的心得体会，也是他用汗水浇灌出来的艺术结晶。

第二节　传播民族文化艺术

时光像一条永不停息的小河，匆匆地、悄悄地从人们身边流过，不知不觉中迎来了 1999 年。元旦早晨，黄绍勋翻开日历，翻开了新的一年，翻开了一段精彩的故事。新年孕育新希望，新年开启新纪元！他的眼前仿佛出现一条新的跑道，他会沿着这条跑道继续向前。

5 月 15 日，应韩国观光公社社长洪斗杓之邀，黄绍勋和北京画院山水画创作研究室主任李问汉赴韩国参加 99 济州国际美术交流大展。

李问汉，1937 年生于安徽天长市西门街。天资聪慧，少小喜涂抹，1955 年入中央美院附中就读，1958 年入中央美术学院深造。1963 年毕业，入伍福州军区高炮部队当兵锻炼，继后于该军政治部任美术制作员。现为中国美术家协会会员，中国美协北京分会理事。

济州岛，一个时空交错的地方，被誉为世界新七大自然奇观之一，在这里可以看到一个不一样的韩国。黄绍勋是第一次访问济州岛，也是第一次访问韩国。一下飞机，他就被春色盎然的海岛风光所吸引，顿感心清气爽。

在 99 济州国际美术交流大展上，黄绍勋的书法作品格外抢眼。在他的作品前站满了来自各国的观众，都在赞美他的书法艺术。由于他的隶书写得优美潇洒，其书法作品《岳阳楼记》被评为特等奖。

1999 年在济州国际美术交流大展上与日本银行家金建治合影，
背后是黄绍勋先生的书法作品

在韩国期间，黄绍勋还拜会了被誉为“韩国总统的中国‘御医’”、打开中韩通道的秘密使者韩晟昊博士。当年韩博士的女儿生活在北京，还是中国致公党的一位党员，和黄绍勋在同一个党支部。黄绍勋出发之前向韩女士打听她父亲喜不喜欢书法，若喜欢，他更喜欢什么内容的书法。

韩女士说他父亲非常喜欢书法，最喜欢人称他为“韩国总统的中国‘御医’”，打开中韩通道的秘密使者，于是黄绍勋就带着这样内容的作品去拜会了韩博士。交谈中，韩博士还邀请他们同来的书画家座谈交流，黄绍勋现场创作好多幅书法作品，送给韩博士及其亲友。

1999 年 5 月赴韩国参加国际美术交流活动时，为爱国人士韩晟昊博士创作的作品，韩博士为中韩建交立了汗马功劳

1999 年 9 月 26 日，是孔子诞辰 2550 周年纪念日，山东曲阜市及世界各地向往和平、博爱的人们举办不同形式的庆典来纪念这位历史伟人。山东省举行曲阜国际孔子文化节，在大成殿前表演八佾舞，社会各界人士行祭孔礼。同时，曲阜市向全国各地的文学家、书画家发出了征稿启事。

据查证，自古至今还未发现有书法家用隶书抄写《论语》的，为了纪念这位伟大的思想家、教育家，和由他所创立的对中国传统文化的形成和发展起到巨大作用的儒家学派，黄绍勋应曲阜市为纪念孔子诞辰 2550 周年而举办的书画大展组委会之邀，决定为填补这个空白创作一幅书法长卷《论语》。

《论语》乃是记载中国古代著名思想家孔子及其弟子言行的语录，一共 20 卷，11705 个汉字，由孔子的弟子及其再传弟子编写，是我国古代儒家经典著作之一，首创语录体，汉语文章的典范性也源之于此。

黄绍勋从 1998 年冬天就开始构思用隶书抄写《论语》，历时半年有余，终于在 1999 年 7 月完成了这幅长达 110 米的长卷，为了方便看阅，并分别装裱成 12 卷。这是黄绍勋首次以手卷的方式来创作书法作品，在曲阜国际孔子文化节上受到了广泛赞扬。

同年 11 月 13 日，黄绍勋向中央统战部会议室赠送了书法作品《短歌行》。《短歌行》是唐代大诗人李白的作品。此诗分上下两段。前八句言百年（人的一生）易满，天地无穷，时间无限，神仙尚且两鬓成霜，凡人何堪。只有天公、玉女才能与时长存，千年万载，操控天象；后六句诗人突发奇想，欲阻拦六龙，留住时光，使人长生不老，青春永驻。全诗悲叹人生太短，写法上将写实与想象熔于一炉，极富浪漫主义色彩。

2000 年是“千禧龙年”，亦是世纪交替之年。从干支相配来讲，60 年一个花甲子，周而复始 50 轮，3000 年一个大轮回。第一个“千禧龙年”在公元前 1000 年即周昭王元年，2000 年的“千禧龙年”为我们这一代人喜运相遇，第三个“千禧龙年”要等到公元 5000 年。3000 年一遇，世所仅有，无比珍贵，堪称人类文明史上绝无仅有的文化奇迹。

这年夏天，黄绍勋受德国汉高公司驻京办事处之邀，为他们在京的朋友进行一次中国书法艺术表演，地点选在北海公园仿膳饭庄。

仿膳饭庄前身是“仿膳茶庄”，主要经营宫廷糕点小吃，以肉末烧饼、小窝头、豌豆黄最为有名。1956 年改为饭庄，经营宫廷菜肴，以“满汉全席”驰名中外，是中国宫廷菜代表饭店。

而德国汉高的中国业务始于 1988 年，总部设在上海。汉高在中国拥有 22 家分公司及代表处且仍在持续不断地投资，员工超过 4000 人。

用膳间，汉高老总林德和黄绍勋谈起他是如何学中文的。他说老师先教他“一”字，然后“十”字，再教“土”字，然后“王”“玉”“主”等字，他认为这样学起来效果很好。

席间，黄绍勋为德国朋友进行书法创作。他们对中国的书法艺术很好奇，看得很认真，还不时通过翻译提出一些问题。黄绍勋为林德创作了一副藏头联：

林木成材万丈高楼起平地；

德高望重千秋万载志汉高。

2000 年夏，应德国汉高公司邀请为德国友人展示中国的书法艺术

翻译把其中含义告诉林德，这位德国老总十分高兴，他握住黄绍勋的手连声说谢谢。在皎洁的月光下，在花香、墨香、酒香的氛围中，他们沉浸在中华文化中，度过了一个非常愉快的夜晚。

中国书法作为人类非物质文化遗产和中国传统文化的典型代表性符号，在中国与世界各国之间的文化交流中具有难以替代的特殊地位和作用。中国书法是认知中国文化的窗口和途径，是架起不同文化间沟通的桥梁和纽带，更是中国文化外交的重要组成部分。

2000 年 7 月，应马来西亚槟城韩江华文学院之邀，黄绍勋和致公党的画家刘振骠一同前往，校方派人到吉隆坡机场迎接，翌日转机飞往槟城。

为了参加这次活动，黄绍勋特意为槟城韩江华文学院准备了一副对联，内容是：

百载树人真善美；

千秋立业德智言。

2000 年夏，应马来西亚槟城韩江华文学院董事长黄东山邀请，
与画家刘振骠前往举办书画展并赠学校对联一副

42 年前，黄绍勋在北京华侨补校学习时有一位同学叫黄东宁，自他考进音乐学院后一度失去了联系。黄绍勋加入中国致公党后，知道他也是致公党党员，就这样他们又联系上了。黄东宁说他弟弟黄东山在马来西亚槟城韩江华文

学院当董事长，7月10日是他们学院校庆，想邀请两位书画家到学校举办书画展以助庆。于是，黄绍勋和黄东山电话商定届时去学院举办书画展，来回路费及食宿由校方负担，书画展拍卖所得的50%捐给学校办学。

书画展开幕那天，来宾很多，黄绍勋的作品大受欢迎，其中如：

德高人长寿；
心宽福自来。

但愿人长久；
千里共婵娟。

室雅何须大；
花香不在多。

一副作品同时有几位客人购买。经协商，黄绍勋现场挥毫满足了他们的要求，客人非常满意。

展览期间，校方安排了一个座谈会。黄绍勋向大家简要地介绍了祖国近年来的发展，还提到百姓生活得到改善，海外侨胞回国观光日益增多，社会安定。黄绍勋还告诉大家他也是一位归侨，从小生长在越南，后来回到祖国的怀抱，得到祖国各方面的关心与照顾，把他培养成一名书法家。今天和大家相聚，有许多共同语言，深感亲切，希望大家有机会回国看看。

黄绍勋高兴地告诉大家，今天是他65岁生日，能在这个日子和大家相聚，感到很荣幸。于是在一片热烈的掌声和生日快乐的欢呼中结束了他简短的讲话。

在这次为期三天的展览中，黄绍勋带来的许多书法作品多半被华人收藏，加上他在现场书写的作品，他获得两万多美元，分给校方一半，支持学校办学。对黄绍勋来说，这也是一次非常愉快和收获颇丰的旅行。

在马来西亚期间，黄绍勋还游览了那里的名胜古迹，尤其是寻访了与致公党渊源很深的孙中山先生在槟城的足迹。

2000 年 7 月底 8 月初，北京正值盛夏季节，气温高达三十四五度，热得人无所适从。就在这时突然传来一个好消息，中央统战部组织在京的知名书画家赴新疆参观采风，黄绍勋也在邀请之列。

2000 年 7 月 30 日与画家李小可（李可染之子）（左 1）、清华大学画家王玉良（左 2）、画家陈大章（左 3）、画家白启哲（白雪石之子）（左 4）（右 1 为黄绍勋）摄于吐鲁番葡萄沟

7 月 26 日，黄绍勋随采风团一行 15 人从北京启程，飞往乌鲁木齐，翌日参观乌鲁木齐江山公园地矿馆，还游览了乌鲁木齐市市容。28 日乘车去天池游览，尽管时值暑天，在天池边还能看到远处山峰上的皑皑白雪。

2000 年 8 月 2 日送给新疆库尔勒市的书法作品

晚 7 时半，采访团飞赴伊犁，次日乘车前往与俄罗斯一河之隔的霍尔果斯口岸。他们游览了果子沟和赛里木湖，于下午乘车返伊宁。

7 月 30 日，上午采风团乘车去吐鲁番，参观坎儿井、交河故城；下午去火焰山。尽管已过中午，但火焰山的气温仍然居高不下，估计已超过 50 摄氏度，他们下去拍了几张照片就赶快回到冷气宜人的车里。

7 月 31 日，采风团参观葡萄沟后，直奔乌鲁木齐机场，乘飞机赴祖国最西段的城市喀什。

8 月 1 日，上午参观艾提尕尔清真寺、香妃墓，午饭后参观中亚市场，购买一些纪念品。然后，连夜乘飞机返回乌鲁木齐。

8 月 2 日，上午乘车去南山风景区游览。下午乘车返乌鲁木齐，接受新疆自治区党委在人民会堂的宴请。

第三节　意外加入书协

岁月沧桑，历史的书页翻到了2001年。这是21世纪的起始年，又是双春年，预示着这一年风调雨顺，万事大吉。

北京的5月，是一年中最好的时节，风和日丽，百花争艳。在潇潇的春风中，到处弥漫着浓郁的花香，到处是一派新气象，令人充满着一种力量、一种温暖、一种享受。

5月1日，位于建国门外大街的“京城第一高楼”北京国贸大厦，彩旗飘扬，人声鼎沸，这里正在举行北京国际艺术博览会开幕式。黄绍勋带着自己的书法作品，也参加了这次国际性的展览会。

北京国贸大厦由一座、二座、西楼、东楼组成，总建筑面积176000平方米，成为全球最大的国际商贸中心。卓越的办公环境、先进的科技设施、完善的配套服务、优越的商业氛围以及丰富的物业管理经验，令国贸写字楼成为众多国内外客户理所当然的至优之选。

作为首都重要的大型国际艺术会展，北京国际艺术博览会自1997年首创以来，历经多年的风雨根植与专业打造，承载与担当社会责任，为推进人民群众的文化艺术需求做出了突出贡献。它是当前由政府主导、主办的国内举办时间最长、规模最大、展出内容最为丰富的国际艺术交流平台。

北京国际艺术博览会是亚洲最具影响力的品牌会展，多年来始终秉承“引领艺术投资与收藏，提升艺术品质与价值”的办展理念，坚持传统艺术与当代经典并举，民族艺术、京地、京津冀艺术与国际艺术兼容，学术价值与商业价值并重的原则，全心全意为艺术家与投资人、收藏家服务，为首都北京与京津冀的文化建设、文化繁荣、文化发展服务，为社会和人民群众服务。

这一届的博览会依然是将招展目光锁定在全球领域，约有 30 多家国际艺术画廊参展，其中包括法国、德国、韩国等海外著名画廊。中国国际贸易中心开辟出 7000 多平方米空间展出最前沿的当代艺术，吸引了近 100 家画廊进场，其中来自欧洲、美洲、中国（包括港台）的画廊三分天下，占据了绝大多数席位。尤为瞩目的是一些高端画廊的加入，比如法国华明艺术空间、德国哈格曼画廊、加拿大新桥艺术设计制作中心、香港维基利画廊等。还有众多的欧洲画廊参展，其中法国伯恩画廊、李英杰原生态艺术馆、俄罗斯二十世纪艺术画廊都是多次参与。

北京国际艺术博览会组委会一直秉承打造国际化、精品化、专业化博览会的展业理念，致力于国际艺术博览会的建设工作。他们时刻不忘艺术的初衷，并努力使艺术精品的美轮美奂与华丽优雅最大程度的展示给广大民众，拓宽市民的国际视野。

国贸展厅面积一万平方米，展馆内设有信息中心、新闻中心、咖啡区以及贵宾休息室等。此次北京艺博会是以“艺术创意　并融入生活”为主题，除了集中展示各种各样的传统艺术以外，还致力于展示现当代艺术的最新成就，为中外艺术家、收藏家、营销商搭建起互动交流的平台。

本次展会注重当代与经典结合，为满足不同藏家的鉴赏需要，既有欧洲画廊这样的西方经典油画，还特别推出俄罗斯二十世纪画廊及嘉兰德俄罗斯艺术中心的俄罗斯油画，把众多获得俄罗斯文化艺术科学院院士、人民画家、功勋画家等艺术大师的经典作品展现给广大收藏者。

同时，组委会还推出“城市领袖——北京艺术沙龙展”，以“多元文化之下的城市形象”为主题，力求以全方位的视野和广阔的包容性，收纳多元文化背景下以凸显城市发展及城市生活的各种风格的当代艺术作品。

2001 年 5 月初应邀参加在国贸举行的北京国际艺术博览会开幕式

此次会展充分展示中国当代艺术成果，推介国际当代艺术潮流和趋向，以全新的策划，更清晰的理念与定位为 VIP 藏家提供专业的服务。同时把握市场风向，推出形式多样的艺术论坛或研讨活动，培育和积累新的当代艺术收藏群体。

经过几天的参展，黄绍勋结识了许多同时参展的书画界朋友和书画爱好者及收藏者，对自己在书法方面的提高有较大帮助。

举办北京国际艺术展览会的主办单位，每年对参展作品都进行分类，并作出书面评比，黄绍勋每年都积极参加并在书法类的评比中获有奖项，既有金奖也有银奖。

5 月 18 日，在书法创作上颇有成就的黄绍勋历经坎坷终于加入了梦寐以求的中国书法家协会，成为中国书法家协会中的一员。

中国书法家协会于 1980 年 11 月 7 日经中国文联批准在北京成立，是中国共产党领导的全国各民族书法家组成的人民团体，是由国家级的书法家、篆刻家、书法理论家、书法教育家和书法活动组织、管理工作者组成的全国性专业组织，是中国文学艺术界联合会的团体会员。

中国书法家协会的主要任务是贯彻党的文艺路线，坚持“二为”方向和“双百”方针，继承和发扬中国书法艺术传统，在普及的基础上努力提高书法艺术水平，关心和支持国内的群众性书法活动，开展对会员的联络、协调、服务和业务指导，开展理论学术研究；举办书法展览，组织书法作品的创作与评选；主办《中国书法》杂志和《书法通讯》；开展书法教育，推动书法普及；配合党和国家重大活动开展专题活动；维护书法艺术家的创作成果和合法权益；广泛团结全国的书法家和书法爱好者，不断发展和壮大书法事业，切实做好党和政府联系书法家和书法工作者以及书法爱好者的纽带和桥梁。

中国书法家协会还积极开展对外交流活动，加强同港、澳、台地区和世界各地书法界的联系，发展与世界各地同行的友好合作，广泛建立国际联系，为发展和促进中国书法艺术，为世界文化和世界和平做出应有的贡献。

一个书法家要具备哪些素质？这是黄绍勋过去经常思考的一个问题。他始终认为，要成为一个合格的书法家应该具备三个要素：

一是悟性。它决定一个书法家是否适宜干这一行，最终能有多大成就。这里的悟性是指书法家个体对书法艺术的参悟能力。把一切都当书法欣赏，把书法融入生活之中，这是悟的基础；再把从生活中领悟到的东西通过笔墨表现出来，这是对悟的升华。书法是生命力的图式，墨色的线条是书法家情感的轨迹，悟性则是笔墨与人情感相互交融的纽带，它能增强书法作品中的情感含量。笔墨和人的情感在相互交融的情况下，才能创造出惊天地泣鬼神的艺术。

二是对中国传统文化的积淀。文化积淀能增强书法作品的思想文化含量，这是决定书法品位的因素。传统是典范，是规矩，是法度，是经验，也是经，也是道。从传统中汲取营养是书法的捷径，也是必由之路。传统是昨天的创新，今天的创新如果被后人认可，就会成为明天的传统。传统中孕育着创新，任何创新都是对传统的突破、超越和发展。传统文化是创新的母体，书法艺术就是在这种否定之否定中延续推进和发展的。当然，继承文化传统决不是回归昨天、重复历史、克隆碑帖，而是为了从历史的制高点上起步，探索书法艺术发展的规律，在此基础上否定昨天，开创明天。这个否定是扬弃，是创新，是发展。离经叛道的正确途径是在充分熟悉传统之后的蹊径独辟，而不是目无传统的想入非非。

三是甘于面壁的精神。这是一个锤炼笔墨的技术含量问题。为了超越技法上的难度，一个书法家就不要怕废纸万张，要耐得住孤独寂寞的煎熬。在临摹的过程要扎根传统，博采众长，融会贯通，最后水到渠成形成自己的风格。对此，黄绍勋主张字的结体点画要占对位置，还要占够位置。这样字才能够立得住。就像名家的唱段那样，字正腔圆。在用笔上要注意中锋用笔，没有中锋用笔，字就没有脊梁，就很难见精神。不能盲目追风和投机取巧，没有打好基础就想标新立异，到最后只能落一个不伦不类的结果。

书法家要珍惜这份荣誉，不仅要自尊，而且要自重。在加强文化艺术修养的同时，更要十分注重思想修养和道德修养，做一个人民信任与尊重的艺术家。

加入书法家协会是黄绍勋多年的梦想，为此他曾咨询过北京市书法家协会负责人，了解到入会的条件是：凡户口在北京的各界人士，在京购买了住房，居住三年以上有固定工作单位的非北京户口人士，在书法艺术领域具有一定成就的书法工作者和书法爱好者，具有较高的思想文化素质，符合入会条件，赞成本会章程并具备下列条件之一者，均可申请入会：

一、在创作上有较高水平，参加过由本会主办的重大展览一次或专项展览两次；

二、在理论研究上有较高成就，在省市级专业报刊发表过两篇书法理论文章或有理论专著或有论文入选本会组织的书法理论工作者；

三、多年从事书法教育、编辑出版或书法组织工作（五年以上），并有突出贡献者；

四、持有大专院校书法专业本科正式毕业文凭的优秀毕业生，并入选过一次本会组织的展览或在省市级报刊发表过两篇书法理论文章者；具有书法专业研究生以上正式学历并积极参与本会活动者。

尽管黄绍勋的书法艺术已为世人所公认，也符合上述入会条件，但在当时就是进不了书法家协会的大门，不但进不了中国书协，就是北京书协也进不了。而后来黄绍勋之所以能进入中国书法家协会，可能还是由于一段机缘巧合。

在一次书画展览会上，一位领导同志认真观看了黄绍勋的书法作品，他被黄绍勋漂亮挥洒的隶书深深吸引，不时点头表示赞赏。之后，他来到作者跟前，问道：“黄老师，你的书法很有品位，是中国书协的会员吧？”

黄绍勋不好意思地说：“不是！不但不是中国书协的会员，就是北京书协的会员也不够格呀！”

“你的书法这么好，怎么加入不了书协呢？”那位领导皱起了眉头。

“可能是水平不够吧？”

那位领导若有所思。

没过多长时间，中国书法家协会的一位部门负责人通知黄绍勋去办理入会手续。黄绍勋闻讯大为惊奇，犹如白天做梦。黄绍勋之所以能够加入中国书法家协会，可能与那位领导的秉公干预有一定关系。

2001 年 7 月 1 日，由中央统战部、各民主党派中央、全国工商联主办，中国美术家协会、中国书法家协会协办的统一战线纪念中国共产党成立八十周年书画展，在北京民族文化宫拉开了帷幕。

此次书画展用书画艺术的形式，突出赞颂了共产党好、社会主义好和改革开放好的主题，反映了党的统一战线的历史功绩，抒发了广大统一战线成员为建设有中国特色社会主义团结奋斗的情怀，表达了在中国共产党领导下实现振兴中华、统一祖国宏伟任务的坚定信心。

此次展览共展出书法、国画、油画、版画、篆刻等作品350余幅，作品主要出自各民主党派成员、无党派人士、工商联会员、民族宗教界人士、文史馆员、中华海外联谊会成员之手，展品中还有中央统战部过去收藏的60余幅书画作品。

黄绍勋不但参加了中央统战部在民族文化宫举办的“统一战线纪念中共成立八十周年书画展”，还应邀书写了会展的前言，他的隶书书法再一次获得参观者的好评。

第四节　乡谊永驻

时光按照自己的脚步摇摇晃晃走进了2002年。春天像刚过门的小媳妇，总不敢在第一时间很直接地和凌厉的严冬结实地打个照面，只瑟缩在春风的身后，向这早已属于自己的时光里张望，羞羞答答，畏首藏脚。

3月13日，正在暖气融融的家里创作书法的黄绍勋接到中央统战部办公厅的一个电话，说他们的副部长要访问日本，想请黄绍勋提供一幅书法作品送给日本首相。

为了完成好中央统战部交给的政治任务，黄绍勋立即行动，并集中精力，集中时间构思演练。

黄绍勋准备的书法作品是日本人熟悉的《兰亭集序》。它原是中国晋代书圣王羲之在绍兴兰渚山下以文会友，写出的“天下第一行书”，也称《兰亭序》

《临河序》《禊帖》《三月三日兰亭诗序》等。

公元353年春，时任会稽内史的王羲之与友人谢安、孙绰等41人在会稽山阴的兰亭雅集，饮酒赋诗。王羲之将这些诗赋辑成一集，并作序一篇，记述流觞曲水一事，并抒写由此而引发的内心感慨。这篇序文就是《兰亭集序》，并以行书挥写之。

唐太宗对王羲之推崇备至，曾亲撰《晋书》中的《王羲之传论》，推颂为“尽善尽美”。还将临摹本分赐贵戚近臣，并以真迹殉葬。

《兰亭集序》文字灿烂，字字玑珠，是一篇脍炙人口的优美散文。它打破成规，自辟径蹊，不落窠臼，隽妙雅逸，不论绘景抒情，还是评史述志，都令人耳目一新。虽然前后心态矛盾，但总体看还是积极向上的，特别是在当时谈玄成风的东晋时代气氛中，提出“一死生为虚诞，齐彭殇为妄作”，尤为可贵。

在结构和章法上，以情感为线索，叙中有情，以情说理。第一段在清丽的境界中，着重写一“乐”字，由乐而转入沉思，引出第二段的“痛”字，在经过一番痛苦的思考后，不觉感到无限的悲哀，最后以一“悲”字作结。情感色彩迥乎不同，前后过渡却妥帖自然。

《兰亭集序》的更大成就在于它的书法艺术。通篇气息淡和空灵、潇洒自然，用笔遒媚飘逸；手法既平和又奇崛，大小参差，既有精心安排艺术匠心，又没有做作雕琢的痕迹，自然天成。其中，凡是相同的字，写法各不相同，如“之”“以”“为”等字，各有变化，特别是“之”字，达到了艺术上多样与统一的效果。

《兰亭集序》是王羲之书法艺术的代表作，是中国书法艺术史上的一座高峰，它滋养了一代又一代书法家。

鉴于中日两国通用汉字，而唐代的思想文化对日本影响最大，因此黄绍勋用隶书创作出一幅长卷《兰亭序》，作为赠送给日本首相的礼物。

这年7月23日，黄绍勋及其夫人唐丽贞应邀去英国参加黄淑秀女儿的婚礼。黄淑秀是45年前黄绍勋在越南芹苴华文学校任教时的学生，后来到欧洲谋求发展，最后定居英国。如今已进入老年的她性情越发开朗，说起话来就像噼里啪啦地放鞭炮一样。

黄淑秀住在离伦敦不远的一个小镇，名字叫哈本登赫茨。这个小镇至今仍保持着很多英国中世纪风貌，以高高耸立的教堂为中心，四周林立着中规中矩的英式建筑，让人犹如走进电影的画面之中。

哈本登赫茨和英国其他的小镇一样，有很多典型的木质结构小楼。这一时期的房屋多以厚重的橡木为建材配合砖墙或石灰墙，而露在外面的木框多涂着黑漆，形成独特的浪漫外观，非常好看。置身其间就像进入了历史隧道，古风扑面，仿佛正上演着古希腊的神话。

这个小镇拥有近百家商铺，除了有英国知名的各大品牌专卖店外，还有美术馆和手工艺品市场。

小镇上可以看到各种咖啡厅和饭馆，他们的晚餐就是在距黄淑秀住处不远的一家中餐馆。原以为这里会平淡无奇，岂料这家中餐馆同样给他们带来了意外惊喜，餐厅优雅的布置不失“家”的温馨气氛，菜单提供的中餐美食品种很多，价钱也不算贵，能在海外品尝到如此地道的中餐实属难得。

7月30日，黄淑秀女儿的婚礼在镇中心的教堂举行。参加婚礼的来宾大多是英国人，华人也有一些，但为数不多。只见身穿白色礼服、头披白纱的新娘挽着父亲的手臂，由女宾相伴，在婚礼进行曲中步入教堂。新郎是英国人，高大英俊，在男宾陪同下站在圣坛上等待新娘的到来。

在教堂里举行婚礼仪式，新郎给新娘戴戒指是不可缺少的一项重要内容，因为人们认为不戴戒指的婚姻是无效的。当神父询问一对新人是否愿意做对方的妻子或丈夫，能否相互尊重、白头偕老后，新郎给新娘的无名指戴上一枚戒指。它象征着丈夫对妻子的纯真爱情，同时妻子也表示接受并忠实于这种爱情。

举行完婚礼，新郎新娘从教堂出来的时候，人们都向新人祝贺。这种祝贺不是亲吻、拥抱和握手，而是向他们抛撒五彩缤纷的纸屑。只见纸屑如飞雪般弄得两位新人满脸满身，好像穿上了迷彩服，踩着七彩云霞奔向他们的幸福。

8 月 11 日，黄淑秀夫妇和黄绍勋夫妇四人一起飞抵西班牙。黄淑秀家在马略卡岛有一所房产，她的家人经常到那里度假。

马略卡岛位于地中海，是巴利阿里群岛中最大的岛屿。春天的马略卡岛是地球上最接近天堂的地方，这里每年 300 天以上是晴朗天气，因而被称为“地中海的乐园”。岛上到处是砂质的海滩、陡峭的悬崖、种植着橄榄树或是杏树的田野等自然风光。马略卡岛之行，对黄绍勋夫妇可谓是一次浪漫之旅和创作之旅。

黄淑秀的寓所位于一个三面环海的小镇，有着壮美的海岸线景观。这个小镇以其金色的沙滩、湛蓝的海水、古老的建筑、引人入胜的渔村风光吸引全世界的艺术家，他们纷纷来此捕捉大自然的美景。

小镇上有许多画廊和艺术展厅散落其间，让小镇弥漫着浓郁的艺术气息，同时也是冲浪爱好者的天堂。炎炎夏日，这里是最理想的天然度假地。小镇上分布着古老的酒吧，还有随处可见的路边咖啡厅，让人的节奏瞬间慢了下来。

蓝天、碧海、金色沙滩，还有白墙小屋、狭窄的青石板路，仿佛置身于希腊的“爱情海”，和心爱的人在“天涯海角”来一场浪漫之约，真是妙不可言。

在西班牙的一周时间内，他们每天都下海游泳。当时正是夏季，海水不算凉，温度适宜。水里有很多小鱼，黄绍勋手中拿着小块面包，把小鱼吸引过来，想把它捉住，可小鱼太灵敏了，他几天也捉不住一条。

黄淑秀有一位浙江籍朋友叫殷文俊，在西班牙定居多年。他经营一个中餐馆，生意非常红火，尤其是最近两年，他又增开了几间餐馆，其事业突飞猛进。殷文俊非常喜欢黄绍勋的书法，他们结为好友。殷文俊和当地官员也常有往来，经常用黄绍勋的书法作品与其交流。

黄绍勋和殷文俊一直保持着联系。后来，黄绍勋还特意通过殷文俊给当地的华人学校送去书法作品，写的内容如“十年树木，百年树人”“中华情”等，为弘扬中华传统文化做了一些贡献。

2003年的春节一过，很快就到了春分。春分，是春季90天的中分点。春分也是节日和祭祀庆典，古代帝王有春天祭日，秋天祭月的礼制。民间活动上，一般算作踏青的正式开始，主要活动有放风筝，在风筝上写上祝词，希望天上的神能看到；簪花喝酒，无论男女老少都要簪花。

3月28日，在这个踏青旅游的大好时节，黄绍勋前往佛山参加石景宜刘紫英伉俪文化艺术馆开馆五周年纪念活动。

石景宜，1916年生于广东省佛山市南海区，与黄绍勋是地地道道的同乡，因此感到格外亲切。石景宜博士为香港汉荣书局有限公司的创办人，第六、七、八、九届全国政协委员，香港特别行政区第一届政府选举委员会委员，石景宜刘紫英伉俪文化艺术馆馆长，佛山图书馆名誉馆长等。

石景宜年轻时家贫，但一心立志读书报国，后来选择了“书”作为终身职业。他对自己一生的评价便是这短短的一句话：少年读书，中年卖书，老年送书。

石景宜以“赠书报国”，十余年间，向海峡两岸的中国人捐赠了数以百万册书，价值一亿余元。他说：“送屋会烂掉，送糖会化掉，送书最好，可以传之世世代代。”他向内地赠书，皆是根据有关单位需求及内地建设的需要而赠。如中医药、电脑技术、古籍善本、中外名画画册等。其中《敦煌宝藏》一书全套150本，他以十万港元高价购入，捐赠内地。

从1978年至1994年，石景宜向内地数百所大学、图书馆及科研文化机构赠送了上百万册珍贵的图书。1990年1月19日，台湾历史博物馆举办由石景宜捐赠的“大陆版图书展览”，历史博物馆为此还开设了“石景宜捐赠图书特藏室”，接收这批价值500万新台币的一万余册大陆图书。文化部颁予他“溥益册府”的金字牌匾。

“我从图书挣来的钱，应当用图书回报社会。”石景宜父子同心，从1978年到1998年20年间，已先后向大陆数百文化、教育、科研机构无偿赠送图书300万册以上，向台湾赠送图书11万册以上，受益单位遍及全国各地。他还精印了《南海丹青》《华夏千家书画集》《中国当代书画选》《千色集》《心愿》《熔情集》等巨型画册，向海内外广为馈赠，获得“赠书大王”“一代书使”“功在文化的人杰”等美誉，并被北京大学授予“北京大学名誉博士”的称号。

石景宜博士本着“独乐不如众乐”的高尚情操，慷慨地将个人历年珍藏的11000余幅名家书画珍品，以及五万余册艺术图书全数捐赠给家乡佛山市，并保存在市政府特为此而建的“石景宜刘紫英伉俪文化艺术馆”内，供市内外的艺术爱好者欣赏。

石博士一生心系桑梓，情系中华，为国家的文化事业、教育发展可谓鞠躬尽瘁。他将多年收藏的众多名家书画作品，在海峡两岸巡回展览，并编印成精美的书画集，回赠给书法家本人，并无偿分别馈赠给两岸各大学多达数百万册，但从不出售。

几年来，黄绍勋从石景宜博士及其长子石汉基处获得多本书画集，如《中国当代书画选》《情愫　中华》《华夏千家书画集》《千色集》《石景宜先生藏徐培晨国画猿猴大观》《石景宜博士九秩庆寿书画集》《心愿集》等。

得知石博士准备出版《心愿集》，黄绍勋就用隶书创作了如下一幅“景宜晚年心愿集好”的藏头诗作品，赠送石博士：

景明春和气象新，

宜诗宜画更怡人。

晚霞胜似春光艳，
年逾八十尚辛勤。
心系祖国千秋业，
愿为两岸送丹青。
集汇华夏艺术品，
好书佳画传后人。

丁丑年为石景宜博士晚年心愿集而作
戊子年冬日重书以作纪念
黄绍勋于北京

2007年10月21日傍晚，91岁的石景宜在妻子儿女及孙子的相伴下，安然离开了人世。

石景宜博士虽然离去，在他的妻子儿女的经营下，他为弘扬中华传统，为海峡两岸发展文化交流送书送画的义举并没有终止。

石景宜博士是个乐善好施的人，黄绍勋对他很敬仰。因为乐善好施不仅展现了人类克己利他、同情慈悲、博爱互助等众多的高尚情怀，而且也充分地展现了品德高尚的人类个体超越自我的爱心奉献，不仅温暖了受助者的心，而且给全社会树起了向善的灯塔，引导社会不断走向祥和美好的新境界。

石景宜博士去世之后，其妻刘紫英带着四个儿女继承父业，年年出巨资筹办海峡两岸青少年的书画比赛展览，然后将优秀作品收藏或捐赠给博物馆，为推动弘扬中华传统文化事业做出贡献。作为老乡和同仁，黄绍勋也多次受邀参加这类盛会，并多次向石家后人捐赠书法作品。

第七章　德艺双馨

由于行程安排得很紧，采访团的书画家没能来得及动笔创作。当送我们上车时，校长流露出的神态肯定是非常遗憾的。我发现了这一细节，在回京的第二天马上提笔创作了 17 幅有关教育方面的书法作品，寄往四川什邡北京小学，以弥补此行的不足。

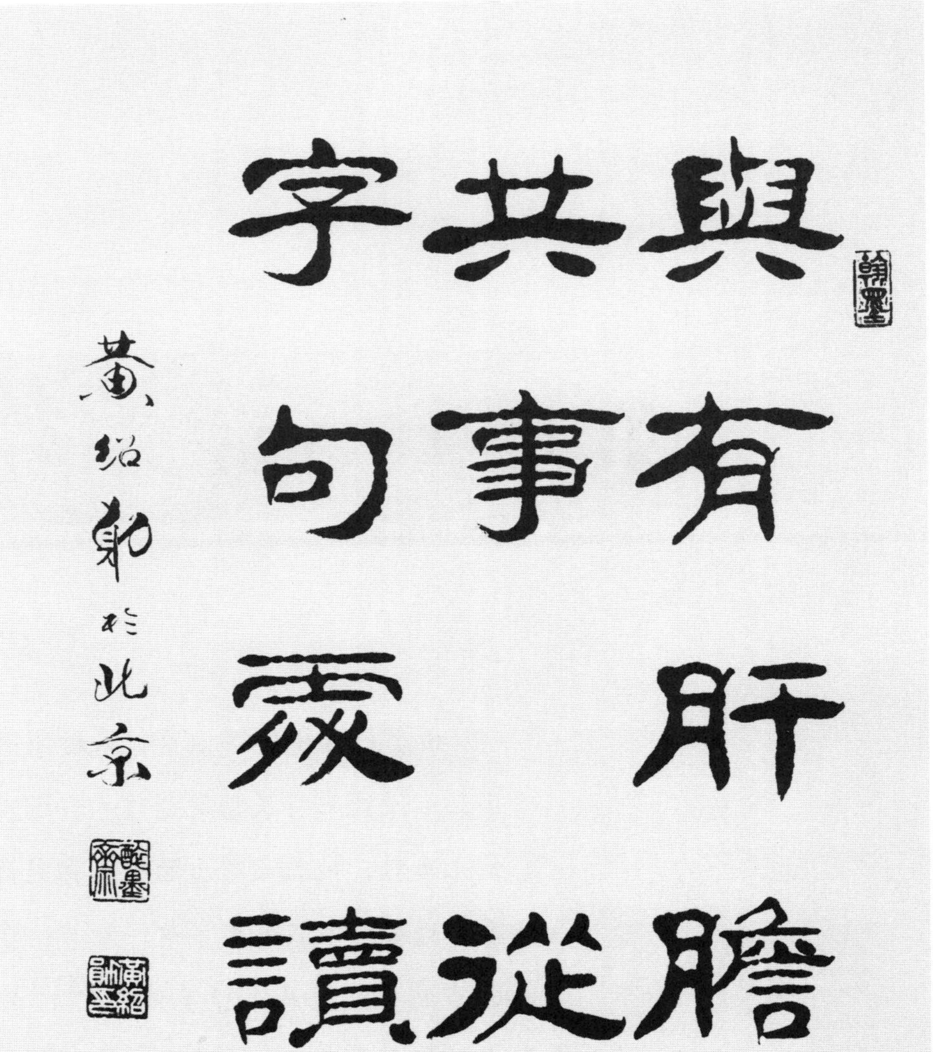
與有肝膽人共事
從無字句處讀書
黄绍郭於北京

第一节　生死离别

书法、国画艺术作品是中华民族的国粹，一件品位高雅的国画作品，往往是由四个方面的因素结合而成，即诗、书、画、印，故称之为“四绝”。而好的书法作品，也有“四绝”，它就是书法、章法、文采、印章。

印章是构成书画品位的重要因素。因此，历代书画家都非常重视钤印及各种印章的作用。在书画作品中盖上几枚印章，往往能提起全幅书画的神韵，破除画面的呆板，稳定画面的平衡，增强画面的虚实对比，进而起到画龙点睛之妙。

既然印章是构成书画艺术品位的重要因素，因此对它就应该有所讲究。一般来说，印章的内容必须具有以下四个方面的要素：

一、内容和形式的结合。书法作品的内容主要是诗、词和名人名言等，而国画则以山水、花卉、翎毛、人物为主。用印时就要根据这些方面来选用适当的闲章。如山水画宜用“山水多情”“故国神游”一类的印章；画古今英雄人物，宜用“民族魂”“风流人物”等印章；写励志劝学格言等，宜用“学海无涯”“水滴石穿”一类的印章。而有的书画作者，不管什么内容老是钤用那几方印，仅把印章作为一种装饰配色作用，显然会降低作品的品位。

二、不得在一件书画作品中使用内容相同或相近的印章，如只是朱白、大小、风格有所区别，而姓名相同。另外，在同一件作品中，还应忌用重文钤印，如闲章中的“学海无涯”“学而不厌”两方印不可同时在一件作品中出现。

三、少而精，多则俗。古人用印，无论作品篇幅的大或小，印章以三枚为限。但有的书画藏品上钤有几十方大小不同的印章，那是收藏者们按照拥有的顺序钤印上去的。

四、印章的大小要与书画作品主体尤其是要与落款字体的大小相一致。一般来说，印章的尺寸规格略小于或等于落款字的宽度为宜。

在中国书画中，印章是一个不可缺少的重要组成部分。人们往往有这样的感觉，一幅书画作品尽管创作得不错，但若没有盖上图章，总觉得作品还不够完整，这不仅仅是由于传统观念所造成的欣赏习惯，而更重要的是图章本来在字画作品中起了很大的美感作用。

在一幅书法作品中，通常加盖三枚印章，盖在作品右上角的是闲章，或叫引首章；盖在作品左下角落款之下的是书斋章和名章，两印之间相距一印位置。

书斋章的内容因人而异，黄绍勋开始创作作品时用的是醉墨斋，意指他本人既不抽烟又不喝酒，却喜欢书法，整天沉醉于研习书法当中，故取名醉墨斋。

2003 年 10 月 25 日，黄绍勋迁进新居北京朝阳区华腾园之后，他感到今天的幸福生活是夫妻二人共同奋斗的结果，书斋章的含义最好包含二人的成分。黄绍勋想到他的祖籍是广东南海县，又生长于海外；他夫人的祖籍是广东珠海市，生长于上海。地名中都带个海字，于是取名双海轩，具有深长的意义。

有人说夫妻情是一生守候的真情，虽然这真情之路充满着磕磕绊绊，在这不平的路上演绎的是一种不能分舍的情感。

每天的忙忙碌碌，夫妻间很少有时间在一起说说知心话，总是说没有时间去沟通和交流。可真的有时间了，却不知道怎么去表达自己的心情，总是默默地用眼睛看着对方，把内心默默的祝福用心送给对方。

在家的时候没有什么特别的感觉，当黄绍勋外出一段时间以后，他心中的思念只有自己知道，每天的一个问候是必须的，把心中那份真挚的情感用短短的几分钟传递过去，不管对方理解与否，自己内心深处总是盼望快点回来，有话对你说。电话中听到对方熟悉的声音，总能引起美好的记忆，把这种有限的时间好好把握，舍不得放下电话，但又心疼电话费而被迫说再见！

分开的距离有人说是最美的，时间加距离把记忆中的快乐时光从脑海中挖掘出来，一个人的寂寞中不再孤单，有这些美妙的时光陪伴着，能暂时让大脑处于兴奋且幸福的状态，美好的回忆把这些所谓的距离、时间全部抛开，留下的只是幸福！

用一生守候这缘分中的夫妻情，把这冥冥中的情感装进内心深处，深深刻印大脑永远不会忘记，携手走过风风雨雨，说的是家常话，走的是幸福路，看的是前行的快乐，感悟的是家的温暖。

爱情是一种厮守，更是一种承诺。用一生守候夫妻情，不需要太多的语言，不需要过多的表白；用真实的行动去实现就行，以相濡以沫相携走过漫长的人生路。

用一生守候夫妻情，岁月增加了皱纹同时也增加了夫妻间的默契，变化的岁月挡不住，但白发携手共度好时光同样挡不住。想的是建设美好的家庭，不管生活平淡也好窘迫也好，还是生活充满精彩也罢，最终必将筑起一个和谐、美好、温馨的家！

1997 年，唐丽贞从北京炼焦化学厂环保处处长的职位退了下来。几十年的工作经历和能力，得到单位许多领导的认同。30 多年来，她从技术员升为环保科科长、环保处处长，加入了中国共产党。

得知唐丽贞退休以后，很多单位都请她去当顾问，帮助解决一些问题。当时唐丽贞身体还好，精力充沛，孩子也已长大成人，无须照顾。黄绍勋也于两年前退下来了，成天在家写字，家也有人看管，于是唐丽贞就应聘去当顾问，一来可继续发挥余热，二来在家也无所事事，再者可为家庭增加点收入。

1999 年体检时，医生告诉唐丽贞有的指标不正常，需要到医院复查。经复查证明她右乳房患上乳腺癌。她回家告诉黄绍勋这个消息，黄绍勋顿时被惊出一身冷汗，当时唐丽贞显得很冷静，还安慰丈夫说："没事，等手术完就好了。"

唐丽贞还说："得这个病的人很多，你看，××× 前几年不是得了这个病吗？后来手术了，现在不是活得好好的嘛！你不用担心。"

妻子得了病，黄绍勋还未来得及安慰她，她倒反过来安慰起丈夫了。

不久，黄绍勋陪妻子到医院看病，当时给唐丽贞看病的专家，是位男医生，找他看病的人很多，总是排着长长的队。专家的意见是要手术，并约好了时间。

按约定时间，黄绍勋陪妻子到医院做了切除手术，在医院观察了一周就回家养病并按时到医院接受化疗。经过一段时间治疗之后，病情得到稳定。

唐丽贞从病友那里得知，在西单横二条有一个诊所，那里有一位专治癌症的老中医。黄绍勋便经常陪妻子去西单找这位老中医看病。吃的是汤药，每次开七天药。于是黄绍勋每天得熬一副药，妻子早晚各喝一碗。就这样，一喝就是五年，病情比较稳定。

2001 年，黄绍勋要到广东珠海参加一个活动。唐丽贞听说丈夫要去她老家，马上提出和他一起去，她要去珠海寻根，黄绍勋只好同意。在珠海，黄绍勋和同行的书画家工作，写写画画，唐丽贞便和珠海的新朋友聊聊家常，一直在打听她家的老宅在什么地方。

黄绍勋他们工作了两天，第三天，珠海的主人要带书画家们参观当地的名胜古迹，而唐丽贞要请当地人带她去寻根。最后带她到了唐家湾，找到当地居委会。居委会负责人很热情，听到有唐家人从北京来，便热情地接待，然后带着唐丽贞去找她父亲的旧宅。她父亲叫唐礼祺，尽管几十年前就到上海发展，但老一辈人对这个名字还有点印象。就这样，唐丽贞终于找到了根，她非常高兴，说不虚此行。

除了寻根成功，他们此行还有一个意外的收获，居委会告诉唐丽贞，北京有一个唐家的乡亲会，领头人叫唐景雄。唐丽贞要了唐景雄的电话，准备回北京联系。

回到北京，唐丽贞找到了唐景雄，还联系上几个乡亲，其中包括在天津的，在唐山的，她非常高兴。唐丽贞没有想到此行竟给她带来这么大的收获，此后她更加支持黄绍勋的活动了。

对待疾病，唐丽贞有很好的心态，既积极地治疗，又有良好的心情，抱着既来之、则安之，淡然处之，所以病情一直比较稳定。2002 年，她还跟黄绍勋一度去英国，去西班牙，每天还下海游泳。

2002 年末，二女儿黄碧凌结婚。在朝阳区华腾园买了房子，唐丽贞感到年龄越来越大，最好和女儿住得近些，将来有个照应。于是，在华腾园建造第二期工程时，唐丽贞建议在华腾园买套房，黄绍勋投了赞成票。因为家中无论大事小事，唐丽贞安排得都比较合理妥当，所以基本上听她的。就是后来新房子的装修，家具的购置及摆放，也都按她的计划执行。

2003 年 10 月 25 日，黄绍勋搬进了新居。房子 108 平方米，比旧房子差不多大了一倍，房子宽敞、明亮、舒适，住进新房，很是开心，不时还接待一些亲友，很是愉快。

唐丽贞自从 1999 年得病至今，已过了四个年头，由于心态好，又按时服药，身体还算不错。她经常外出参加老朋友的歌唱活动，她年轻时爱唱歌，在天津大学学习时，她还是化工系的合唱队成员，还不时随黄绍勋到外地参加活动。

但是，好景不长，到了 2004 年夏天，唐丽贞外出参加唱歌回来时对丈夫说：“最近外出走过街天桥时总觉得很费力，呼吸有点困难。”

黄绍勋说：“那就到医院检查检查吧！”

黄绍勋陪妻子到医院检查，医生看了胸片和血检报告后说：“情况不太好，要进一步检查。”

几天后，结果出来了，医生说：“癌细胞转移了，转到肺部了。”

于是便住院治疗，医生开出很多种药，有些是可以报销的，有的是进口药，全部自费。记得有一种叫希罗达的药，一天的服用量就需300元。

看到这个药方，黄绍勋有点发慌了。当时他们两人每月的退休金大约三千元左右，这些钱还不够十天的药费呢！但这个情况还得保密，不能让妻子知道，否则她会放弃治疗的。

这段时间黄绍勋的精神压力太大了，一是妻子的身体情况不好，病情越来越重；二是购买新房时向银行贷款还未还清，怎么办？由于心情不好，精神紧张，压力过大，黄绍勋经常失眠。于是他的美尼尔氏病又复发了。家中两个人，两个都是病号，谁来照顾谁，日子实在难过。

困难的日子一直延续到2006年。有一天是周末的下午，黄绍勋突然接到一个电话，打电话的是北京服装学院原党委书记，后任中国纺织工业部教育司司长的韩恩业先生，他说晚上要带一位新加坡朋友来拜访黄绍勋。黄绍勋说家里有病人不方便，再说自己也没有新加坡的朋友。韩司长说来了你就知道了。

后来得知，当年韩恩业在任北京服装学院党委书记对外交流时曾把黄绍勋的书法作品当作礼物赠给了这位新加坡友人，他叫周华盛，黄绍勋的作品得到周先生及其朋友的欣赏和喜爱，这次周华盛到北京出差，特意要求拜访黄绍勋。

交谈中提到黄绍勋的书法作品，并观看了他的手抄线装书《四书》《孙子兵法》等，周华盛十分欣赏，但没当面表示。待他告别前往机场的途中，突然给黄绍勋打电话，大意说了三点：其一，他要收藏黄绍勋的这套手抄本；其二，这套手抄本不会倒卖给别人；其三，等他老了，他会把这些作品捐献给新加坡国家博物馆。他表示愿送给黄绍勋一大笔酬金，以解决黄绍勋目前的经济困难，改善黄绍勋的生活。

盛情难却，而且又是雪中送炭，黄绍勋答应了周华盛的要求，把手中现存的手抄本通过韩司长转交给周华盛，计有《四书》一套,《孙子兵法》一套，还有《三字经》《百家姓》《千字文》《出师表》《赤壁赋》《滕王阁序》《长恨歌》《琵笆行》《治家格言》《劝学》《洛神赋》及《阿房宫赋》等14套，一共59本，共计74730字。

有人说，生命是一种回声，你把最好的给予别人，就会从别人那里获得最好的回报。黄绍勋的这类书法作品得到周华盛先生的热爱并收藏，而自己由此不仅渡过了经济难关，生活也得到改善。从此，更加坚定了他的创作决心。

接受周华盛一笔巨款之后，经济问题解决了，银行贷款提前还清了，剩下来的问题就是唐丽贞看病了。

2007年，唐丽贞的身体状况一天不如一天。由于长时间的化疗，把她的精力消耗殆尽，整天躺在床上，坐起来都要人帮忙，上医院看病更难了，黄绍勋得到附近的诊所租借轮椅，从床边一直推到电梯，再到马路边，打上出租车，把轮椅还了。到了医院门口，第一件事还是先租轮椅，然后推去打针。之后，推到马路边上车，到家还是租轮椅。这样一去一来，跑上跑下，已经把黄绍勋累得直不起腰了。伺候病人之余，还得买菜、做饭、洗衣……

唐丽贞从病友那里听说，癌症病人喝生芦笋汁有好处。黄绍勋经常起早赶到菜市场买芦笋，去晚了又怕买不到。芦笋很细，像小拇指大小，还得用小刀削去外皮，然后打汁，一天喝两次。唐丽贞很坚强，为了治病，喝了五六年的汤药，从不叫苦。

尽管看了几个医生，各种方法都用了，但病情依旧不见好转，而且越来越重。经检查，癌细胞已转移到肝脏，到骨头，尤其是肺部呼吸越来越困难。最后，借来一个氧气瓶，放在床头，要靠吸氧维持生命了。

2008年年初，刚过完元旦。那天早晨天还未亮，唐丽贞推醒了黄绍勋，有气无力地说：“和你商量件事。”

黄绍勋问：“什么事？说吧！”

“为了不拖累孩子，我想骨灰不留了，撒到大海去吧！”

黄绍勋未加思索地答应了：“我同意，咱们身后都不留骨灰，省得每年清明节孩子还得跑去看咱们，留张相片就行，想念了，就拿出来看看。”

几年来，病魔对唐丽贞的摧残，让她已逐渐意识到快要离开这个世界了，所以她才说出早已想好的决定。

春节过后没几天，天还未亮，黄绍勋睁开眼，只感到天旋地转，头晕恶心，想呕吐。他知道这下坏了，老毛病又犯了，美尼尔氏病又犯了。怎么办？家中两位老人，一时都病了，一个身体极其衰弱，起不了床，另一个头晕，只能躺着。

好不容易等到天亮，黄绍勋给孩子打电话，把他们叫来，在家折腾到傍晚，未见好转，只好打电话叫来救护车，把黄绍勋送到附近的医院，住院治疗。

黄绍勋在医院住了四五天，身体逐渐康复。回家推门一看，家中空无一人。原来在黄绍勋住院的第二天，孩子们把她妈妈送到肿瘤医院了，安排在一间较大的病房，有两张床位。由于唐丽贞的病情较重，只安排她一人，请了一个护工，睡另外一张床，病房还有冰箱和衣柜。

唐丽贞身上插了几根管子，有呼吸的，有输液的，有导尿的……一天夜里，她不小心把身上的一根管子碰掉了，幸好护士发现得早，及时抢救。第二天，黄绍勋又请了一个护工，分成两班日夜守护着。

一天，黄绍勋到医院看望病人时，护士把他叫到病房外，让他在一张单上签名。他当时心乱如麻，没有仔细看单上写的什么内容，就把名字签上了。后来回想，这肯定是一张病危通知单。

2008 年 3 月 13 日，是唐丽贞 66 岁的生日。那天下午，黄绍勋买了生日蛋糕带到医院，为妻子过 66 岁生日。唐丽贞虽然病得很重，但胃口还可以。

她吃了几口之后，就让大家都尝尝这蛋糕的味道，虽然没说什么，大家都知道这是她过的最后一个生日了。

3 月 20 日早晨，黄绍勋刚用过早餐，准备到肿瘤医院探视妻子，突然接到一个来自山东的电话，对方说：“我是洁贞，听碧华说，丽贞走了，是吗？”

黄绍勋没有得到这个消息，无言以对，支支吾吾地把电话放下了。

过了一会儿，大女儿碧华来电话了，她说：“爸爸，起床了吗？告诉你，妈妈昨天走了，是下午 2 点 47 分，医院的事我们处理完了，你不用过来了。”

听到这个消息，黄绍勋双腿一软，瘫倒在沙发上。这事说突然，其实也不突然。唐丽贞从 1999 年查出乳腺癌，已经八年了，而且近来病情越来越重，早晚要离他而去。

女儿知道爸爸和妈妈的感情很深，爸爸这两年为了照顾好妈妈，陪妈妈看病，身体已累垮了，月前患了场大病，身体很弱，如到现场看到妈妈离去，他肯定受不了，所以只好把后事处理完了再告诉爸爸。

第二节　义卖赈灾

2007 年 9 月，北京风和日丽，秋高气爽。炎热的夏季过去了，暑假放松了两个月的师生又回到了学校，开始新一学期的紧张生活。此时，中央统战部利用这个旅游淡季组织在京部分书画家赴湖南采风活动，黄绍勋也应邀参加。

9 月 9 日中午，天朗气清。一架银灰色飞机在张家界降落，当地同志前来接站。采风团下榻于市区中心、天门山索道站旁的酒店后，即参观中国第一家土家人家庭博物馆——秀华山馆。晚上，张家界市委在迎宾馆宴请来自首都的书画家。

按照日程，他们在湖南游览了张家界的金鞭溪、水绕寺门、天子山、黄龙洞、宝峰湖，韶山的毛主席故居、滴水洞、毛泽东铜像和长沙的岳麓书院。这次采风给黄绍勋留下印象最深的是张家界的金鞭溪、韶山的滴水洞和长沙的岳麓书院。

张家界的砂岩峰林地貌是一种独特的地貌形态和自然地理特征，发育于泥盆系云台观组和黄家磴组，峰林集中分布区面积 86 平方公里。它是在特定的地质构造部位、特定的新构造运动和外力作用条件下形成的一种举世罕见的独特地貌。

在园内有 3000 多座拔地而起的石涯，其中高度超过 200 米的有 1000 多座，金鞭岩竟高达 350 米，个体形态有方山、台地、峰墙、峰丛、峰林、石门、天生桥及峡谷、嶂谷等。这里的山体雄伟俊秀，就像名家笔下的中国画一样。

公园以世界上独一无二的砂岩峰林地貌景观为核心、以岩溶地貌景观为衬托，兼有成型地质剖面、特殊化石产地等大量地质遗迹，构成独具特色的砂岩峰林地貌组合景观。

境内峰奇岩险，谷深涧幽，水秀林碧，云缭雾绕，集雄、奇、幽、野、秀于一体，汇峰、谷、壑、林、水为一色。有已命名的景点 90 多个，标准石板游道 6 条，总长 42 公里。森林公园向社会开放后，先后建成了黄石寨索道、百龙天梯等交通游览设施。

从 1991 年起，张家界国家森林公园开始举办国际森林保护节，吸引了大量游客。峰林奇异，是张家界景观的一大特点，包括：黄石寨之雄、金鞭溪之幽、袁家界之奇、腰子寨之险、琵琶溪之秀、砂刀沟之野等小景区游览线。

黄绍勋随采访团从张家界森林公园大门进入后，往前步行 300 米左右就是金鞭溪的入口。穿行在峰峦幽谷间，溪水明净，跌宕多姿，小鱼游弋其中。溪畔花草鲜美，鸟鸣莺啼，人沿清溪行，胜似画中游，故金鞭溪被誉为“世界上最美丽的峡谷之一”。

金鞭溪是张家界国家森林公园最早开发的景区之一，它发源于当地的土地垭，由南向北，蜿蜒曲折，随山转移，迂回穿行在峰峦山谷之间，最后在水绕四门与龙尾溪、鸳鸯溪、矿洞溪汇聚。

“奇峰三千、秀水八百”，金鞭溪把张家界的山水发挥到了淋漓尽致，有着“千年长旱不断流，万年连雨水碧青”的美誉；著名文学家沈从文先生赞誉它是“张家界的少女”，当年张家界的宣传者——著名画家吴冠中先生曾赞叹它是“一片童话般的世界”。

张家界金鞭溪主要的游览景点有：闺门岩、观音送子、猪八戒背媳妇、醉罗汉、神鹰护鞭、金鞭岩、劈山救母、蜡烛峰、长寿泉、文星岩、紫草潭、千里相会、楠木坪、骆驼峰、水绕四门。

金鞭溪里有一种“娃娃鱼”，是现今世界上最大的两栖动物类，属国家二级保护动物。娃娃鱼学名大鲵，全世界只有中国、日本、美国才有，因它发出的声音如同小孩啼哭，所以叫作“娃娃鱼”。

游览了张家界，他们开始向韶山进发。关于那里的毛主席故居，黄绍勋曾多次瞻仰过。对于毛泽东故居以西约四公里的滴水洞，他还是第一次参观。

滴水洞是一个三面环山，一面以小山涧作为出口的狭窄谷地，长约两三公里，宽约 0.5 公里。由于谷深青幽，犹似一洞，山上一泉水从岩石滴下，故称“滴水洞”。这里竹木繁茂，山涧流水潺潺，四季鸟语花香。特别是盛夏，这里气温比谷外低了三至五度，是避暑疗养的好处所。

滴水洞景观集造化之神秀，萃人文之盛事，因而蜚声海内外，吸引游人如织。这颗被人们喻为湖南“山水明珠”的“西方山洞”开放 20 多年来，先后接待国内外游客数千万人次。著名党史专家冯文彬这样赞誉滴水洞风光：“三湘灵秀地，洞中别有天。”

岳麓书院位于湖南省长沙市湘江西岸的岳麓山东面山下，是中国古代传统书院建筑，属于中国历史上著名的四大书院之一。1988 年，岳麓书院建筑群被国务院批准为第三批全国重点文物保护单位。

黄绍勋从大门口的简介上得知，北宋开宝九年（976年），潭州太守朱洞在僧人办学的基础上，由官府捐资兴建，正式创立岳麓书院。北宋大中祥符八年（1015年），宋真宗召见山长周式，并赐书“岳麓书院”四字门额。嗣后，历经宋、元、明、清各代，至清末光绪二十九年（1903年）改为湖南高等学堂，1926年正式定名为湖南大学。

位于园林南侧的麓山寺碑亭，为明成化年间知府钱澍始建。现存建筑为1962年重建。麓山寺碑是中国现存碑刻中影响较大的一块石碑，由唐开元十八年（730年），著名书法家李邕撰文、书写并镌刻，因文、书、刻三者俱佳，故有“三绝碑”之称。

9月13日早餐后，采风团前往长沙黄花机场，乘航班飞往下一站——云南昆明。

云南，简称云（滇），省会昆明，位于中国西南边陲，为人类文明重要发祥地之一。生活在距今170万年前的云南元谋人，是迄今为止发现的中国和亚洲最早的人类。战国时期，这里是滇族部落的生息之地。云南即“彩云之南”“七彩云南”，另一说法是因位于“云岭之南”而得名。

云南省面积39.41万平方公里，占全国面积4.1%，在全国各省级行政区中面积排名第八。与云南省相邻的省区有四川、贵州、广西、西藏。云南三个邻国是缅甸、老挝和越南，北回归线从该省南部横穿而过，因此这里的气候常年温热。

云南历史文化悠久，自然风光绚丽。那里有看不完的景、赏不完的舞、听不完的歌、采不完的花。它拥有丽江古城、三江并流、石林、大理古城、崇圣寺三塔、玉龙雪山、洱海、滇池、抚仙湖、普达措国家公园、噶丹松赞林寺、西双版纳热带雨林等旅游景点。

9月13日中午12时，采风团到达昆明机场，在滇菌王府用过午餐，即返回机场，于下午 4 时抵达芒市。然后乘豪华大巴一路向西，约 7 时到达腾冲空港酒店，办好入住手续后，即进行晚宴。

9 月 14 日，吃完早点后，采风团乘车前往艾思奇故居、和顺图书馆、滇缅抗战纪念馆、弯楼子民居博物馆参观。午饭后，考察叠水河、国殇墓园、李根源故居。

腾冲国殇墓园位于来凤山下，始建于 1945 年，是全国建立最早、规模最大的国军抗日烈士陵园。国殇墓园由李根源倡导修建，并取楚辞“国殇”之篇名，题为国殇墓园。

岁月沧桑，逝者如斯。半个多世纪过去了，中国社会经历了翻天覆地的变化。然而，岁月并没有抹去侵略者的罪孽，更不能忘记抗日军民勇赴国难、视死如归的悲壮！今天，让人们打开历史的尘封，记录下腾冲国殇墓园的一个个镜头，并把它们清晰地展现在世人面前。它是历史的见证，是对后世子孙最好的、最生动的爱国主义教育。

下午 4 时半左右，采风团乘车前往热海考察。

腾冲是中国著名的地热风景区，全区目前发现 64 个地热活动区，温泉群 80 余处，最高水温达 96.6 摄氏度。其中热力最猛、外部显示也最为奇妙的便是镶嵌在城西约 20 公里的腾冲热海。这里青山环抱，一水喧腾，在北起硫磺塘、南接松山箐、东到忠孝寺、西连芭蕉园，面积约 9 平方公里的范围内，各种地热景观类型丰富。目前开发了大小滚锅、哈麻嘴、美女池、狮子头、珍珠泉、鼓鸣泉、怀胎井、仙人澡堂及澡堂河瀑布等十余个景点。

这些温泉和汽泉按照化学成分，又可分为碳酸泉、硫磺泉、硫酸泉等。在碳酸和硫磺泉区，草木茂盛，一片青绿；而硫酸泉区，一片长约 80 米、宽约 40 米的地面内，热气腾腾，到处是嘶嘶的响声，地表砂石裸露，寸草不生，人们不敢涉足，成为天然“禁区”。

晚上，采风团入住腾冲空港酒店。

9 月 15 日，上午游览火山公园、黑鱼河、北海湿地。下午考察腾越翡城、文星步行街。腾冲是“中国翡翠第一城”，满城都是翡翠商店。

据说翡翠也是有灵性的，它是老天爷埋在地下给某些人预备的礼品，至于该不该你得，其实早有定数，是勉强不得的。

导游给他们讲了一个故事：腾冲有个采石人官某，从 20 岁挖到 70 岁，连一块真正的玉石也未挖到过。一天，他坐在山头遥望家乡，不禁悲从中来，大哭了一场，在下山前撒了一泡尿。就在这时，他发现尿液冲刷出一块带绿色的石头，便连忙刨出来仔细察看，竟然是整块的“淡水绿”大玉石。由此官某在古稀之年时来运转，衣锦还乡。

购买了心爱的玉石和当地的土特产，黄绍勋和团友们即乘车前往芒市机场。22 时左右乘飞机，40 分钟后到达昆明机场，入住昆明饭店，准备于第二天上午返回北京。

“仗义疏财”一词，出自元代无名氏《来生债》第四折：“则为我救困扶危，疏财仗义，都做了注福消愆。”是指讲义气，拿出自己的钱财来帮助别人。“仗义疏财”不仅是一个成语，也是中国的文化传统。

其实，黄绍勋也是一个仗义疏财的人。但他认为，仗义疏财应当做雪中送炭的事，因而每逢别人遇到难处时，他都会热情地伸出援手。

2008 年 1 月中旬，罕见的冰雪天气袭击了贵州省，黔东南大地遭受 24 年以来最大的冰雪灾害。到 1 月 21 日中午，黔东南州下辖的三穗、天柱、锦屏、黎平、从江、榕江、雷山七个县供电陆续出现中断，累计受灾户达 13 万以上。

一方有难，八方支援。当时国内各地都在进行募捐，为灾区做些事。黄绍勋在捐献钱物时，突然想出一个主意，准备策划一场书法义卖活动，利用他的特长做一些贡献。于是他将这个想法告诉了当地的居委会。居委会虽积极支持，但如何去组织心里却没有底。

黄绍勋和居委会领导商量，请他们在捐款箱旁摆放一张桌子，他从家中带来文房四宝，到捐款箱旁进行现场创作现场义卖书法作品。

这一天，义卖募捐现场还没布置好，不少居民就向居委会门前走来，他们要在这里为灾区的人民献上一片诚挚的爱心。

黄绍勋准备就绪，就挥舞着手中的大笔，在宣纸上书写着对灾区人民的祝福。

因为我们是一家人，
相亲相爱的一家人。
有缘才能相聚，
有心才会珍惜……

活动现场久久地回荡着这样的歌声，这是市民对灾区人民的承诺。前来捐款赈灾的群众有喜欢书法的，黄绍勋就给他们现场创作，以比市场价低50%的价格出售，把卖得的现金放入捐款箱。

此举尽管收获有限，但却表达了黄绍勋对灾区人民的一片心意，也得到了居委会和群众的大力支持和赞扬。

现场义卖活动吸引了不少居民，一位做小本生意的居民听说这里有书法作品义卖赈灾活动，特意赶过来。他说虽然自己不怎么懂得书法艺术，但很想为灾民做点什么，就捐点钱为灾区尽一点微薄之力吧！

国家有难，匹夫有责。在一方有难之际，作为一名普通的老年书法者，能够用自己的一技之长为灾区人民重建家园献上一份微薄之力，既是对自己心灵的一次洗礼，也算是做了一件积德行善的好事。

昨天还是一片繁花似锦的景象，还是一座繁荣昌盛的城市，随着一阵地动山摇，就像当地的川剧变脸一样，那美丽的一切突然从天堂变成了地狱。由山石、黄土、烟尘混合成灰色的浓雾，一片片、一缕缕、一絮絮地升起，像缓缓地悬浮于空中的帷幔，无声地笼罩着这片毫无生机的废墟。

2008 年 5 月 12 日 14 时 28 分，四川发生了大地震，震中位于阿坝藏族羌族自治州汶川县境内，距离四川省省会成都 90 公里。

地震造成的灾难极为惨重，是中华人民共和国成立以来影响最大的一次地震。地震发生后，总参谋部立即命令有关部队迅速展开抗震救灾工作，并指示有关抗震救灾部队可将紧急灾情和有关情况直接向设置在北京的指挥部报告，以减少指挥环节。成都军区迅速派出三架直升机紧急赶赴汶川现场救援，四川省军区派出的 300 名官兵也前往救灾一线。当日，成都军区向灾区各个方向派出的救援官兵达 6100 人，很多部队还在开进途中。成都军区派出的由副司令带队的一线指挥所开到都江堰附近，因道路损毁受阻，有关部队在都江堰展开紧急救援。

这次特大地震，给四川人民群众生命财产和经济社会发展造成了巨大损失。在党中央、国务院的坚强领导和亲切关怀下，面对艰巨繁重的灾后恢复重建任务，兄弟省区市及社会各界倾力支援、倾情相助，四川省各级党委、政府精心组织、精心实施，全省人民特别是灾区人民自力更生、艰苦奋斗。

5 月 12 日，黄绍勋听到四川汶川大地震的新闻后，十分焦心。他想到了他的书法创作，他想到了平时看到的“义卖”。

义卖是指以慈善为目的的买卖，是有心人士捐出家里的物品进行出售，所获收益将捐赠给社会公益事业。义卖是社会爱心的一种体现，社会文明的集中表现。这种爱心使饥寒交迫的人感到人间的温暖，使濒临绝境的人重新看到生活的希望，使孤苦无依的人获得心灵的慰藉，使心灵枯萎的人感到感情的滋润。

我国社会主义市场经济的建立，为书法艺术的需求与供给初步建立了书法艺术作品与货币交换的平台。书法艺术作品一旦走向市场，就成为市场商品的一部分，也就理所当然地受市场经济规律的支配。

于是，黄绍勋决定运用市场经济规律，创作书法义卖。他向居委会领导提出要在捐款箱旁摆一张桌子，准备创作书法作品现场出售，所得款项全部作为赈灾之善款。

除此之外，黄绍勋还向有关单位捐赠了数幅书法作品，供他们拍卖，所得款项全部用于赈灾。

黄山，位于安徽省南部。原名黟山，唐朝时更名为黄山，即“黄帝之山”的意思。黄山是世界文化与自然双重遗产、世界地质公园、中华十大名山之一。明代旅行家、地理学家徐霞客《漫游黄山仙境》云：“五岳归来不看山，黄山归来不看岳。”说明黄山之美胜过五岳。

2008 年 10 月 19 日，在秋高气爽的宜人季节里，黄绍勋随中央统战部组织的部分书画家采风团来到了他慕名已久的黄山风景区。

黄山市地处皖浙赣三省交界处，被称为“三省通衢”，西南与江西省景德镇市、婺源县交界，东南与浙江省开化、淳安、临安县为邻，东北与安徽省宣城市的绩溪、旌德、泾县接壤，西北与池州市的石台、青阳、东至县毗邻。1987 年废除徽州建制，以境内山岳“黄山”之名设立地级市。

徽州，已有 2200 多年的历史，既是徽商故里，又是徽文化的重要发祥地，新安画派、新安医学、徽派建筑、徽州四雕、徽派盆景等影响深远，徽剧是京剧的前身，徽菜是中国八大菜系之一。除闻名中外的黄山景区之外，皖南古村落西递、宏村为世界文化遗产。

黄山市属中亚热带北缘、常绿阔叶林、红壤黄壤地带，地形以山地为主，境内最高峰莲花峰海拔 1860 米；属亚热带季风湿润气候区，主要特点是四季分明，春秋短，夏冬长，热量丰富，是著名的旅游疗养胜地。

晚上 7 时下飞机后，黄绍勋一行入住位于黄山市政府所在地屯溪依山傍水的华山宾馆。第二天早餐后，他们乘车外出，先后游览了棠樾牌坊群、花山谜窟、屯溪老街、黟县西递、宏村。

21日早餐后，采风团乘车前往前山慈光阁索道上山，游览了玉屏楼、鳌鱼峰等景区。中午在白云宾馆就餐，接着游览光明顶风景区，晚上入住北海宾馆。

22日早晨6点，黄绍勋起来看日出。只见云雾在他的周围缠绕着，他双手托，单手抓，丝绸一般油滑、凉爽，呼吸一口，全然进到了肺里。虽然没有看成日出，却饱餐了一顿新鲜空气。上午安排在始信峰写生。午休后，在清凉峰、北海景区写生。

作为一名书法家，黄绍勋更感兴趣的还是黄山上的摩崖石刻，认为它是黄山文化艺术宝库中的一朵瑰丽奇葩。这些石刻，或一字，或几字，或数十上百字；或咏赞，或抒怀，或记游……皆凝聚着前人丰厚智慧与突发灵感，凝结着先贤对黄山美的深刻理解与高度概括，令人茅塞顿开，豁然醒悟。

黄绍勋发现，在黄山众多题刻中，邹鲁所书最多，达200多字，且字字方正，横平竖直，一丝不苟，可谓是楷书之范本；而行武出身的唐式遵则行书粗犷，青鸾峰壁“立马空东海，登高望太平”，若笔起龙蛇，一波三折，气势一发不可收拾；迎客松边青狮石上，有朴古苍拙的汉隶“群峭摩天”，此乃明末清初专习《曹全碑》的书法大家郑谷口手笔。

23日上午，在西海、排云亭景区写生，然后从太平索道下山。午饭后乘车前往九华山，入住被誉为“家外之家”的聚龙大酒店。然后前往酒店对面的祇园寺参加佛事活动。

24日上午，到九华山“四大丛林”之一百岁宫和慕名已久的肉身宝殿参观。

肉身宝殿坐落于九华街西神光岭头，周围古木参天，浓荫蔽日。殿宇高15米，山门面北，红墙森严，巍峨壮观。歇山重檐顶，戗角凌空。铁瓦盖顶，四周回廊上方雕梁画栋，立石柱20根。殿宇面阔三间，进深16米，地面铺汉白玉石。中央为1.8米高的汉白玉塔基，上矗七级八面木质宝塔一座，高17

米。每层每面设有佛龛，供奉地藏佛像。塔内是地藏肉身所在的三级石塔。

黄绍勋围着木塔观瞻一周，发现东西两侧分塑十殿阎罗参拜地藏的立像，金碧辉煌。殿基和两侧佛台有38幅精美的汉白玉浮雕，图案为净瓶、宝剑、判笔、莲花、牡丹、兰花、石榴等。殿前有半月形拜台，上列铁鼎，香烟缭绕。肉身宝殿以塔为龛，构造罕见。

黄绍勋顺着雕梁画栋的走廊来到殿后，那里有一个半月形瑶台，墙上贴着"布金胜地"四个大字。每到地藏圆寂之日，国内外香客都到此朝拜进香和施舍。

午餐后，采访团乘车去合肥，入住老城西南角三面环水的稻香楼，安徽省委宴请。至此，这次赴安徽采风活动全部结束，将于次日早晨返回北京。

第三节　举办个人书展

寒冬过后，又是一个春来到。人们茶余饭后总也离不开的话题便是"踏青"，或是憧憬"长安水边多丽人"的动人场景，或是向往"芳草拾翠暮忘归"的意境。人们于花草中远足，于蓝天下嬉戏，陶醉在万物复苏的世界里，游走在桃红柳绿的天地间，春辉耀地，美不胜收。

2010年4月15日，在这个花红柳绿的季节里，中央统战部组织在京部分书画家赴四川考察采风，黄绍勋带着"四川依然美丽"的巨幅作品欣然前往。

4月16日，采风团到达映秀镇。映秀地处四川汶川县城以南，与卧龙自然保护区相邻，是阿坝的门户，也是前往九寨沟、卧龙、四姑娘山旅游区的必经之路，全镇面积115平方公里。境内水利资源丰富，该镇在经济发展中走出了一条以养殖和种植业为主的路子，使映秀产业结构的调整取得了突破性进展。

两年前，汶川发生了“五一二”大地震，随后又发生了多次强烈余震，映秀镇是震中的重灾区，全镇大部分房屋倒塌，到处山体滑坡，造成停水、停电，通讯、交通中断。全镇仅有二2300多人生还，并且有1000余人伤势严重。

去年5月11日，映秀镇灾后恢复重建项目开工暨映秀小学奠基仪式隆重举行。同时开工的有映秀小学、映秀幼儿园、中滩堡大道、渔子溪桥和映秀镇安居房五个工程，这是映秀镇灾后重建的第一批项目。

由于映秀是汶川特大地震的震中，该镇的恢复重建世界关注。阿坝州委、州政府与广东省对口援建工作组下决心要把震中——映秀镇建设好，给全国全世界交一份满意的答卷。他们邀请上海同济大学、中国建筑科学研究院等中外规划建筑设计和研究单位、大专院校以及国内著名建筑师，全面参与映秀镇的灾后重建。

阿坝州坚持依靠开放合作，充分利用国内外优势资源，按照用最新的规划理念、最新的建筑材料、最先进的建筑技术、最合理的规划设计、最好的施工管理要求，坚持“不求大、小而美、精致、本色、安全”的基本原则，在建设防灾减灾示范区的基础上，将映秀镇建成一个现代抗震建筑博物馆。

中央统战部组织的采风考察活动在映秀镇隆重举行。在仪式活动开始，由书法家王同仁当场书写了“勇者无惧”四个大字，然后由同行的书画家在上面签名留念。全团人员在刻有“五一二震中 映秀”几个大字的巨石前默哀。该巨石被誉为地震奇观——南岳飞来峰，因在大地震时，此处地声如雷，对岸山体崩裂飞越近百米，跨河形成地貌奇特的“飞来峰”，而河水长流不息，山民皆惊，趣称此峰为南岳“新加坡”，意为新增加的一个山坡。

在统一战线知名书画家赴四川地震灾区考察采风行启动仪式上
签名留念《勇者无惧》

2010 年 4 月 15 日，中央统战部组织在京著名书画家赴四川考察

启动仪式之后，采风团前往都江堰市龙池镇考察。该镇在地震中被夷为平地，震后由政府帮助重建。只见依山傍水矗立着一幢幢独具特色的新房，非常美观，已成为旅游景点，很是热闹，居民都说是因祸得福。

次日，采风团前往青城山考察。青城山下有一座道教学院，考察后大家应邀举行一个小型笔会。黄绍勋给学院书写了“盛世中华”四个大字，应该校领导邀请，回京后又给他们写了校名“青城山道教学院”。

黄绍勋为青城山下的道教学院题写“盛世中华”

4 月 17 日上午，采风团前往什邡市，考察那里的北京小学。

什邡市北京小学，原名什邡市方亭四小，创立于 1989 年 9 月。北京对口援建“五一二”地震灾区之标志工程。为北京市委统战部、北京市红十字会、北京光彩教育基金会、北京市各民主党派、工商联、北京非公经济人士等捐建。由锡华实业投资集团所属北京华特建筑设计顾问有限责任公司设计，北京市第三建筑公司承建，总投资近 3300 万元。北京小学于 2008 年 11 月 21 日在什邡市方亭通站东路奠基开工兴建，2009 年 8 月 7 日落成。

校园建筑鸟瞰体貌成“北京”字样，由正前方的教学楼、东北方的办公楼、西北方的综合楼和东面的运动场组成，目前学校的环境、校舍、设施一流。校内设有教学区、运动区，布局合理。每栋楼美观大方、实用，校园内树木常青，植被葱绿，花香满园，环境幽雅，风景秀美，学校配套设施齐全。

在教育经费方面，学校按政策免去学生的学杂费、书本费等，无乱收乱支现象。教职员工全面实行绩效工资制，多劳多得，按劳分配。校方合理使用资金，办学条件不断改善。

学校依法办学，全面贯彻执行党的教育方针，全面推进素质教育，办学思想端正，办学理念先进，学校发展规划科学，各项规章制度完善，严格按照国家课程计划开足开齐各学科课程，教育教学质量逐年上升。教育教学研究成果丰富，教育教学活动丰富多彩，教育教学质量不断提高，社会影响不断扩大。

下午，采风团前往北川老县城（地震遗址）参观。站在草木繁茂、云雀低飞、羊群漫游、小溪涓流的山坡上，呈现在他们眼前的是东倒西歪的残墙断壁，原本齐整的镇子瞬间消失了，变得惨不忍睹。黄绍勋听导游说，因死难人数过多，难以处理，就在路旁挖了几米深的大坑把死难者的遗体就地掩埋。

当采风团列队为死难者致哀时，黄绍勋看到远远的山脚下有一个个小土堆，导游说那是老县城所在地，因房屋倒塌严重，无一生还。此处地震遗址，政府决定不再重建，保留下去以供后人瞻仰。

4 月 21 日，采风团前往锦江区三圣花乡参观考察后，按约定与四川成都书画家在许燎原博物馆联合开展“四川依然美丽”座谈交流笔会，黄绍勋应邀为当地创作了“山清水秀”“上善若水”“物华天宝”等书法作品和“绵竹市博物馆”“三圣花乡”两个牌匾。

4 月 22 日，赴四川采风考察的书画家怀着沉重的心情回到了北京。此行给黄绍勋留下印象最深的一件事是，当他们前往什邡市北京小学参观时，得知该校是北京对口援建“五一二”地震灾区之标志工程之一，校园占地面积不小，教学大楼非常漂亮，尽管他们只参观有教室、有图书馆、有教师办公室的一层，但感觉一切都是崭新的。

黄绍勋发现，在进门的大厅里摆放着两张铺着白色毛毯的桌子，上面放着无字的宣纸和上等的笔砚，旁边还站着两名服务的学生。他意识到校方得知北京来了知名书画家，是想请他们留下一些墨宝。但由于行程安排得很紧，这些书画家都没能来得及动笔创作。当送他们上车时，杨继全校长流露出的神态肯定是非常遗憾。

遗憾，绝不是这个遥远的地方给他们留下的下一次邀请，黄绍勋为不能满足校方这一点点要求而深感内疚。在回京的第二天，他马上挥毫创作了17幅书法作品，寄往四川什邡北京小学，以弥补此行的不足。这些书法作品的内容是：

一、《温故知新》；

二、《开卷有益》；

三、《浇花育人，园丁辛苦》；

四、《宝剑锋从磨砺出，梅花香自苦寒来》；

五、《书山有路勤为径，学海无涯苦作舟》；

六、《莫待明年花更好，应惜今朝春尚浓》；

七、《学而不厌，诲人不倦》；

八、《蕙兰并茂，桃李争芳》；

九、《未出土时先有节，到凌云处尚虚心》；

十、《为人师表，诲人不倦》；

十一、《阳光照耀，松柏参天》；

十二、《祖国万岁》；

十三、《为人师表》；

十四、《百年树人》；

十五、《开卷有益，温故知新》；

十六、《风华正茂》；

十七、《山河壮丽，桃李芳菲》。

当校方收到黄绍勋的书法作品时，肯定是喜出望外，因为当时那么多书画家已到了学校却没留下只字片文，离开后还能给送来作品，简直不敢想象。可是，想不到的事情竟然发生了，还一下子寄来那么多，学校的领导和教师怎么会不感到惊讶呢！

过了几天，黄绍勋接到什邡学校杨校长打来的电话，一方面表示感谢，一方面又邀请黄绍勋为学校题写校训“好习惯，人一生的财富”。黄绍勋在通话中对杨校长说：“请你统计一下，学校共有多少教室和老师办公室，我愿意为每一个教室和办公室配上一幅书法作品。”杨校长连声道谢。

5 月 26 日，黄绍勋收到什邡学校给他寄来的邮件。打开一看，只见里面装有六样东西：

一、感谢信；

二、学校好习惯主题文化汇报材料；

三、灾后重建画册（什邡学校的和教育局的共两册）；

四、学校好习惯文化环境布置（黄绍勋先生书法作品）光盘；

五、学校好习惯主题教育教材和教师一百个好习惯手册；

六、三星堆纪念品（笔筒）。

信中还邀请黄绍勋为学校荣誉陈列室书写两幅作品，一幅是“少成若天性，习惯成自然”；另一幅是“习惯成就人生，习惯影响社会”。

什邡市北京小学以“精细管理，促进和谐”为办学理念，以“培养好习惯”为校园主导文化，以“感恩教育”“国学教育”“京剧脸谱操”“少儿太极拳”“书法写字教学”“少儿军训”和“劳动实践班活动”为品牌特色，注重综合素质的提高和良好习惯的培养，注重学生兴趣的激发和健康人格的培养，注重学生的主体参与和成功体验，为学生拥有健康美好的人生夯实了基础。

杨校长来信说："由您书写的'好习惯，人一生的财富'的校训和校徽已悬挂于学校门厅正上方，'好习惯，人一生的财富'的手迹也已装裱并挂在学校显著位置。"

黄绍勋为四川什邡北京小学题写校训并赠送作品30余幅装点全校园

后来每当黄绍勋想起这件事，心里总是乐滋滋的。每当他把寄来的光盘在电脑上打开，见到什邡小学校园的走廊上用非常漂亮的镜框镶挂着他写的隶书作品时，真有说不出的快乐。

2010年是中国致公党成立85周年，中国致公党北京市委成立30周年，又是侨联成立60周年。黄绍勋是一名归侨，又是中国致公党党员，借庆祝这三个节日的机会，他决定在全国政协礼堂举办一次书法展。他把近十多年来创作的大量书法作品展示出来，一方面向祖国和党汇报他的工作成果，另一方面供朋友们参观和指导，让大家和他一起分享这份快乐。

6月26日，黄绍勋书法展开幕式在北京全国政协礼堂举行。这天原中国致公党中央主席罗豪才、全国政协港澳台侨委副主任陈明义、中国致公党中央副主席李卓彬、原中央统战部副部长田鹤年、副部长陈喜庆、各民主党派中央领导人、民革中央副主席何丕洁、民进中央副主席朱永新、全国政协委员徐悲鸿美术学院院长徐悲鸿之子徐庆平、中国书法家协会原党组书记张飙、中国著名书法家张瑞龄、中共北京市委统战部部长牛有成、北京市政协副主席沈宝昌、中共北京市委统战部副部长李卫东、中国致公党北京市主委李昭玲以及八个民主党派北京市副主委或秘书长，以及黄绍勋的亲朋好友都出席了展览开幕式。

开幕式由中国致公党中央秘书长曹鸿鸣主持，中国致公党中央副主席李卓彬首先讲话，讲话中表示举办黄绍勋书法展对于弘扬中华传统文化、宣传致公党、宣传中国共产党领导的多党合作有重要意义。

接着，中国侨联副主席、致公党北京市主委李昭玲在开幕式上祝愿书法展圆满成功，她表示黄绍勋热心公益，积极参加致公党北京市委组织的爱心义卖活动奉献爱心，这次书法展的举办更是对中华文化的展示，相信书法展的举办将成为黄绍勋书法生涯的里程碑。

接着，由中国书法家协会原党组书记著名书法家张飙发言。他说："黄绍勋老师是我非常好的老朋友，也是我非常敬重的书法家之一。2001 年，当时我还在中国书法家协会任党组书记，经时任中共中央统战部领导的推荐，我认识了黄绍勋，也有幸看到了他的书法作品，了解到他在书法艺术上的造诣。此后不长时间，中国书法家协会根据黄先生的艺术成就和水平，吸收他为中国书法家协会会员。黄绍勋先生德艺双馨，积极参加海内外举办的各种书画义演义卖等活动，并将作品所得收入无偿捐给福利慈善事业。我为拥有一位这样的挚友，一位同仁而高兴而自豪。"

最后，由黄绍勋本人致答谢词。他对各位领导和亲友在百忙中抽出时间来参加书展的开幕式表示衷心的感谢，并请各位领导参加剪彩。之后，请大家进入展厅参观展览，并向大家赠送书法作品。

这次书展共展出大大小小书法作品 30 余幅，内容有唐诗、宋词、警句；形式有对联，有中堂，有扇面，有横幅，也有条幅，有斗方；有总长为 40 多米的手卷，最大的一幅横 11 米，高 2 米，写的是众人皆知的《千字文》，此作品于 2015 年为中国华侨历史博物馆收藏，长期展出于该博物馆。最小的作品尺寸为 21 公分乘 46 公分，是一套以十二生肖为内容的，即：

玉兔迎春；

金龙戏水；

银蛇纳福；

骏马送宝；

羊年吉祥；

金猴献瑞；

金鸡报春；

瑞犬献宝；

猪年吉祥；

开心鼠年；

金牛贺岁；

虎逢盛世。

向来宾赠送的礼物是黄绍勋每年春节送给领导亲友拜年用的那一种，代替大多数人用市场上购来的贺年片。每年春节前一个月，黄绍勋就开始准备，多时一年写上百张，少者也得写六七十张，加上书写信封，用时往往需要一个月。虽然辛苦些，但他觉得很有意义，因为过春节如寄张从市场上买来的贺年片，朋友收到后不久就会扔掉，谁也不会长期保留，但收到这张手写的贺年片，那是一幅小小的书法作品，绝大多数人都会珍藏起来，舍不得丢掉。所以在展览中许多朋友看到这套作品时，都互相询问你收藏多少张了，因为与黄绍勋交往的时间有长有短，交情有深有浅，家中收藏的这类作品也有多有少。

黄绍勋是从 1996 年开始用这种形式向朋友拜年的，当年写得较少，因受到朋友的称赞和喜爱，所以后来用得更广泛了，直到办书展这一年已有 15 个年头，因此收到最多的朋友家已有 15 张了。

黄绍勋有一个定居加拿大的朋友，这个朋友对黄绍勋说，每年过了圣诞节，就天天盼望黄绍勋的信，原因是信中必附一张这样的贺年片。听他这么一说，黄绍勋也受到很大鼓舞，朋友们多么喜欢他的这份礼物啊！同时黄绍勋也意识到这算是他的创举，当今社会上采用他这种方式的不一定是绝无仅有，但肯定是不多的。

这是黄绍勋首次以个人名义举办的书展，其间北京致公书画院副院长张红雨为此付出了辛勤的劳动，帮助联系展厅、布置展览、邀请嘉宾。张红雨非常尊敬、钦佩、关心黄绍勋老人，经常去黄家问寒问暖，帮助他寻医找药，为他过生日，给他买衣服、买宣纸，真是不是女儿胜似女儿。

第四节　情系母校

2005 年 10 月 2 日，是天津大学 110 周年校庆。天津大学成立于 1895 年，校友数以十万计，遍布世界各地，在北京的校友也超过了万人，在各行各业中天津大学校友也有非常突出的人才。

在天津大学 110 周年校庆前夕，时任天津大学北京校友会会长的袁国林以中国长江三峡工程开发总公司、中国核工业集团公司、天津大学（北洋大学）北京校友会的名义，向母校捐赠了一块“三峡石碑”，碑文写道：

这不是一块普通的石头，而是取自长江三峡大坝基础的花岗岩岩芯。三峡工程令中华民族魂牵梦绕，现已梦想成真，此乃国运所系盛事之举。在天津大学（北洋大学）一百一十五周年校庆之际，敬献此石，欣誌：北洋学府首创中国近代教育基石，永固天津大学继承校训实事求是奋发图强。

当时，天津大学（北洋大学）北京校友会向校友们征稿，谓在此三峡石上要刻上“梦成真”三个大字，天津大学毕业生黄绍勋得知此消息，就书写了这三个字投稿，最后评比结果，一致通过采用他书写的“梦成真”三字。

2005 年为天津大学北京校友会捐赠母校的三峡石题写碑名“梦成真”，此碑矗立在天津大学七里台校门口

2005 年 10 月 2 日，天津大学（北洋大学）北京校友会派出代表返回母校参加“三峡石碑”揭幕仪式。参加揭幕仪式的有天津市校友会领导和天津大学

在任领导和各地校友会的会长，黄绍勋也成为揭幕的嘉宾。仪式之后，许多在校学生知道黄绍勋是在石碑上题写“梦成真”的作者，纷纷前来与他合影留念。场面如此火热，令黄绍勋受宠若惊。

晚上，有一个校庆晚会，黄绍勋和北京前来的校友会领导们一起观看演出。晚会主持人报出的第一个节目是《师诵》，再一次聆听母校七位校长的治学名言。

古人云：“读《出师表》不下泪者，其人必不忠；读《陈情表》不下泪者，其人必不孝；读《祭十二郎文》不下泪者，其人必不友。”可以说：听《师诵》不动情者，其人必不是天大学人。

听完了《师诵》，黄绍勋兴奋不已，当场表示回京后一定将七位校长治学名言创作成书法作品，赠送给母校，祝福母校继承优良传统，开拓创新再创辉煌。

晚会后，黄绍勋向天津大学校友总会韩云芳先生索取了《师诵》节目的脚本，花了十多天时间，终于把七位校长句句饱含深情，温暖人心；句句蕴藏哲理、催人奋进的诗词名言写成七幅书法作品。这些名言分别是：

一、盛宣怀（1844—1916）：

当思国事难，忧勤任宵旰。

自强人为本，求才学为先。

不作八股文，不争进仕名。

洵属求实务，堪核真经理。

树人如树树，惟恐歎迟暮。

今日弱梓楠，他年成桢干。

立学变日棘，时危得砺练。

效洋意复兴，逐利富国民。

二、赵天麟（1886—1938）：

形上形下，聚精会神。
人文渊薮，日新又新。
猥长其曹，改制伊始。
一得之愚，实事求是。
忆当髫稚，蛾术于斯。
归自海外，乃辱皋比。
教学相承，渊源接续。
从事此间，厥情最笃。
别来数稔，时复念兹。
达材成德，与有荣施。
云霞蒸蔚，盛会欣逢。
洋洋学海，万派朝宗。

三、茅以升（1896—1989）：

新学既东渐，北洋卓有声。
延我即讲席，朝夕对群英。
我亦方少壮，图强意纵横。
切嗟不知倦，析疑四座倾。
兵余复弦歌，畀我以效政。
师友欢相得，翕然归淳正。
国事方多故，邪正角相竞。
魔火不为灾，新厦俄顷竟。
南土忽相招，钱塘潮浪高。
自古空寥阔，秦皇不安桥。

面对惊涛不抽身，力驱鼍梁浮万钧。

三载架桥成，桥成寇已深。

莘莘诸学子，颠沛尽西行。

人谋福譸张，逶迤何栖遑。

栖迟川与陕，摇落浙山苍。

否极微阳动，春荣百卉芳。

煌煌三十载，重开日月光。

崇实遵校训，时隆道乃昌。

济济夸多士，嘉木矗千章。

颂今还鉴昔，前事未可忘。

四、李书田（1900—1988）：

沽上门墙桃李秀，并迁益壮无涯。

同文同轨肇中华，春风常吹住，化雨水亨嘉。

众院合成今伟大，科共重点交加。

津南八里校园跨，师生歌乐止，至今映秋花。

五、张含英（1900—2002）：

繁花节后遇良辰，盛世飞腾忘自身。

暴雨荡尘寰宇净，红旗引路普天新。

征途万里步初启，理绪百端志待申。

力退意坚急奋起，洞开一片吐芳心。

六、李曙森（1910—1998）：

巍巍天大，熠耀其光。

后辈师贤，明星煌煌。

莘莘学子，国之栋梁。

世界一流，薪承北洋。

吾之所盼，图之锵锵。

七、龚克（1955—）：

百十五载，看云起龙骧。

筚路蓝缕，承一脉梦想。

勇创一流，树天大志向，

巍巍学府，书学海华章。

2010 年 11 月 18 日，天津大学原党委书记、校友总会常务副会长杨渝钦、校友总会副秘书长韩云芳及校友工作办公室副主任胡如光一行三人到京看望黄绍勋校友，并接受了黄绍勋的书法作品《师诵》，北京校友会秘书长吴勤学参加。

杨渝钦感谢黄绍勋校友向母校捐赠的书法大作《师诵》，体现了莘莘学子关心母校热爱母校的心情，高度称赞黄绍勋在书法艺术方面取得的斐然成绩——成为一个著名的书法家，为母校挣得了荣誉，实为母校的骄傲。

光阴似箭，日月如梭。时光这把织梭将天津城绣制得十分美丽。高大挺拔的楼房、南来北往的车辆、接踵而来的行人，已经找不到当年街巷的沉寂与幽深。

在纪念天津大学校庆 115 周年之后，时过五年，天津大学又迎来了 120 周年校庆。为适应当前国家发展的需要和满足天津大学的发展，这次校庆在天津大学新校区举行。

2015 年建成的天津大学新校区（一期），又称天津大学北洋园校区，位于天津海河教育园区，总建筑面积155万平方米，按照“统一规划、分期建设、分步实施”的原则建设。一期建筑面积83万平方米，包括主楼、行政楼、实验楼、图书馆、体育馆、教职工活动中心、学生活动中心及各学科组群等21个组群。

新校区一期建成后，12个学院（部）以学科组群的形式实现整体搬迁，在校学生规模达到18000人，教学科研主体功能向津南新校区集中。卫津路校区将成为高端培训、医工结合、新兴学科培育的特色基地、军工科研项目的研发基地及开发电子信息和文化创意新技术新产品的创新基地。

天津大学新校区将建成一个以湖泊、人工湿地为核心的水体生态校园，各建筑依水而建，形成富有特色的湖畔水景校园。以“学科带＋功能带”为基本建设模式的新型规划模式包括工科学科一带、工科学科二带、基础学科带、文理学科带和行政对外功能区、教学实验功能区、体育教学功能区、学生生活功能区、体育休闲功能区等，充分满足师生学习、生活和工作的需要。

天津大学新校区与南开大学新校区毗邻而建，两校之间有一平方公里共享景观绿化带，北侧与多所高校临近，有利于咨询共享，优势互补。还与附近滨海新区的南开大学滨海学院、南开大学泰达学院交相辉映。

新校区地段有先锋河、卫津河等多条河流，两校分别位于景观绿化带的东西两翼，周边河流围绕，绿荫环抱，自然环境优美。交通方面，未来新校区可通过地铁实现与老校区的联系，且新校区周边有津晋、津港等多条快速道路交织，交通十分便捷。

黄绍勋和他的学友们听说天津大学新校区已初步建成，都为母校的辉煌发展而感到自豪，纷纷表示准备利用校庆之机前去参观，并愿为母校的建设贡献绵薄之力。

这一年的校庆，天津大学开发三峡工程的校友和北京校友会，准备给母校再送去一块巨型三峡石，上面计划刻上“北洋纪念林”五个大字，并刻上

"北洋大学、天津大学北京校友会捐建"字样，仍请校友黄绍勋题写。

天津大学在新校园内划出一块地方建立北洋纪念林，由黄绍勋题写的"北洋纪念林"巨石就准备安放在那里。

10 月 2 日，黄绍勋和北京校友会会长安志忠等人前往母校新址参加"北洋纪念林"三峡石揭幕式，出席揭幕式的校领导有刘建平等人。天津滨海新区拨给天津大学 3750 亩地扩建新校园，各地校友会分别发动校友为母校新址捐献树木，美化校园。北京的部分校友自愿向母校捐钱购树，每棵 1800 元，黄绍勋以他和亡妻唐丽贞的名义各捐了一棵树，以报母校培育之恩。

2015 年为北洋大学、天津大学北京校友会捐赠的三峡石题写"北洋纪念林"

校友林是北洋园校区的主要绿化景观，林内包括法国梧桐、菊花桃和海棠等植物，极具观赏性。校友林的建设离不开广大校友们的大力支持，学校先后收到了江苏、广西、湖北、山东、北京、深圳等地校友会的捐建款项，同时收到校友年级、班级和个人 800 余人次的校友林树木基金。校友林在美化校园的同时，也象征着各地校友与母校的情谊枝繁叶茂、万古流长。

刘建平书记在落成典礼致辞中说：捐赠校友林的想法是由北京校友会的袁国林先生首先提出的，并代表家中八位天津大学（北洋大学）校友率先捐赠了八棵树。而后，众多校友会、各位校友纷纷响应，在全国各地校友会的支持和帮助下，现已建成了十四座校友林，其中每一棵树、每一片林都蕴含着校友对母校的无私奉献与拳拳之心。十年树木，百年树人。几年之后，这些校友林将初具规模，欢迎各位校友常回来看看。

刘书记指出，现在北洋园校区得已初具规模，这其中凝结了几代北洋人天大人共同努力奋斗的结果。愿学校发展越来越好，望校友林枝繁叶茂、蓬勃生长，预示着天津大学事业发达。祝各位校友身体健康，工作顺利！

北京校友会的安会长代表各位校友发言。他说：两年前首提建立校友林之后，全国各地校友会、世界各地校友纷纷贡献力量帮助建设，期间种种感人场面感人事迹数不胜数。安会长表示：捐树建林，就是为了把母校把新校区建设好、美化好。将这片树林命名为“北洋纪念林”，就是要留住北洋精神，弘扬北洋校训，发扬严谨治学、兴学强国的传统，培养掌握有世界一流学识技术，有家国情怀的北洋天大人。捐赠校友林，不仅是种树，更是育人，我们的初衷正如校歌所说“望前驱之英华卓荦，应后起之努力追踪，念过去之艰难缔造，愿一心一德共扬校誉于无穷”。

在天津大学新、旧两个校园内各矗立的两块纪念石都是黄绍勋书写的铭文。除此之外，他还在母校 120 周年校庆之际，以手卷的形式再次书写了七位老校长的名言，在手卷的开头，黄绍勋这样写道：“适值北洋大学、天津大学建校一百二十周年之际，敬录历届校领导之名言及诗篇赠与母校作礼物，以感母校多年培育之恩。”

七位老校长的名言手卷在庆祝120周年校庆的庆典晚会上，黄绍勋亲自交给天津大学原党委书记、校友总会常务副会长杨渝钦先生，由他转送给母校收藏。

由于黄绍勋多次为母校做了一些工作，受到了天津大学及其北京校友会的重视和关照，从2011年起，任命他为北洋书画社社长。

第八章　盛世殊荣

经学校推荐，专家评选，决定授予 10 名同志为“健康之星”和 25 名同志为“健康标兵”荣誉称号；授予 10 名同志为“乐为之星”和 25 名同志为“乐为标兵”荣誉称号。我是北京服装学院唯一一个被评为“乐为标兵”的离退休干部。

水惟善下能成海
山不争高自極天

黄绍勛於北京

第一节 被评为“乐为标兵”

2013年4月13日，黄绍勋离开北京，应邀参加由深圳市龙岗区美术家协会、龙岗区龙城街道办党工委宣传部在栖湖酒家举办的书法展。

龙岗区位于深圳市东北部，东临大亚湾、大鹏湾，南接深圳经济特区，西连宝安，北通惠州和东莞市，拥有得天独厚的区位优势、储备丰富的土地资源、风光旖旎的黄金海岸和历史悠久的客家文化，是改革开放的热土和投资置业的理想之地。

扬帆竞渡赋华章，开拓进取谱新篇。龙岗区委、区政府谋大局，抓大事，着眼长远，关注民生，使龙岗焕发出蓬勃生机。近年来，龙岗各项指标年均以两位数速度飚升，经济发展呈现出又好又快的势头。

深圳市是在20世纪90年代改革开放大潮中崛起的城市，发展速度之快世界少有，但在文化方面的发展稍微滞后。过去有人说深圳这座城市是文化沙漠，通过这次在深圳办书法展，黄绍勋改变了以前的看法，展览中前来参观的人数之多购买力之强并不亚于北京、上海等大都市。据说深圳地区的一些家庭，几乎家家都有书法装饰。

这次书法展和其他书法展略有不同，在展览大厅还给书法家设置一个场地，应参观者的要求现场创作就地出售，来者甚众，影响较大。

在办展期间，应深圳市紫金山文化促进会举办的首届扶困助学慈善义捐书画摄影艺术作品活动，黄绍勋从参展作品中选出几幅书法作品供其拍卖之用，并参与整个拍卖过程。拍卖会开得很成功，许多乡亲企业家慷慨解囊，竞相争购拍卖作品。黄绍勋的作品被高价抢购，拍卖所得捐给慈善机构用以帮助贫困学生和贫困家庭。

太阳在人们不经意的时候，悄悄约会它的情人去了。深圳辉煌的灯光遮掩了夜幕的星星，天空灰蒙蒙地亮着，这仿佛不是夜的颜色，既看不到月亮，也看不到星星。

黄绍勋回到宾馆打开电视，在新闻报道中惊悉当日四川雅安市芦山县发生了七级地震，给当地群众的生命财产造成了无法估计的损失。

黄绍勋听到此消息，联想起五年前四川汶川地震的情景，想起赴汶川震区看到的惨状，心中很是焦虑。他想如果此时在北京，可以用自己的特长募捐点钱，为震区出点力。可如今是在外地，人生地不熟，这可怎么办呢?

静夜独坐，反复筹思，黄绍勋终于想出一个办法。第二天天刚亮，黄绍勋给这次展览的承办单位负责人栖湖酒家老总打电话。她是紫金山人，请她把紫金山文化促进会的会长及秘书长请来，然后向他们说明为了给四川雅安地震灾区捐款，他决定举行义卖，把他的展品打折低价出售，所得款项全部捐给雅安地震灾区。

黄绍勋的话音刚落，在场的人感到很震动，很意外。有的人说身上没带那么多钱；有的说前两天刚买过了，但因是打折出售，价格便宜，还想再买，但又怕回家取钱再过来晚了买不到，便和黄绍勋商量先把喜欢的作品交少量订金，下午再来补交；还有人请黄绍勋现场创作自己最中意的书法。

就这样，黄绍勋整整忙了两天，把义卖所得的八万元现金全部交给深圳市紫金山街道民政部门人员手里，由他们存入平安银行深圳中心城市支行，再转交给地震灾区。

雅安在 4 月 20 日发生地震，黄绍勋 21 日就开展赈灾义卖，动作之快，令广大市民深为感动。当地电视台及报刊《深圳侨报》《深圳特区报》《深圳晚报》都作了报道，对黄绍勋的义举大为赞扬，有人说他做了一件功德无量的好事。

黄绍勋先生的部分社会荣誉

黄绍勋认为这是他应该做的，作为一个中国公民，当看到自己的同胞遭遇灾难时，伸出援手尽自己的微薄之力扶一把，这是每个公民应尽的义务。当时他把这一举动向北京服装学院及北京市致公党市委作了汇报，也得到了领导的肯定。在北京服装学院离退休工作处主办的《夕阳情》小报上还刊载了黄绍勋在深圳市龙岗区赈灾义卖的事迹。

4 月 28 日，黄绍勋在深圳的书法展圆满结束。在答谢晚宴上，黄绍勋的书法艺术和义举行为得到众多来宾的肯定，一是在弘扬中华传统文化上做了宣传，二是在扶贫帮困上做出了贡献。

农历九月初九，为传统的敬老节。敬老节又称“双九节”“老人节”，因为古老的《易经》中把“六”定为阴数，把“九”定为阳数，九月九日，日月并阳，两九相重，故而叫重阳，也叫重九。古人认为这是一个值得庆贺的吉利日子，并且从很早就开始过此节日。

今天的敬老节，被赋予了新的含义。在 1989 年，中国把每年阴历的九月九日定为敬老节。传统与现代巧妙地结合，成为尊老、敬老、爱老、助老的老年人的节日。中国各机关、团体、街道，往往都在此时组织从工作岗位上退下来的老人们秋游赏景，或临水玩乐，或登山健体，让身心都沐浴在大自然的怀抱里；不少家庭的晚辈也会搀扶着年老的长辈到郊外活动或为老人准备一些可口的饮食。

2013 年的九月初九，成为我们国家法定的首届“老年节”。为了庆祝首个老年节日，由中国食文化研究会联合中国老年学会老年营养与食品专委会和中国健康产业发展联盟，在 20 多个企事业单位的支持赞助下，于 10 月 11 日（农历九月初七）在北京市丰台区慈寿宫举行“久久敬老会”大型敬老文化活动，主题活动是“中华盛世福寿孝亲敬老宴”。

在敬老会上，请了社会各界过去曾对国家对社会做出过贡献的年龄在 70 岁以上的 99 位老年人代表出席并亲笔签名留念。这次出席的老年人平均年龄为 78 岁，由于黄绍勋被邀请为“九九敬老会”的顾问，因此他还邀请了中国致公党中央原副主席王宋大先生、中国致公党中央原秘书长邱国义先生和书法界知名人士郗士贞先生出席了宴会。

宴会中除了邀请有关领导发言之外，还安排了文艺表演和抽奖活动。大会组委会原准备制作一些有纪念意义的陶瓷器皿赠送给与会的老人，但由于经费不足，纪念品制作不成，会期又已临近，组委会成员甚为着急。

黄绍勋得知此消息后，便自告奋勇提出建议，表示此次抽奖活动的奖品由他负责，但不能满足所有与会老人，只能通过抽签，每桌一个幸运号码，抽中者获得一幅由他创作的奖品。此意见得到组委会的赞同，于是黄绍勋便书写了以下 12 幅书法作品作为奖品：

福寿康宁　人道酬善　俯仰无愧

人寿年丰　积德流芳　金石延年

松鹤延年　书画益寿　松龄鹤寿

上善若水　巅峰之道　天耀中华

席间进行了抽奖活动，并由黄绍勋亲自上台颁发奖品。虽然每桌只有一人中奖，但巧合的是，获奖众人中竟有两位是他天津大学的校友。他们一见如故，相互握手，相互拥抱，好不快活。

翌年，也是在这个敬老宴上，抽签的奖品仍是黄绍勋的书法作品。巧得很，这次中奖的有两位是黄绍勋在服装学院工作时的领导，一位是北京服装学院原院长周亚夫先生，另一位是北京服装学院化学系主任曹承宜教授。

黄绍勋先生的部分社会荣誉

为加强北京高校离退休干部思想政治建设和基层党组织建设，进一步创新工作载体，深化创先争优活动，北京市委教育工委在高校广大离退休干部中深入推进“学习工程、健康工程、乐为工程”。两年来，北京高校离退休干部在弘扬优良传统作风、践行终身学习理念宣传积极养老观念和健康生活方式，促进首都经济社会发展，维护社会和谐稳定等方面发挥了积极作用，涌现出一大批先进典型。

为深化“学习工程、健康工程、乐为工程”，形成老同志创先争优长效机制，根据教育系统离退休干部工作的安排，北京服装学院离退休工作处在 4 月份启动北京教育系统离退休干部“学习之星”“健康之星”“乐为之星”评选活动。

各单位推荐人选为正式办理离退休手续的教职员工；拥护中国共产党的领导，热爱祖国、热爱人民、热爱社会主义，遵纪守法，品德高尚，作风正派，具有良好的社会公德、职业道德和家庭美德；在开展学习、促进身心健康、推进老有所为方面成效突出，事迹感人，影响广泛。

其中“学习之星”推荐评选条件是：主动践行“终身学习”“终身教育”理念，自觉制定和执行学习计划，坚持长期学习；注重政治理论学习，及时学习中国特色社会主义理论，在政治上思想上行动上与党中央保持一致；注重综合知识学习，结合生活、工作需要及时开展相关知识学习，不断丰富知识体系；注重学以致用，能够运用所学知识指导实践、丰富生活、推动工作；积极参加各级各类学习教育活动，并在活动中发挥带头作用；学习形式多样，学习效果明显。

“健康之星”推荐评选条件是：拥有健康的生活理念和生活方式；宣传积极养老观念和健康生活理念；积极学习掌握基本健康知识和技能；心理健康，保持积极健康乐观的心态，看待问题客观，面对困难乐观，有良好的社会适应；身体健康合格或能够有效控制相关指标；积极参加健身活动，具有一定的才艺技能，在老同志健康活动中起到模范带头作用。

“乐为之星”推荐评选条件是：能够充分发挥政治优势、经验优势、威望优势和学科专业优势，面向社会、面向教育、面向群众、面向基层为党和国家经济社会改革发展做出积极贡献；为人才培养、科学研究、服务社会、文化传承创新做出积极贡献；为促进社会和谐、校园稳定、家庭和睦做出积极贡献。工作认真负责，奉献精神和集体荣誉感强，事迹突出，影响广泛。

经学校推荐，专家评选，决定授予10名同志为“学习之星”和25名同志为“学习标兵”荣誉称号；授予10名同志为“健康之星”和25名同志为“健康标兵”荣誉称号；授予10名同志为“乐为之星”和25名同志为“乐为标兵”荣誉称号。黄绍勋是北京服装学院唯一一个被评为“乐为标兵”的离退休干部。

在颁发证书时，负责人表示：这次受到表彰的先进个人，是北京高校离退休干部的优秀代表，他们的先进事迹和崇高精神充分展示了新时期离退休干部的良好形象和精神风貌，希望受到表彰的同志要珍惜荣誉，再接再厉，不断创造新的业绩。

此外，北京服装学院还仿效中央电视台的做法，在年终进行了“感动北服”的评比，范围包括全校所有的教职员工和离退休职工。由于黄绍勋乐于奉献，仗义疏财，曾连续两年被北京服装学院推举为“感动北服”的候选人。

第二节　出书与送书

2014年，是中国的马年。俗话说，牛马年，好种田。进入新的年度，中国大地出现了新的气象。

这年8月下旬，黄绍勋应安徽省佛教协会、九华山佛教协会、九华山百岁宫之邀，前往九华山百岁宫参加全堂佛像开光暨慧庆法师荣升方丈庆典法会，同行的有北京致公画院副院长张红雨和矫淑艳女士。

矫淑艳是黄家的阿姨，东北伊春人。由于家庭贫困，被迫出来打工。黄绍勋非常尊重和同情这个柔弱女子，在她生病时带她看病，让她劳逸结合，帮助她解决困难。矫淑艳非常能干，家务也做得有条有理。由于他们能够和谐相处，彼此像家人一样，所以矫淑艳在黄家竟做了快十年的保姆。

九华山，位于安徽省池州市青阳县境内，素有“东南第一山”之称，为“中国佛教四大名山”之一。古称陵阳山、九子山，传说因唐朝李白《望九华赠青阳韦仲堪》诗：“昔在九江上，遥望九华峰。天河挂绿水，秀出九芙蓉。”而更名为“九华山”。九华山自山麓至天台峰，名刹古寺林立，文物古迹众多，尚存化城寺、月身宝殿、慧居寺、百岁宫等古刹 78 座，佛像 1500 余尊。

百岁宫，始建于明代。万历年间，五台山僧人海玉，字无瑕，云游至九华山，“初住东岩摘星亭，见狮子山左右有龟蛇供护之状，遂卓锡焉”。无瑕在此，以野果为食，用舌血和金粉，费时 20 余年，抄写《大方广佛华严经》，计 81 卷。无瑕圆寂于天启三年（1623 年），享年 110 岁，世称百岁公。时过三年后，恰逢王钦差来山进香，夜见霞光，因起视之，见无瑕结迦趺坐，面色如生。于是将肉身涂金保护，在庵内供奉。

慧庆法师，俗名方志平，1958 年生于安徽庐江。1979 年，在合肥明教寺顶礼妙安长老出家。1980 年经妙安长老推荐，拜九华山仁德大和尚为师。1985 年经九华山佛教协会推荐任九华山百岁宫住持。1989 年后当选为九华山佛教协会副会长，2007 年当选为安徽省佛教协会副会长，2010 年当选为中国佛教协会副秘书长，2013 年当选为九华山佛教协会会长。

这是黄绍勋第二次巡游九华山。在慧庆法师的陪同下，他参拜了百岁宫。这是一座典型的皖南民居式寺庙，五层高楼融山门、大殿、肉身殿、库院、斋堂、僧舍、客房和东司为一整体，没有单体建筑的配置，远观恰似通天拔地的古代城堡。

这种形制在中国现存寺庙建筑中极为少见，其布局充分利用由南向北下跌的坡势，楼层由低爬高，层层上升，形成曲折幽深恢宏多变的迷宫。从正门正面看大殿，它只是一层楼，而大殿东侧的厢房是两层楼，通高只有 10 米。但从它的后门看，东侧墙高达 55 米。而屋顶只是一个完整的皖南民居式有天井的四落水顶。

寺下不远处有一山亭，可以歇足。亭内原供“皆大欢喜”形象的弥勒佛。佛经上说弥勒住在兜率天，所以小山亭题额为“兜率院”，颇有以山亭作寺门之意。

大殿宽 19 米，进深 14 米，中有“九龙戏珠”藻井，佛龛则因地就势筑在长 4.5 米、高 2 米的岩石上。由大殿侧门可进入同一楼层的肉身殿，殿前有一天井，下建蓄水池，兼作取水灭火之用途。肉身殿后则为佛堂和僧舍。它的四个楼层内有巨岩横陈，有磐石镶嵌，岩石与建筑、建筑与山峰有机结合，巧夺天工，令人叹为观止。

据说九华山的百岁宫保佑人们家庭平安最灵，所以这里的香客特别多，有烧香的、有点蜡的、有跪拜的，而且都极其虔诚。在百岁宫外面的路边有出售同心锁的，人们纷纷前去购买，甚至还要买最大的那一把。但愿这把大锁能把他们的福分牢牢锁住，但愿百岁宫的佛祖保佑他们永远平平安安。

8 月 30 日清晨 5 时，黄绍勋在僧众梵唱和寺庙钟声中起身。这天上午九华山上彩旗飘舞，梵乐环绕，海众云集，龙天欢喜，到处洋溢着喜庆的气氛。来自海内外百余位诸山长老、高僧大德及佛教居士、各界嘉宾近万人，共同见证了百岁宫的重要历史时刻。

8 时至 10 时 30 分，百岁宫全寺僧俗两序大众在山门前列队恭请慧庆法师升座。各法师分别向慧庆法师授祖衣、佛珠、佛尘、佛钵、锡杖、如意等。

升座法会圆满后举行了隆重的庆典仪式。为了对慧庆荣升方丈表示祝贺，黄绍勋特意创作一幅《心经》长卷。

黄绍勋创作的《心经》是《般若波罗蜜多心经》，“般若波罗蜜”是梵文的音译，意思是“通过智慧到达彼岸”。当慧庆方丈打开这个书法长卷，顿时震惊于长卷上精美的隶书。他赞不绝口，十分高兴地收下了这个珍贵礼物。

2015 年 7 月 12 日，是黄绍勋的 80 岁生日。黄绍勋的面相和动作倒不像 80 岁的老人，高高大大一块身板，背一点儿都不驼。虽然已进耄耋之年，但值得庆幸的是，不仅他的身体非常强健，其书法艺术也已达到炉火纯青的程度。他还一直在穷当益坚、老当益壮地进行书法创作，其精神可嘉可贺。

2015 年是中国人民抗日战争胜利 70 周年，大报、小报、电台、电视都在不停地报道抗战胜利 70 周年的纪念活动。

8 月 15 日是个特别的日子，70 年前的这一天是中国人民激动万分的时候，因为抗日战争胜利啦！中国人民抗日战争纪念馆回首那段血雨腥风的岁月，人民的不甘、悲叹、愤怒都无法形容那段岁月的动荡不安。这是一部沉重的灾难史，是每一个中国人心中永远的痛！

100 多年来，中国无数次地受到日本帝国主义的压榨和宰割。从 1874 年起，日军陆续占我台湾、吞并琉球、发动甲午战争、加入八国联军侵入北京，在我东北进行惨无人道的日俄战争，侵占我旅顺、大连……这一件件一桩桩地数下来，可知中国人这大半个世纪生活得是何等艰苦。可我们的人民并没有向邪恶势力低头，无数的同胞开始了在白山黑水间的战斗，让世界知道，你永远也不能征服我泱泱大中华！

卢沟桥的枪声，揭开了中国人民反击日本法西斯侵略、全民抗战的序幕。1937 年，侵略者踏着中国将士的血水、华北人民的泪水侵占了北京，那道曾经阻挡过多少异族入侵的雄伟长城此时显得那么苍白无力，在这民族存亡的关头，人们不仅仅是发出“四万万人齐下泪，天涯何处是神州”的悲叹，更有“保卫黄河保卫华北保卫全中国”的怒吼，这条沉睡的世界东方巨龙彻底地觉醒了！

在中华民族存亡的非常时刻，多少热血儿女毅然奔赴抗日前线，加入救亡图存的行列。他们为赶走日本鬼子求得民族解放，不惜抛头颅、洒热血，在枪林弹雨中写就了他们惊天地、泣鬼神的壮丽人生篇章。历时14年的峥嵘岁月，中国人民终于扑灭了日寇在华夏大地燃起的战火硝烟。70年了，70年弹指一挥间，中华民族自此扭转百年衰败沉沦的历史，古老的中国从此走向民族的独立与自强。

邪不压正，正义的力量总会取得胜利，然而胜利也是要付出代价的，那便是生命和鲜血。没有人清楚知道有多少生灵在那场全人类的灾难中消逝，有多少文明在战火中湮灭……

我们之所以回首战争，那是因为珍爱和平，在无数英烈用鲜血浇灌的土地上，在战士用生命换来的和平中，我们在抗战胜利70周年到来之时，更多的是一种缅怀，一种反思，一种激励……

黄绍勋虽然没有拿过武器与日本侵略军搏斗，但他却是那个年代的见证人，他亲眼看到过日本侵略军烧杀抢掠的暴行。为了纪念这个重要的日子，他在工作室里来回踱步，他要为这个重要纪念日做一点力所能及的事情。一番思索后，他快步走到书案前，迅速展开一张宣纸，然后提笔蘸墨，宣纸上很快出现“牢记历史、圆梦中国”八个大字。

黄绍勋把这幅精心创作的书法作品装裱好，准备把它捐赠给中国人民抗日战争纪念馆。

中国人民抗日战争纪念馆，坐落在北京丰台区卢沟桥畔宛平城内，距市中心约15公里。这是全国唯一一座全面反映中国人民抗日战争历史的大型综合性专题纪念馆，是国家一级博物馆、全国优秀爱国主义教育示范基地、全国国防教育基地、全国廉政教育基地、全国百家红色旅游经典景区，是中国抗日战争史学会秘书处所在地、中国博物馆协会纪念馆专业委员会主任委员单位。

中国人民抗日战争纪念馆的文物藏品以1931年至1945年抗日战争时期的各种历史文献和相关实物为主，同时也收藏了自1874年以来日本侵略和占领台湾的各类文物，内容涉及军事、政治、经济、文化、社会等诸多历史侧面。馆内收藏各类文物达两万余件（套），其中一级文物达百余件（套）。

7月2日，当黄绍勋将他的书法作品捐赠给中国人民抗日战争纪念馆时，馆里的领导激动不已，深为黄绍勋的爱国行为所感动。

自退休以后，黄绍勋一直从事书法研习和创作，收获颇丰，众人称赞，其书法作品底蕴深、正气多，字字如珠、行行如椽，清新脱俗、格调高雅，体现出雄壮之美、端庄之美、和谐之美，显示了他的精神面貌和艺术功底，正如著名书法家王遐举所称誉的“端庄而不失秀丽，飘逸而不失稳重”，名家刘炳森所比喻的“似兰斯馨，如松之盛”，使人们观后耳目一新，获得美的享受，深受书法界人士及广大书法爱好者敬仰和喜爱。

许多书法爱好者希望黄绍勋能出版一本字帖以供学习之用。然而，当下要出版一本著作除了要花费时间创作还需花费许多金钱，出版后书店是否愿意帮助销售等都成问题，所以对此事黄绍勋常常产生犹豫，一直拖着下不了决心。

一次偶然的机会，黄绍勋应邀赴广东中山参加活动。晚上他和中山市政协委员、中山市东升镇商会会长、中山市联发利房地产开发有限公司董事长冯小龙谈起出书难的问题，并发表了自己的看法。

冯小龙一直秉承“经商不忘行善，谋利亦须取义”的中国传统儒商文化。自20世纪80年代创业以来，参与各项慈善公益活动不计其数，捐助款项已超过2000万元。他认为具有博大胸怀而富有强烈的社会责任感的企业人士，才能真正成就一番大事业。百年发展，教育为先，为了给学生们提供优良的教学环境，他曾相继参与捐建了东升镇中心幼儿园、新胜小学、东升高级中学等。其中捐建东升镇中心幼儿园的资金就达200万元。

了解了黄绍勋的难处后，热爱公益事业的冯小龙对黄绍勋说："你把书稿写好了送过来，我帮你出版。不用你花钱，书也不卖，我无偿赠送给学生。"

听到冯小龙这样的表态，黄绍勋喜出望外，感到他盼望已久的出书愿望将要实现。

带着这个思路黄绍勋第二天乘车到了珠海，找到认识他的珠海市免税企业集团有限公司总经理黄振堂。过去黄振堂向他求过作品，也非常喜欢他的书法。

见面后，黄绍勋说明来意，未想到黄振堂也是一个慷慨大方的人，他非常高兴地告诉黄绍勋："出书，好办，你出力，我出钱，咱们一起出！"

黄绍勋满怀喜悦地回到北京，经过半年多的努力，他把1998年曾经出版过的一本《隶书入门与创作》进行了修订，又增写了两个内容，一是《千字文》，另一是前后《赤壁赋》，前一本是理论部分，可作为教科书用，后两本是字帖。

在准备出版这三本书的过程中，张红雨也花了很大精力，为书的封面作了设计，制作光盘给出版社，使此书的出版周期缩短了许多。

珠海方面接到了书稿，由珠海市委常委、市委宣传部部长陈英先生为此书写了序言，序言中提到黄绍勋教授是中国书法家协会会员，现任中国致公画院副院长、北京致公书画院副院长，对弘扬中华传统文化很为重视，对珠海情有独钟，十分关注珠海的书法爱好者，特别是初学书法的青少年，特意将佳作《隶书入门与创作》和最近书写的《千字文》《赤壁赋》寄来珠海，以便编印成册，赠送给珠海的书法爱好者，此诚意得到珠海市免税集团公司的重视支持，出资出力，拟将这些佳作编印《隶书入门与创作》《千字文》《赤壁赋》三册书，每册印量一万本，赠送老、中、青、少书法爱好者，让大家能欣赏到黄绍勋教授的"似兰""如松"佳作，学到黄绍勋教授的书法创作经验。"要做别人不愿做的，干别人干不了的"奋斗目标，不知疲倦地书写创作精神，以黄绍勋教授为导师，为榜样，纵情挥毫，潜心钻研，锐意创作，不断进步，这是珠海市免税集团公司配合全市加快建设文化强市活动弘扬中华传统文化的具体行动，可赞可嘉，值得推广。

当黄绍勋得知珠海市免税集团公司一下子为他出版了三万册有关书法学习和创作的书籍时，十分高兴，十分激动，感谢他们帮助自己完成了他盼望多年想做而未能做到的事，能为弘扬中华传统文化踏踏实实做点工作他感到十分骄傲。

第三节 奉献爱心

盛夏酷暑，烈日炎炎。黄绍勋午觉醒来，听到外面有此起彼伏的蝉鸣，这些蝉声如波浪一样向他涌来，仿佛在向他苦诉这个夏天太热了。他揉着惺忪的睡眼走到阳台，看着外面灿烂得过了头的阳光炙烤着大地，刺得他眼都睁不开了。夏天就是这样的性格，出生于热带的他对夏热并不责怪。

夏天有属于它自己的美，无法逾越的美。黄绍勋喜欢在夏天的午后，坐在阳台上读书看报。从窗外飘来树叶浓郁的清香，再混杂着从茶杯里溢出的茉莉花香。他爱这独特的味道，爱在这种香气的氤氲中陶醉。当然，让他陶醉的不只是空气中的香气，还有书里美丽纷飞的文字。

读了会儿，黄绍勋抬头看了看天空洁白的云朵。那些像棉花糖似的云朵已经飘得很远很远，他的心也跟着飘得很远很远。他爱书中那些诗意深邃的句子，他更爱这花果飘香的夏季。夏天的午后是迷人的，慵懒的，安静得让人着迷。

夏天给人的感觉总是干干净净的，天空很蓝，蓝得像一望无垠的太平洋；云朵很白，白得像阳光晒过的一床大棉被。夏天的风总是轻轻柔柔的，带点丝丝的清凉，拂动树林绿绿的发梢；夏天的花也很漂亮，总是艳得让人怀疑。

夏天是一个浪漫的季节，也是一个残酷的季节。黄绍勋对夏天的态度，从来都是又爱又厌，爱它的浪漫和干净，厌它的酷热和潮湿。

这一天，黄绍勋和往常一样，在家中的阳台上工作。他工作的阳台朝北，三面都是玻璃，光线很充足，视野很好。由于正值夏天，尽管开着窗户，进来的却是一股股热风。关上窗户，打开室内的空调仍丝毫感觉不到一丝凉意，热得浑身冒汗。

休息间，黄绍勋探身往外一看，只见在强烈的阳光下，路旁的柳树像病了似的，叶子挂着灰土在枝上打着卷，枝条疲懒地一动不动，无精打采地低垂着。再仔细一瞧，有一群工人赤着上身，正在烈日下修建人行便道。

黄绍勋想，在室内开着空调仍热得出汗，工人师傅在烈日的照晒下工作，比自己辛苦多了。他们在这种条件下工作，体力消耗得大，浑身湿漉漉的，像从水里捞上来的一样。他们出汗太多了，应及时补充水分，否则很容易中暑。

黄绍勋虽然不是学生物的，但他知道在人体的组成中，水占的比例最大。人们说生命离不开水，没有水便没有生命，就是这个道理。

可是这些冒着烈日劳动的工人有无条件补充水分？一贯关心爱护他人的黄绍勋带着这问题决定下楼去看个究竟。

工人们在撤去人行便道上的旧砖，换上容易渗水的新砖。黄绍勋拿起一块新砖，觉得很重，足足有六七斤。他们干这种活体力消耗大，出汗多，没有水喝是不行的。他找到工人的领班，了解到一共30多个工人，他们每天上工时随身只带一瓶水，约300毫升，喝完了也舍不得买水喝。

黄绍勋和领班的师傅说："你跟我来，到我楼下的小卖部，我给你们每人买一瓶矿泉水，上下午每人各一瓶。"

"不行，不行！大叔的心意我们领了，绝对不能让您花钱给我们买水喝。"

"我是实心实意，你们也不要客气，买几瓶水，没什么的。"

“谢谢大叔，不用买了，我们不渴……”

黄绍勋有点生气了：“你看工人们流了那么多汗，搞不好要中暑的。你们为我们修路，我给你们买瓶水喝不是应该的吗？”

“好吧！”领班师傅不好意思地说，“那就谢谢大叔啦！”

小卖部的老板娘见此情景，感到很惊讶。她知道黄绍勋和修路工人既不是亲戚，又不是朋友，为什么自掏腰包给他们买水喝？老板娘用她那算账的脑袋转着圈一想，马上明白过来了，于是对黄绍勋肃然起敬。

就这样，黄绍勋连着几天给工人们买水喝，直到他们走远了，黄绍勋看不见他们为止。

10 月 7 日，天气不热不冷，正是秋游的大好时节。江苏国鼎文化传媒有限公司邀请黄绍勋等著名书法家、画家到镇江，为东霞寺的修复创作义卖作品。黄绍勋是一个热爱中国传统文化的知识分子，因而欣然前往。

镇江是一个有着 2500 多年历史文化的城市，它像一位白发苍苍而又充满活力的老人，向人们诉说着这座古城的故事。这里宗教文化源远流长，古时有八大名寺，香火旺盛，高僧辈出。

在江苏省镇江新区，国鼎文化传媒有限公司董事长吴卫云指着前面的一座山说：“那座山叫圌山，东霞寺就在那座山上。圌山原来叫瑞山，相传秦始皇东巡途经此地，见瑞气升腾，龙骧虎视，立即传旨将瑞字左边的‘王’去掉，用‘囗’将余下的‘耑’框起来，以免王气外泄危及万年江山，于是这座山便叫‘圌山’了。”

圌山一峰突兀，五峰并列。五峰即五峰山，又称五尖山，海拔 208.7 米。五峰山自西南向东北依次为第三峰、第一峰、第二峰、第四峰、第五峰，层峰峭壁，奇石嶙峋，形势险要。第五峰直插长江边，酷似畅饮江水的巨龟，故称龟山头，海拔 76 米，有“一夫当关，万夫莫开”之势。

坐落于圌山西南麓的东霞寺，是一座千年古寺，建于唐宝历年间，旧名显孝褒亲院，宋嘉定前改名东霞寺。

东霞寺内有驸马钱景臻像。清末圌山诗人吴芝山《东霞寺》诗中有“谁飞锡杖到圌东，衣钵相传宝志公”，“唐勒石碑文留御篆，老松鳞甲撼秋风”之句，说明东霞寺为律宗寺院，唐代时寺中已有碑文，且为御篆。抗日战争时被日本侵略军焚毁殆尽，仅存大殿数间空屋及少数生活用房。

据《大港镇志》记载：东霞寺鼎盛时，规模宏大，殿宇纵深，有大雄宝殿、满功殿、观音堂等主建筑。寺宇百余间，静隐于山林幽谷之中。四周牡丹遍地，云影娇红；亭台楼阁，花树飘香，菡萏争艳，禅宫清静，农禅并进，诸多文人墨客至此留墨，修身养性。原址在大港宏成村圌山脚下，1949 年以后尚有两位末代僧人建来、法如坚守弹丸佛地。

1980 年以后，东霞寺禅房被山园林场占用。这时大殿墙壁上还留有一首清晰可见的七绝诗，为清康熙时江苏巡抚张楷所写：“偕游山径到东霞，宝座森严殿宇华。到此便为仙境界，盘桓何处有桃花。”

2004 年慧海法师经同修介绍来到圌山，听得当地群众讲述东霞寺历史，深感痛惜，觉得作为佛子重任在肩，有必要弘法利生，续佛慧命。他怀悲天悯人之情，发重振东霞之宏愿，遂于 2006 年因缘成熟之际，决心随顺佛法，入归圌山，拯救道场，践行誓愿。

为满足地方群众及周边广大信徒的要求，使其敬香礼佛有个合法场所，同时也为圌山风景区的开发增添光彩，镇江新区决定重新修复东霞寺。2007 年 9 月 7 日经镇江新区宗教局批复同意筹备，并于 2013 年 10 月 5 日破土奠基。

黄绍勋等著名书画家将义卖所得的 58000 元全部捐给东霞寺。另外，黄绍勋还独自捐献一幅隶书心经长卷，由东霞寺主持慧海法师作为镇寺之宝永久保存。当慧海法师打开《般若波罗蜜多心经》后，只见上面用秀美的隶书写道：

观自在菩萨，行深般若波罗蜜多时，照见五蕴皆空，度一切苦厄。舍利子，色不异空，空不异色，色即是空，空即是色，受想行识，亦复如是。舍利子，是诸法空相，不生不灭，不垢不净，不增不减。是故空中无色，无受想行识，无眼耳鼻舌身意，无色声香味触法，无眼界，乃至无意识界，无无明，亦无无明尽，乃至无老死，亦无老死尽。无苦集灭道，无智亦无得。以无所得故。菩提萨埵，依般若波罗蜜多故，心无挂碍。无挂碍故，无有恐怖，远离颠倒梦想，究竟涅盘。三世诸佛，依般若波罗蜜多故，得阿耨多罗三藐三菩提。故知般若波罗蜜多，是大神咒，是大明咒，是无上咒，是无等等咒，能除一切苦，真实不虚。故说般若波罗蜜多咒，即说咒曰：揭谛揭谛，波罗揭谛，波罗僧揭谛，菩提萨婆诃。

慧海法师喜不自禁，连声说："谢谢，谢谢！这是一份难得的墨宝……"

从古到今，文人与书都有着非同一般的亲密关系。他们读书、买书、著书、藏书，书是他们陋室里孤窗下心灵的慰藉，是可以倾心的伙伴，是一种生活方式，是他们从不曾失落的家园。

爱读书必爱买书藏书，将书视为最宝贵的财富。王国维称："余毕生惟与书册为伴，故最爱而最难舍去者，亦惟此耳。"他16岁时就开始自己购书，累积达万卷以上，其中多珍藏之本。王国维晚年在遗书中特地关照："书籍可托陈（寅恪）、吴（宓）二先生处理。"在即将结束生命之际，唯一割舍不下的就是这些书了，可见其爱书之心深切。

鲁迅是个嗜书如命的人，在他的生活中，书籍占有重要地位。鲁迅从15岁就开始抄书、买书、藏书。鲁迅的藏书共14000多册。在鲁迅的中文藏书中，线装古籍占了很大比例，另外还有80多部完整的丛书。

郁达夫13岁的时候，从嘉兴回乡，路过杭州，没有去观赏湖光山色，而是用仅剩的一点钱，买了一大堆旧书。从此，他养成了买书的习惯，并将这一习惯保持了一生。在新加坡，郁达夫买了3000册英文书。有人问他："为什么不看中文书？连一本《辞海》也不买？"郁达夫说："九岁会作诗，十八岁赴日留学，读的中文书数以万计，专攻过《辞海》，现在应该多读英文书了。"

梁实秋藏书甚多，有一年忘了晒书，大饱了蠹虫，他扼腕痛惜，篆印一枚曰"饱蠹楼"，借以自警。

藏书是文人之癖，然而藏书不是目的。文人藏书不是为了附庸风雅装潢门面，在他们看来，好书就像一坛老酒，一壶清茶。藏之愈久，品之愈香。他们用读书来倾听，用写作来倾诉，用藏书来积淀。

黄绍勋也喜欢藏书、看书和写书。从他上学的时候起就用手里不多的钱买书。那时，由于囊中羞涩，他只能有选择地买书。后来参加工作了，手里的钱越来越多，他家里的书也多了起来，有工具书，有文学书，有各种字帖。日积月累，以至于书多成灾，小小的居室容纳不下了。

读书和藏书是两件既有关联又有区别的事。读书是把书中写的东西复制在大脑中，并把它们和其他知识联系起来分析思考，从中悟出一些道理；藏书是把印成的文字保存起来，让它们保存到以后久远的年代，虽是"束之高阁"，却可留待后人去享用。

藏书实属不易，在过去时代，藏书家往往需耗尽毕生精力搜罗之，破钞所有余财淘换之，故书架以物质的形式展示着个人的成就和渴望。为示隆重，还要专门设房庋藏之，谓之藏书楼。黄绍勋没有藏书楼，甚至连藏书房都没有，所以他为家里越来越多的书犯愁，更令他不忍的是这些书长期闲置，不能发挥它们应有的作用。

2016年3月的一天，黄绍勋抽空整理家中的书柜，在寻找一本他要参考的图书。他发现书柜的图书真不少，而且许多都很珍贵，其中有一些市场上买不到而自己又不常用的图书。

退休20多年了，经常参加一些社会活动，认识一些著名书画家和企业家，从他们那里经常能得到一些珍贵的图书，大多为书画类和摄影集，例如香港石景宜父子送给他的书画册就不下十本，广东汕头市国防动员委员会编印的许多有关书法集，如《名言书法大典》《中国兵法与书法》《中华泰山——当代中国书画摄影名家作品集》《百年巨匠——百集大型人物传记记录片》以及他本人编著的《隶书入门与创作》《黄绍勋书法作品选》《千字文》《赤壁赋》等。

这些图书长期放置家里，既占空间，利用率又不高。如何处理这些书，他动了一番脑筋。这一天，他终于下了决心，把这些心爱的图书赠送给北京服装学院图书馆共143册，供教师学生参考，使得物尽其用。有些图书收录了他的书法作品，出版后作为回赠送与他的。学校有艺术系，教师和学生都用得着，多少能发挥一些作用。

第四节　回报社会

立秋的节气已过，但秋后还有一伏，气温依然灼热逼人，家家的空调还在轰鸣着。如果是中午上街，街上的水泥路面依然泛着耀眼的白光。路上的汽车咬着尾巴，缓慢地行驶，像一团团移动的火炭，连缀成一条灼热的、扭曲的火龙。人在路边走，身上汗湿黏腻，不是愉快的事。

2016年9月27日，黄绍勋书法作品展在北京澄怀美术馆一楼大厅举行。

今年是孙中山先生诞辰150周年。在这个具有纪念意义的日子里，为继承和弘扬传统文化，秉承孙中山先生爱国革命、不断进步的精神，助推“一带一路”建设，加强各界文化交流，由致公党北京市文化委员会举办黄绍勋书法邀请展具有特殊的意义。

到会的领导有中国致公党中央原副主席王宋大、中国致公党中央原秘书长邱国义、中共中央统战部办公厅主任沈全荣、中国致公党中央宣传部副部长范承玲、国务院参事室中央文史研究馆原司长刘松林、当代著名书画家姚少华以及各界亲朋好友 100 多人。

开幕式由北京电视节目主持人主持，先后有赵学敏、刘松林、姚少华等代表北京致公党市委、社会各界人士发言。最后，黄绍勋致答谢词并进行剪彩仪式，大厅里还不停地播放黄绍勋进行书法创作和手抄线装书制作过程的视频。

书法展在美术馆的二层展厅，面积足有二万多平方米，四周墙上展出 40 余幅书法作品，最令人感到震撼的是那幅宽十余米、高两米多的巨幅作品《千字文》，两个特为这次展览订做的玻璃橱柜内放着一幅长约八米多的《千字文》手卷和三套手抄线装书《道德经》《金刚经》和《孝经》，作品水平的高超和装订的精致令参观者赞不绝口。

这一天，参观者来了 100 多人，光汽车就有 50 多辆，为该美术馆多年之最。

随后，不断有人前来参观，其中有黄绍勋在京的老同学、社区的朋友、天大的校友和母校从天津派来的记者，还有从太原和秦皇岛过来的学生、北京景山学校由副校长带来的一班中学生。

因展览正值 9 月末国庆前夕，9 月 20 日迎来了一批来自澳大利亚、比利时、捷克、法国、德国、匈牙利、墨西哥、荷兰、挪威、西班牙、瑞典等国的近 50 位海外华侨华人朋友，他们是回国参加国庆活动和参加“侨海同心聚力筑梦”第二届海外华侨华人“一带一路”交流会活动的。

作为活动内容之一，北京致公党市委安排他们来澄怀美术馆参观了书法展。海外华侨华人朋友对传统书画艺术表现出浓厚的兴趣，纷纷合影留念，并就展览、文化交流活动展开讨论，期待更深层次的合作机会，有朋友还邀请黄绍勋去他们所在的国家举办展览。

黄绍勋先生是归侨书法家、致公党党员、中国致公画院副院长、北京致公书画院副院长。黄绍勋的夫人与孙中山先生是同乡。多年来，黄绍勋以饱满的热情创作了大量孙中山的名言警句书法作品，表达了对孙中山先生的深厚情感。

展出的作品既有对中华民族传统文化的传承，又蕴含着黄绍勋对生活的领悟和对艺术的追求，很多作品多次获得国家级和省市级荣誉。通过展览与广大观众共同缅怀孙中山先生为民族独立、社会进步、人民幸福所奠定的历史功勋，进而激发他们学习、继承和发扬孙中山先生的爱国革命思想、革命意志和进取精神。

书法展原定于 10 月 15 日结束，由于参观者众，展期一直延至 12 月中旬。这次展览的成功多半归功于澄怀美术馆馆长翟旭东先生的鼎力相助，展览共进行了近 80 天，馆方并没有收取分文场地费，而且还承担了装裱的费用，并为黄绍勋出版了包括全部展品的黄绍勋书法作品选。

2017 年 3 月，正是春寒料峭乍暖还寒的季节。这个时候，田地里的种子依然舒舒服服地躺着，只是偶尔睁开迷蒙的睡眼，看一看那灰蒙蒙的世界，便接着做她的美梦。“一年之计在于春”，一切有所作为的人，应该抓住时机借着阵阵春风扬起命运的风帆，向着早春的太阳远航。

3 月 28 日中午，黄绍勋授徒传艺、扶掖后辈的仪式在北京湖广会馆举行。

北京湖广会馆，坐落于宣武区虎坊桥，始建于清嘉庆十二年（1807 年），道光十年（1830 年）重修，并增建戏楼。200 年的沧桑岁月，赋予了它浓厚的历史文化内涵，历史上的朝廷重臣纪晓岚、曾国藩，梨园泰斗谭鑫培、余叔岩、梅兰芳都曾在此留下了足迹。

湖广会馆装修典雅，古色古香。舞台天幕为黄色金丝缎绣制的五彩牡丹、蝙蝠、龙凤戏珠、如意吉祥图案，极具特色。大戏楼分上下两层，能容纳 260 人，二层由包厢式看楼环拱，共设 12 个包厢。看池及包厢中均设置仿古硬木家具，供贵宾在此品茗赏戏，平添高贵之感，提供中英文字幕及日语同声翻译耳机等服务项目。在古戏楼内可欣赏原汁原味的戏曲精品剧目，体验老北京戏楼独特的文化氛围。

参加黄绍勋招徒会的人不多，只有十六七人，但非常热闹，有来自东北哈尔滨的市接待办主任李风先生，有来自江苏省东台市西溪旅游文化景观区的旅游局局长王友峰女士，有来自天津的军旅作家苏北老师，有来自河北省大厂县的徐守峰、于春霞夫妇以及黄绍勋的家人，还有从海南乘飞机赶来的中国诚通控股集团有限公司原总裁罗树清先生，以及来自北京的著名京剧表演艺术家刘桂欣女士和天马艺术馆馆长白金先生。

这次聚会，其实是一个拜师会，或者说是个收徒会。因为罗树清、刘桂欣、白金和王友峰四位书法爱好者喜欢黄绍勋的书法，想拜黄绍勋为师学习书法艺术，所以在湖广会馆相聚共进午餐，作为拜师仪式。从此，四位书法爱好者以黄绍勋为师，认真学习书法。

仪式由李风先生主持，参与者纷纷表示祝贺，其乐融融。最后，黄绍勋老师给四位徒弟赠送了一套字帖。这套字帖是黄绍勋在春节期间花了半个多月时间写成的，内容是按新华字典的顺序从 107 个偏旁部首中各选几个字作为范字组成，共选了 784 个字，要求徒弟按顺序练习。

王友峰喜欢毛笔字应该从儿时计起，每逢春节前夕看着父亲为乡邻写的大红对联，就忍不住想哪天自己也能挥毫泼墨“潇洒”一回。后来上学、就业，忙于工作，始终未能如愿。直到去年 9 月份，她无意中从友人手机中看到黄老师的字，从没学过书法也不懂书法艺术的她被黄老师端庄、秀丽的隶书吸引住了。

2016 年 11 月 26 日，王友峰专程赴京。在友人的引领下拜访了黄老师，并与罗树清、白金一起成为黄老师的弟子。从此开启了她方寸间的黑白笔墨生涯。拜访黄老师的第一天也是他们的第一堂书法课，黄老师那天做了精心准备，不仅为他们每人配全了字帖纸笔，还给他们上了一堂生动的书法课。黄老师用通俗易懂的比喻破解了书法学习的枯燥及奥秘，经黄老师这一讲解、点拨，不但让他们对学习书法及书法知识有了初步的认识，也似乎对写好毛笔字增加了不少信心。

然而，当王友峰抖抖索索握着不听使唤的毛笔写下第一个横时，才感觉到学习书法不是像她想象的那么容易！看似简单的一横，写了无数遍，练习了三五天也只有少数几个字得到老师的认可，最初的信心满怀渐渐被每天的枯燥周而复始所磨蚀，甚至曾几度气馁，幸甚有黄老师在，每天晚上她会把当天练习的字发给黄老师修改，不管多晚，黄老师都会等她的作业，并逐字点评，指出每个字的不足和进步，偶尔会因为加班写晚了或者来不及写，黄老师也会鼓励她看看字帖，回头再温习自己写过的字。

黄绍勋每天都会帮王友峰指点纠正作业，同时还不断地鼓励她要用心、细心，还要有信心、有耐心、有恒心，发现错误及时纠正，哪怕一根头发丝的差异都会影响整个字的协调美观。黄老师授课耐心细致而且严谨严格，一点一笔的大小、一横一竖的长短、一撇一捺的粗细，每一笔都必须按要求到位。黄老师经常说，写字就像建房子，只要把每一个笔画写好了，就如备好了所有的料，然后按照结构就会盖起漂亮满意的房子。每一个笔画是写字的基础，把基础打好了，写出漂亮的字就没那么难了。

就这样，在黄绍勋的引领和严格要求下，王友峰渡过了最初习字的枯燥期，她的毛笔字也在点点画画的修改中渐渐有了进步，整个人的学习状态也从开始的浮躁、无所适从慢慢变得沉静下来，由最初写得慢、写得急躁，到现在越来越有感觉了，心境也越来越沉静美好。写书练字已成了她生活中重要的一部分，成为每天的习惯。

书法学习没有捷径，重在临，贵在勤，只有苦练，方悟真谛。勤奋地累积，便水到渠成。多看、多想、多练，定能有所收获。半年多的时间，王友峰最终能坚持下来并有所成效，除了每天的坚持苦练，更多的得益于黄老师每天不辞辛苦的耐心指导和严格要求。

2017 年 5 月 25 日上午，大厂第二回民中学特邀请著名书法家黄绍勋教授一行走进校园，为师生带来了一场精彩的书法讲座。

讲座开始前，首先举行了黄绍勋教授向学校赠书、赠字仪式。学生代表接受了赠书，宋校长代表学校接受了“十年树木”“百年树人”书法作品。捐赠仪式上，宋校长代表学校师生向黄绍勋教授表达了谢意，表示学校一定会用好这批图书，将老一代教育工作者的爱心送到学生们手中，鼓励学生从平凡走向优秀、从优秀走向卓越。同时，学校也将一如既往地践行“树人”理念，不忘初心，牢记教书育人使命。

书法讲座现场，黄绍勋用通俗易懂的语言，向同学们介绍了中国书法之美以及书写汉字的技巧。他说，书法不仅仅是书写的工具，更传承了我国 5000 年的文化，现在它已经成为世界认识中国的一个文化符号。随后，他介绍了笔墨纸砚的相关知识，认真传授了书法技巧，指导学生从握笔姿势入手体会书法艺术的精髓。最后，他现场进行了书写示范，一幅隶书“德行天下”沉稳大气，赏心悦目。历时一个多小时的书法讲座，令同学们获益匪浅。

书法是中国特有的一种传统艺术，被誉为无言的诗，无行的舞，无图的画，无声的乐。它不仅是中华民族的文化瑰宝，而且也在世界文化艺术宝库中独放异彩。作为雅行教育文化建设的一部分，本次活动为大厂二中师生搭建了与书法家零距离接触的平台，激发了全校师生热爱书法、学习书法的热情，使二中校园文化底蕴更加深厚。

黄绍勋还和当地离退休职工进行一次学习书法心得体会的交流活动，并现场为大家书写了两幅作品，让大家体会书写的技法。他把几十年来学习书法的心得体会毫不保留地讲出来，得到大家的广泛认可和高度赞扬。

参加讲座的师生和退休职工表示，能听到当代著名艺术家的讲座是一种荣幸，他们不但了解了书法知识，还观摩了书法表演，不但学到了艺术，还大饱了眼福。希望今后能有更多的一流艺术家来大厂举办讲座，这对普及艺术知识，传播传统文化精华大有好处。

由于黄绍勋热心社会公益，热情帮助他人，事迹非常突出，2018 年荣登“北京社会好人榜”，由中共北京市委社会工作委员会颁发了证书。

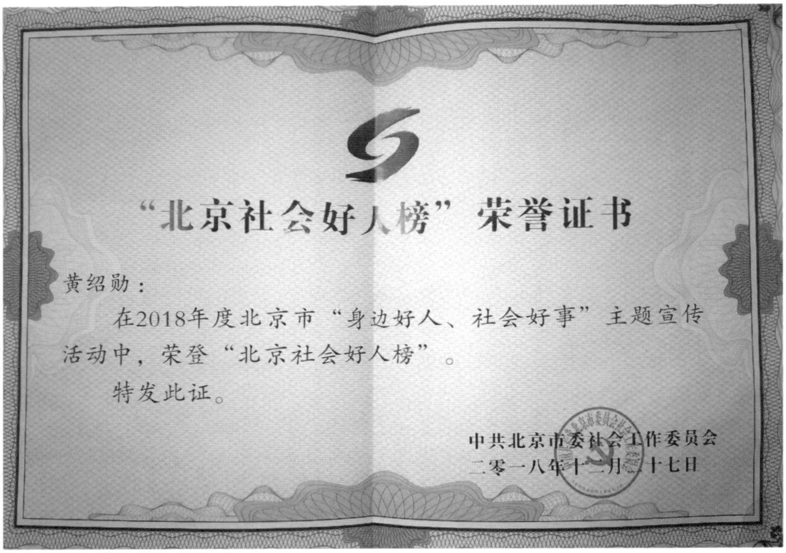

“北京社会好人榜”荣誉证书

黄绍勋：

在2018年度北京市“身边好人、社会好事”主题宣传活动中，荣登“北京社会好人榜”。

特发此证。

中共北京市委社会工作委员会

二零一八年十二月二十七日

尾 声

黄绍勋是一个教师，是一个普普通通的教育工作者，一生都在教书育人。

21 岁时，他在越南芹苴华文学校教书；28 岁时，他在北京化纤工学院教书；36 岁时，他在北京化工学院教书；53 岁时，他在北京服装学院教书。前不久，他在北京湖广会馆授徒传艺，在河北大厂二中传授书法，其实这也是一种教书。

英国哲学家弗兰西斯·培根说：“教师是知识种子的传播者，文明之树的培育者，人类灵魂的设计者。”苏联教育家加里宁说：“很多教师常常忘记他们应该是教育家，而教育家也就是人类灵魂工程师。”

这就是教师的一种精神，一种境界，一种责任。

教师是太阳底下最光辉、最神圣的职业，这一职业需要德才兼备的风范和默默耕耘的精神。十年树木、百年树人，教师这一特定的内涵，决定了它终生都要像燃烧的蜡烛向世人承诺着光明与奉献的坦荡胸怀，一旦投入其中，奉献精神将成为其生命驿站的主旋律。

从青年起，黄绍勋就毅然决然地选择了教师职业，做好了为此奉献与牺牲的准备。教师的工作无法用时间和金钱来衡量，每当看到学生们一双双渴求知识的双眼，看到学生们纯朴稚嫩的心灵，黄绍勋就没有了时间观念，并为此不惜付出自己的一切。

教师的任务是教书育人，而且要用真情、动真心、下真功。除了让学生掌握文化知识外，育人也很重要。“教育无小事，处处是教育”，也说明了为人师表的重要性。于是在生活中、在工作中，黄绍勋处处严格要求自己，为学生做好表率。正如一首诗所云：

别人从生活中捞取黄金
您只能获取花香
您的黄金是早晨的太阳
您的银子是十五的月亮
但您依然快乐的吹着口哨
您的自豪是桃李芬芳

“倾尽丹心育桃李，奉献韶华铸师魂。”黄绍勋 40 年的教育生涯，以缤纷的桃李赢得了社会的尊敬和肯定。如今能有如此丰厚的回报，正是因为他 40

年辛勤的付出。在过去的岁月里，他把青春、汗水和希望播洒在三尺讲台上，默默奉献，而且是“衣带渐宽终不悔”，尽心尽力地为社会主义教育事业添砖加瓦。

黄绍勋是一个工作狂。他认为主动干好工作，就会有一百个办法能干好；被动干工作，总会有一千个干不好的理由。只会做大事不会做小事的人，一事无成；只会做小事，把小事做好的人，一定能成功。因此，不管什么原因，不管什么理由，不管什么情况，不管什么条件，他都以干好工作为准则。他兢兢业业，一直用踏实的脚步延展人生的厚度。

生命、天命、使命，是人生的三命。黄绍勋珍惜生命，听信天命，不辱使命。他无悔于他的人生，更无悔于他的选择。在那三尺讲台上，他阅尽春秋，苦苦耕耘，用他的热心、爱心、诚心去换取学生的开心，家长的放心，祖国的振兴!

在教育事业的浩瀚林海中，黄绍勋只是一棵有其不见多、缺其不见少的小草。但为了感恩于人民、感恩于党、感恩于祖国，他算是倾情、倾力、倾心了。他的一生虽然平凡，却非常充实。对于个人事业，他非常满意，不仅无悔，而且无怨，亦无憾!

眼下，黄绍勋虽然没有豪宅，没有轿车，也没有巨额存款，但是他有一颗赤诚的爱国心，有一个和睦的家庭，有一个明亮的工作室（名为双海轩，其实只是一个三四平方米的阳台），有一个愉快的心情，有一个健康的身体和一个明确的奋斗目标，还有许许多多的书法作品。

为了弘扬中华传统文化，为了给社会多留一些墨迹，退休以来的20多年，黄绍勋一直努力地工作着。他没有节假日，无论是“五一”还是“十一”，无论是元旦还是春节，只要没有亲友来访，他都会在那个小小的工作室工作着，不知疲倦地工作着，在“做别人不愿意做的、干别人干不了的”，创作出一幅又一幅书法作品（数以千计），写出一部又一部书法长卷（数以百计），装订出一册又一册手抄本（300 余册），给社会给人民多留下一点纪念。

黄绍勋的一生，经历了许多风风雨雨，躲过了一次又一次劫难，解除了一次又一次危机。俗话说，积德无需人见，行善自有天知。为善者，福虽未至，祸已远去；为恶者，祸虽未至，福已远去。

现在，黄绍勋过着幸福的晚年。他坚定不移地相信这样一句话：好人一生平安！也是善有善报，不久前，由中共北京市委社会工作委员会开展的活动中，他荣登“北京社会好人榜”！

2019 年服装学院建校六十周年为全体离退休老师拍摄全家福纪念
（黄绍勋外孙李瑞琦因在校有活动未参加）

黄绍勋大事年表

1935 年（乙亥年） 1 岁

7 月 12 日 生于越南西贡市堤岸区。祖籍中国广东省南海县（今佛山市三水区芦包镇长歧村）。

1943 年（癸未年） 8 岁

9 月 1 日 与二哥黄绍燊一起入私塾读书。

1944 年（甲申年） 9 岁

秋 全家迁往农村躲避战火。

1946 年（丙戌年） 11 岁

春 日本战败投降，全家搬回原住处。

9 月 入堤岸新会小学读书，直接上三年级。

1949 年（已丑年） 14 岁

9 月 在堤岸穗城（今名麦剑虹）学校上初中。

1952 年（壬辰年） 17 岁

9 月 在堤岸知用中学上高中。

1955 年（乙未年） 20 岁

秋 高中毕业后在西贡泰兴行钟表店当售货员。

1956 年（丙申年） 21 岁

2 月 在芹苴华文学校教初中。

1957 年（丁酉年） 22 岁

5 月 15 日 离开芹苴华文学校准备偷渡回国。

5 月 17 日 到柬埔寨首都金边，住时和堂药材店。

7 月 1 日 飞抵泰国首都曼谷。

7 月 3 日 飞抵中国香港，入住泰安行。

7 月 7 日 经罗湖桥前往广州，后在广州华侨学生补习学校学习。

8 月底 到北京，进北京华侨学生补习学校学习。

10 月 1 日 参加国庆大典。

1958 年（戊戌年） 23 岁

9 月 1 日 考进天津大学化工系。

1963 年（癸卯年） 28 岁

9 月 在北京化纤工学院任教。

1964 年（甲辰年） 29 岁

10 月 参加北京双桥公社农村社会主义教育运动。

1965 年（乙巳年） 30 岁

3 月 28 日 在北京与唐丽贞结婚。

秋 参加河北成安县南彭留村“四清”工作队。

1969 年（己酉年） 34 岁

11 月 随学校迁往江西分宜县。

1970 年（庚戌年） 35 岁

11 月 7 日 随化纤工学院迁回北京。

1972 年（壬子年） 37 岁

1 月 23 日 长女黄碧华出生。

秋 在合并后的北京化工学院任教。

1976 年（丙辰年） 41 岁

4 月 6 日 次女黄碧凌出生。

1978 年（戊午年） 43 岁

秋 两校分开后在北京化纤工学院任教。

1984 年（甲子年） 49 岁

秋 任无机化学实验室主任。

1987 年（丁卯年） 52 岁

2 月 北京化纤工学院易名后在北京服装学院任教。

秋 被北京市教委评为“优秀教育工作者”；获“高级工程师”职称；加入中国致公党。

1992 年（壬申年） 57 岁

秋 陪同侄子黄华柱一家去福建厦门探望黄绍燊。

1993 年（癸酉年） 58 岁

9 月 由工艺美术出版社出版《黄绍勋隶书》一书。

9 月 参加中共中央统战部书画展并为书画展书写前言和结束语，受到时任中央统战部部长王兆国的好评。

10月中旬 参加民主三党办公楼落成仪式和为此而举行的笔会。

秋 书法作品《赤壁赋》被天安门收藏并悬挂于城楼会议室。

秋 以北京服装学院名义向霍英东先生、张永珍女士捐赠书法作品。

1995年（乙亥年） 60岁

1月2日 向河南开封“中国翰园碑林”捐赠书法作品三幅。

9月 从北京服装学院退休。

秋 两幅书法作品入选首都绿色文化碑林，安放于北京西山的百望山上。

1996年（丙子年） 61年

8月 参加首届海峡两岸书画名家精品大展并被评为书法银奖。

12月 参加韶山毛泽东图书馆开馆庆典并捐赠书法作品两幅。

1997年（丁丑年） 62岁

12月 被世界文化艺术研究中心和香港中国国际交流出版社收入《世界名人录》。

1998年（戊寅年） 63岁

春 在北京地坛公园出售书法作品。

秋 在北京工人文化宫向解放军战士赠送书法作品。

1999年（己卯年） 64岁

5月15日 赴韩国参加99济州国际美术交流大展，《岳阳楼记》获特等奖。

11月13日 向中央统战部会议室赠送书法作品《短歌行》。

2000年（庚辰年） 65岁

夏 在北京北海仿膳为德国汉高公司做中国书法艺术表演。

7月10日 参加马来西亚槟城韩江华文学院校庆并赠送书法作品；大女儿黄碧华的儿子李瑞琦出世。

7月26日至8月3日 参加中央统战部组织的部分著名书画家赴新疆参观活动。

2001年（辛巳年） 66岁

5月1日 在北京国贸中心参加北京国际艺术博览会。

5月18日 加入中国书法家协会。

7月1日 参加中央统战部在民族文化宫举办的“统一战线纪念中共成立八十周年书画展”，并书写书画展前言。

2002年（壬午年） 67岁

3月13日 为统战部副部长胡德平提供赠予日本前首相中曾根的书法作品《兰亭序》手卷，并与胡部长合影留念。

5月1日至5日 参加在北京国贸中心举行的第五届国际艺术博览会并获《书法》一等奖。

8月 赴英国参加学生黄淑秀女儿的婚礼。之后，去西班牙旅游一周。

2003年（癸未年） 68岁

3月28日 应邀前往佛山参加石景宜刘紫英伉俪文化艺术馆开馆五周年纪念活动。

5月1日 在北京国贸中心参加北京国际艺术博览会并赠送书法作品。

10月25日 迁入新居北京朝阳区华腾园。

2004年（甲申年） 69岁

5月1日 在北京国贸中心参加北京国际艺术博览会并赠送书法作品。

2005年（乙酉年） 70岁

5月1日 在北京国贸中心参加北京国际艺术博览会并赠送书法作品。

10月2日 为北洋大学天津大学北京校友会捐赠给母校的三峡石上题写碑文《梦成真》。

2006年（丙戌年） 71岁

5月28日 被中华炎黄文化研究会推举为第三届会员大会理事。

2007年（丁亥年） 72岁

9月5日 被中国致公党北京市委员会聘为文化工作委员会委员。

9月9日至16日 参加中央统战部组织的知名书画家赴湖南、云南采风写生活动。

10月8日 捐赠统战部书法作品《百家姓》《岳阳楼记》各1幅。

冬 为赈灾举行书法作品义卖。

2008年（戊子年） 73岁

5月12日 在北京为赈灾举行书法作品义卖。

10月19日至25日 参加中央统战部组织的“部分书画家赴黄山采风”活动。

12月8日 向中国文物保护基金会捐献书法作品曹孟德的《观沧海》、杜甫的《客至》和《百家姓》。

2009年（己丑年） 74岁

3月24日 任北京致公书画院副院长。

9月29日 参加为庆祝中国致公党成立85周年举办的书画展，其线装手抄本受到全国政协主席贾庆林的称赞。

12月8日 向中国文物保护基金会捐献书法作品《岳阳楼记》和《千字文》。

2010年（庚寅年） 75岁

1月3日 任中国致公画院副院长。

4月15日至22日 参加中央统战部组织的“全国统一战线知名书画家赴四川地震灾区考察采风”活动。

5月1日 书法作品《虞美人》被人民日报海外版国际与体育部、世博典藏（北京）文化传媒中心组织的“全球华人笔墨丹青迎世博”世博典藏收藏。

5月25日 向四川什邡市北京小学捐赠书法作品。

6月26日至27日 在北京全国政协礼堂举办个人书法展。

10月2日 参加母校天津大学校庆其后并赠送书法作品《师诵》。

11月 为四川绵阳市北京致公爱心小学书写纪念碑文。

2011年（辛卯年） 76岁

10月 被任命为北洋书画社社长。

2012年（壬辰年） 77岁

4月8日 参加深圳市紫金山文化促进会首届扶困助学慈善义捐书画摄影艺术作品活动并捐赠书法作品。

2013年（癸巳年） 78岁

4月13日至28日 在深圳市龙岗区栖湖酒家举办翰墨情深个人书法展。

4 月 21 日　为四川雅安地震灾区举行书法义卖，得款 8 万元，全部捐赠给雅安地震灾区，深圳电视台、《深圳侨报》《深圳特区报》《深圳晚报》等多家媒体予以报道。

7 月 9 日　被北京市评为高校离退休干部“乐为之星”。

10 月 13 日　为北京“九九敬老会”捐赠书法作品。

秋　与珠海市免税企业有限公司合作出版了《隶书入门与创作》《千字文》《赤壁赋》3 本著作共 3 万册，全部免费赠送给当地中小学生及书法爱好者。

冬　被北京服装学院推举为“感动北服”候选人。

2014 年（甲午年） 79 岁

8 月 30 日　前往九华山百岁宫参加全堂佛像开光暨慧庆法师荣升方丈庆典法会，并赠送《心经》长卷。

10 月 18 日　为北京服装学院题写校训：“弘毅日新，衣锦天下。”

2015 年（乙未年） 80 岁

7 月 2 日　向中国人民抗日战争纪念馆捐赠书法作品《牢记历史、圆梦中国》。

9 月 2 日　参加母校天津大学校庆并赠送书法作品。

9 月 16 日　被成都巴蜀大地文化传播有限公司聘请为顾问。

9 月 29 日　参加中国致公党中央在全国政协礼堂举办的庆祝中国致公党成立 90 周年书画展，把 20 年来书写的 40 余万字约 300 本手抄线装本书法作品同时展出，受到观众极大关注。

10 月 2 日　为北洋大学、天津大学北京校友会捐赠给母校的三峡石上题写碑文《北洋纪念林》。

10 月 7 日　应江苏国鼎文化传媒有限公司邀请前往镇江，为修复千年古寺东霞寺义卖书法作品。

2016年（丙申年） 81岁

3月15日 向北京服装学院图书馆捐赠图书140本。

3月28日 前往广州佛山市参加庆祝石景宜先生博物馆建馆15周年；从广州飞往厦门看望二哥。

9月27日至10月15日 为纪念孙中山先生诞辰150周年在北京大兴区澄怀美术馆举办书法精品展。

10月 被中国致公党中央委员会评为宣传思想理论工作先进个人。

2017年（丁酉年） 82岁

3月28日 在北京湖广会馆举行收徒仪式。

5月25日 在河北大厂回族自治县举行书法进校园活动。

2018年（戊戌年） 83岁

12月27日 在“身边好人、社会好事”主题宣传活动中，荣登“北京社会好人榜”。

附件 1：黄绍勋书法长卷目录

序号	作品名称	原著者	字数	规格
1	《论语》	孔子等著	16797	120.0 × 0.45/m
2	《孙子兵法》	孙武著	6663	4.8 × 0.45/m
3	《道德经》	老子著	5294	33.0 × 0.45/m
4	《茶经》	陆羽著	3130	20.0 × 0.45/m
5	《孝经》	孔子著	2353	15.0 × 0.45/m
6	《三字经》	王应麟编	1140	8.0 × 0.6/m
7	《千字文》	周兴嗣编	1000	6.7 × 0.45/m
8	《洛神赋》	曹植著	910	6.5 × 0.45/m
9	《长恨歌》	白居易著	840	5.6 × 0.45/m
10	《滕王阁序》	王勃著	773	5.2 × 0.45/m
11	《劝学》	荀子著	749	5.0 × 0.45/m
12	《前出师表》	诸葛亮著	636	4.5 × 0.45/m
13	《后出师表》	诸葛亮著	631	4.5 × 0.45/m
14	《琵琶行》	白居易著	616	4.3 × 0.45/m
15	《百家姓》	宋人所编	568	4.3 × 0.45/m
16	《毛泽东诗词七首》	毛泽东著	544	4.2 × 0.45/m
17	《前赤壁赋》	苏轼著	537	4.2 × 0.45/m
18	《治家格言》	朱伯庐著	516	3.8 × 0.45/m
19	《阿房宫赋》	杜牧著	513	3.8 × 0.45/m
20	《师说》	韩愈著	457	3.3 × 0.45/m
21	《李白诗四首》	李白著	450	3.3 × 0.45/m
22	《唐诗两首》	李白、张虚若著	428	3.2 × 0.45/m

序号	作品名称	原著者	字数	规格
23	《杜甫诗三首》	杜甫著	411	3.1×0.45/m
24	《毛泽东等词四首》	毛泽东等著	402	3.1×0.45/m
25	《醉翁亭记》	欧阳修著	401	3.1×0.45/m
26	《岳阳楼记》	范仲俺著	368	2.9×0.45/m
27	《后赤壁赋》	苏轼著	357	2.9×0.45/m
28	《归去来辞》	陶渊明著	338	2.7×0.45/m
29	《兰亭序》	王羲之著	324	2.5×0.45/m
30	《桃花源记》	陶渊明著	320	2.5×0.45/m
31	《正气歌》	文天祥著	300	2.3×0.45/m
32	《心经》	玄奘译	260	2.1×0.45/m
33	《诸葛亮家训》		343	2.8×0.45/m

黄绍勋长卷作品

附件 2：黄绍勋书法线装书目录

序号	作品名称	原著者	字数	册数	页数
1	《宋词一千首》	编者不详	86000	50	2658
2	《唐诗一千首》	编者不详	60000	30	1780
3	《四书·孟子》	孔子弟子编	36178	15	1064
4	《庄子》	庄子著	18600	12	562
5	《唐诗三百首》	编者不详	20000	10	612
6	《宋词三百首》	编者不详	20000	10	612
7	《四书·论语》	孔子弟子编	16797	9	508
8	《楚辞》	刘向编	4580	5	290
9	《诗经》	编者不详	8683	4	260
10	《孙子兵法》	孙武著	6663	3	200
11	《道德经》	老子著	5294	3	174
12	《金刚经》	编者不详	5220	3	162
13	《司马兵法》	司马穰苴著	4090	3	122
14	《四书·中庸》	孔子弟子编	3565	2	106
15	《孝经》	孔子著	2353	2	72
16	《四书·大学》	孔子弟子编	1742	1	52
17	《苏轼文选》	苏轼著	1540	1	48
18	《欧阳修文选》	欧阳修著	1330	1	42
19	《毛泽东诗词》	毛泽东著	1330	1	42
20	《出师表》	诸葛亮著	1267	1	40
21	《游记三则》	编者不详	1260	1	42
22	《唐诗二十九首》	编者不详	1225	1	40

序号	作品名称	原著者	字数	册数	页数
23	《杜甫诗选》	杜甫著	1190	1	38
24	《柳宗元文集》	柳宗元著	1190	1	38
25	《滕王阁序等》	王勃著	1190	1	38
26	《宋词十七首》	编者不详	1155	1	36
27	《三字经》	王应麟编	1140	1	36
28	《李白诗选》	李白著	1120	1	34
29	《白居易诗选》	白居易著	1120	1	36
30	《百家姓等》	朱伯庐等著	1084	1	34
31	《弟子规》	李毓秀著	1080	1	34
32	《千字文》	周兴嗣编	1000	1	32
33	《陶渊明文选》	陶渊明著	910	1	30
34	《洛神赋》	曹植著	910	1	30
35	《赤壁赋》	苏轼著	894	1	28
36	《长恨歌》	白居易著	840	1	28
37	《劝学》	荀子著	750	1	24
38	《琵琶行》	白居易著	616	1	20
39	《阿房宫赋》	杜牧著	513	1	18

黄绍勋先生部分线装书作品

黄绍勋先生与唯一完整全套旷世手写线装国学经典巨作